나는
빠리의
이방인

KOTAE NO NAI SEKAI WO IKIRU by Toshiaki Kozakai

Copyright ⓒ Toshiaki Kozakai, 2017
All rights reserved.
Original Japanese edition published by SHODENSHA Publishing Co., Ltd.

This Korean edition is published by arrangement with SHODENSHA Publishing Co., Ltd., Tokyo in care of Tuttle-Mori Agency, Inc., Tokyo through Yu Ri Jang Agency, Seoul.

이 책의 한국어판 저작권은 유리장 에이전시를 통한 저작권자와의 독점계약으로 레몬킬처에 있습니다. 저작권법에 의해 한국 내에서 보호를 받는 저작물이므로 무단 전재와 무단 복제를 금합니다.

사회심리학에서 찾은
철학적 사색의 즐거움

나는 빠리의 이방인

고자카이 도시아키 지음
박은영 옮김

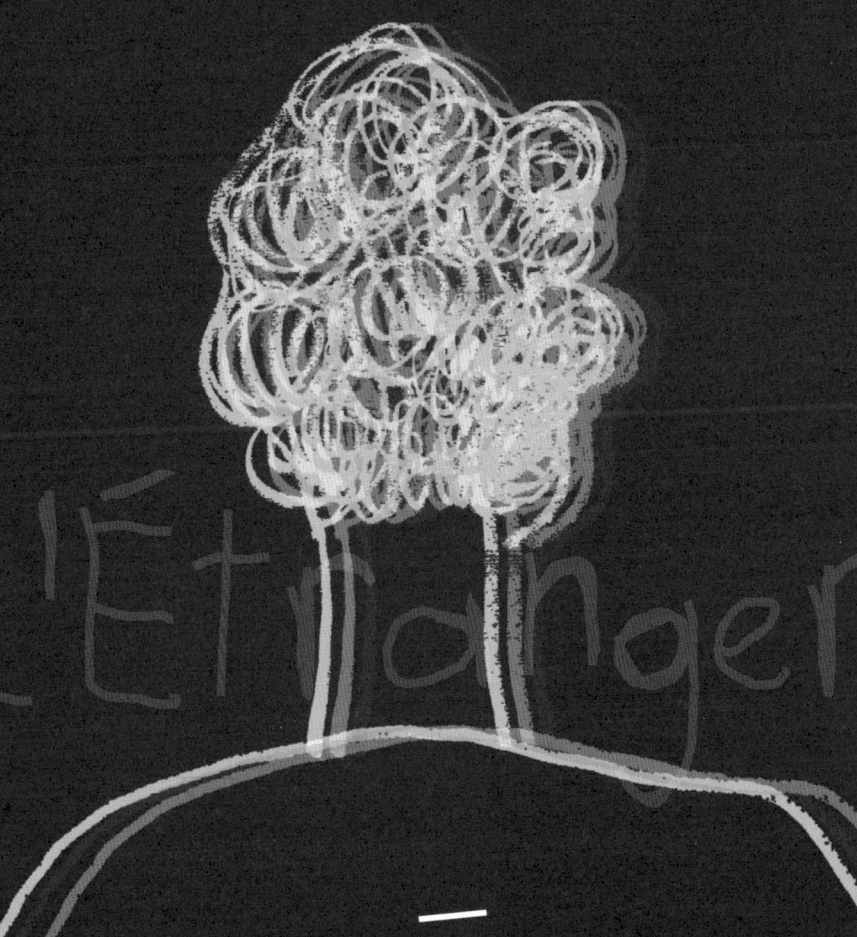

LEMON CULTURE

한국어판 서문

이 책이 한국어로 출판된다니 매우 기쁘게 생각합니다. 번역 제안을 받았을 때, 한국 독자들에게 내 생각의 어떤 부분들이 공감을 받을 수 있을지 솔직히 알 수 없었습니다. 그래서 번역을 맡으신 분에게 질문해보았습니다.

시중에는 깊게든 얇게든 다양한 분야의 지식을 쌓을 수 있는 서적들이 넘쳐나고 지식경쟁을 부추기기도 한다. 그리고 반대로 그런 경쟁 사회에 지친 사람들을 대상으로 한 힐링용 심리학 서적들이 인기를 끈다. 『나는 빠리의 이방인』은 이런 풍조 속에서 우리가 아무 의심 없이 기대고 있는 상식과 가치들이 얼마나 취약한 것들인지, 스스로 사고하는 것의 의의는 무엇인지를 생각해보게 해준다는 점에서 앞서 말한 책들과 크게 차별화된다.

책에 담긴 정신을 잘 이해해주었다는 것이 느껴져 기뻤습니다. 이 책은 살아가는 기술을 가르치는 방법론 책이나 자기계발 책이 아닙니다. "인간에게 정말로 중요한 질문에는 답이 존재하지 않는다. 이것을 깨닫지 못하면 아무것도 시작할 수 없다."는 것이 이 책의 출발점이며 결론입니다.

세상에 일어나는 문제들은 생각만 한다고 해서 해결되는 것이 아닙니다. 중대한 문제일수록 답은 없습니다. 인류는 2천 년 이상 계속해서 생각해왔지만, 진짜 문제는 하나도 해결하지 못했으며 앞으로도 풀지 못할 것입니다. 책을 읽으면 답을 알 수 있을 거라는 안이한 생각을 우선 버려야만 합니다. 답이 존재하지 않는 질문에 맞서 싸우고 자기 자신만의 답을 찾는 수밖에 없습니다. 낙태·뇌사·대리모·복제인간·안락사·자살 방조·사형제도·원자력 발전·핵무기 등의 문제들에 합리적인 답을 찾을 수 있을까요? 논의를 끝까지 몰고 가는 것은 중요합니다. 하지만 아무리 논의해도 궁극적인 근거는 찾을 수 없습니다. 판단 기준은 결국 어쩔 수 없이 역사·문화·사회 조건으로 제한됩니다. 도덕이나 규범은 옳기 때문에 지켜지는 것이 아닙니다. 공동체에서 생활하는 사람들이 영위하는 상호작용의 합의이기 때문에 옳다고 형용하는 것뿐입니다. 이러한 배경에는 논리 이전에 어떤 세계관이 놓여져 있습니다.

제가 근무하는 파리 제8대학 사회심리학과에는 수업 방침을 정하기 위한 회의가 있었습니다. 프랑스 대학은 모두 국립이며 교육 내용을 4년마다 교육부에 제출해 미리 인가를 받아야만 합니다. 학생을 많이 모으기 위해 사회심리학 석사 과정에 어떤 타이틀을 붙여야 할지를 논의하는 회의였습니다. 학생들은 이 공부를 하면 어떤 지식을 쌓고, 어떤 분야의 직업에서 일할 수 있는지, 일본이든 프랑스든 전문학교에 대한 기대 같은 것을 가지고 있습니다. 일본 이상으로 경쟁사회라 일컬어지는 한국에서도 마찬가지겠죠? 일본의 한 유명 정치인은 "셰익스피어의 작품 같은 것보다 여행에서 도움이 될 만한 영어를 가르쳐야 한다."고 말했습니다. 일반 교양 따위 필요 없으니 실무에 도움이 될 노하우만 배우고 싶다는 학생들도 늘어나고 있습니다.

하지만 대학에서 배운 지식을 졸업 후 그대로 쓸 수 있을 거라 생각하는 기업은 많지 않을 것입니다. 대학교육을 실용적인 내용으로 채운다면 기업에 도움이 되는 인재를 키워낼 수 있을까요? 저는 그렇게 생각하지 않습니다. 표면적인 지식은 필요해지면 언제든 익힐 수 있습니다. 지금까지도 기업은 그런 식으로 직원을 양성해왔고 직원 역시 현장에서 스스로 배워왔습니다. 개별적 지식보다도 스스로 질문을 만들고 답을 찾는 능력을 키우는 것이 중요합니다.

대학에서 할 수 있는 건 학생들이 스스로 생각할 수 있도록 사고의 틀을 제시해주는 일뿐입니다. 생각하기 위한 정보를 제공해주는 것뿐입니다. 티칭과 코칭이라는 말을 스포츠에서 사용합니다. 전자는 답을 가르치고, 후자는 선수 자신이 답을 찾게 합니다. 대학이 목표로 해야 할 것은 코칭입니다. 젊은이들이 스스로 답을 찾을 수 있도록 인도하는 것, 그것밖에는 할 수 없습니다. 그리고 그 첫걸음은 상식을 무너뜨리고 그 방향에는 출구가 없다고 알려주는 것입니다. 아인슈타인은 "편견을 깨부수는 일은 원자핵의 분열보다도 어렵다."고 말했습니다. 선입관을 타파하는 어려움을 저 역시 대학 강의에서 언제나 느끼고 있습니다.

글로벌화나 신자유주의의 영향으로 경쟁심을 부추기게 된 지는 꽤 오래되었습니다. 사람들은 경쟁이 창조성을 키워준다고 믿고 있습니다. 정말일까요? 경쟁은 반대로 동질화를 일으키기만 할 뿐이라고 저는 생각합니다. 같은 기준에 따라 모두가 싸우기 때문입니다. 모두가 보다 좋은 것을 만들고, 보다 좋은 생활을 하기를 꿈꿉니다. 혹은 더 나은 세상을 만들기 위해 노력합니다. 하지만 거기에는 덫이 놓여져 있습니다.

전체주의의 광풍이 세상을 뒤덮었던 시절에서 아직 백 년도 지나지 않았습니다. 사회가 전체주의에 빠지지 않도록, 사회의 폭주를 막기 위해서는 다양성을 확보해야 합니다. 그러기 위해서는 올바른 답이 존재하지 않는다는 사실을 깨달아야만 합니다. 3장 이후의 주장을 주의해서 읽어주시기 바랍니다. 제가 전하려는 중심 메시지를 적어두었습니다. 눈앞의 이익만을 좇아가다가는 가장 중요한 것을 잃게 됩니다. 하지만 무엇이 가장 중요한 것인지는 쉽게 알 수 없습니다. 아무쪼록 독자 여러분께서 스스로 생각해서 답을 찾아내 보시기 바랍니다. 이 책이 그 과정에 일조할 수 있다면 큰 기쁨입니다.

들어가며

세상에서 답이 사라져버렸다.

인류는 생명과학이나 의학의 발전으로 과거에는 불가능하거나 상상조차 할 수 없었던 장기 이식, 인공 수정, 대리모 출산, 인공 자궁, 유전자 치료, 인공 다능성 줄기 세포(ips세포) 등의 기술을 손에 넣으려 하고 있다. 이러한 것들은 근대 정신이 성취한 위업일 것이다. 하지만, 인간은 신은 존재하지 않고 선악은 자신들이 정하는 것이라고 깨달아버렸다. 근대 이전이었다면 생명윤리 분야뿐만 아니라 동성결혼, 성전환 수술, 근친상간 등의 시비를 판단하기 위해 성서 등의 경전을 따르면 문제 없었다. 혹은 그 해석만으로 충분했다. 그런데, "올바름"을 정하는 원천은 이제 사라졌다. 아무리 깊이 생각하더라도 인간이 정하는 이상, 그 앞에 기다리고 있는 것이 "올바른 세상"이라는 보장은 없다. 근본 없이 출발하는 수밖에 없다. 어떻게 할 것인가? 이것이 이 책의 질문이다.

나는 파리의 대학에서 사회심리학을 가르치고 있다. 프랑스에 살기 전에도 유럽, 중근동 아시아의 각지를 여행하고 기술 통역으로 북아프리카의 알제리에 거주했다. 환갑을 맞은 나는 인생의 3분의 2를 외국에서 보낸 셈이다. 가정 환경으로 보나 관심사로 보나 프랑스와 나는 접점이 없었다. 하지만 신기한 우연이 하나둘 쌓이며 상상도 못했던 걸음들을 옮기게 됐다. 아주 작은 우연이 사람의 일생을 좌우하는 현실에 몇 번이나 경이로움을 느꼈다. 그러한 궤적을 이어가며 이문화 속에서 내가 생각하고 느낀 것들에 대해 이야기해보겠다.

외국 생활에는 어떤 의의가 있는 것일까? 자신이 태어나고 자란 곳을 떠나 다른 세계관을 가진 사람들과 함께 생활하는 것에서 무엇을 얻을 수 있을까? 반대로 무엇을 잃게 될까? 혹은 그러한 손익 계산으로 생각하는 자체가 잘못된 것은 아닐까?

우여곡절을 겪은 뒤에 찾게 된 프랑스의 학계에서 나는 세 가지 의미로 이방인 위치에 있었다. 첫 번째로 언어도 문화도 다른 환경에서 나고 자란 외국인으로서 프랑스인과는 생각하는 방식이 달랐다. 두 번째로 일반 대학이 아닌 사회과학고등연구원에서 학제적인 연구 태도를 익혔기 때문에 사회심리학에 종사하는 동료들과는 관점이 상당히 달랐다. 그리고 세 번째로 애초에 학문 자체가 나에게는 이질적인 세계였고 나는 학자가 될 유형의 인간은 아니었다. 이러한 세 가지 이유로 프랑스 학계에서 이방인으로서 외부인의 입장에서 사색을 거듭해왔다.

세상은 멀리서 바라보는지, 가까이서 응시하는지에 따라 다른 모습을 보여준다. 그래서 외국인이 집필하는 일본론이나 외국에 거주하는 일본인의 체험이 의의가 있는 것이리라. 하지만 내가 여기서 이야기하고 싶은 것은 그와는 다르다. 이방인이라는 위치는 외부에 있는 것도 내부에 있는 것도 아니다. 멀리 있으면서 동시에 가까운 곳, 그런 경계적인 시야에 나타나는 세계를 그려갈 것이다.

이 책은 2003년에 현대서관(겐다이쇼칸)에서 출판된 『이방인의 시선, 파리 주재 사회심리학자의 유학기』의 개정판이다. 출판한 지 15년 가까이 흘러 학문이나 대학에 대한 나의 생각은 적지 않게 변화했다. 새로이 생각한 것들을 덧붙이고 나의 프랑스 생활을 돌이켜 반성해 보았다. 그리고 자전적 성격이 강한 원본의 내용을 일반화시켜서 생각하기 위한 길잡이로서 다시 써냈다. 이방인이나 소수파의 역할을 보다 깊이 파고들어 열린 사회의 의미를 고찰했고 그에 맞춰 제목을 『나는 빠리의 이방인』으로 바꾸었다. 크게 수정했기에 원본의 흔적은 거의 남아 있지 않다. 현대서관판을 읽은 사람도 새로운 책을 보는 것과 다름없으리라 생각한다.

이 책의 구성을 간단하게 소개하겠다. 1부에서는 자신의 머리로 생각하는 것의 의미에 대해 논의한다. 그 단서로 공부란 지식의 축적이라는 상식을 1장에서 무너뜨린다. 지식은 늘려야 하는 것이 아니다. 부수는 것이 더 중요하다. 익숙한 사고의 틀을 다시 살펴보는 것이다. 질문이란 무엇인가. 새로운 각도에서 생각하면서 모순의 역할을 밝혀보도록 한다.

상식을 부순 뒤, 지식을 어떻게 재구성할 것인가. 2장은 이 구성 과정에 초점을 맞춘다. 이 때 중요한 기능을 하는 것이 형식이다. 그리고 변화나 단절을 낳는 계기에 대해 생각해볼 것이다. 고등학생도 읽을 수 있도록 평이하게 설명하려 노력했지만, 지금까지 내가 발표한 고찰의 논리 구조나 배경을 해석하기 때문에 다른 장과 비교하면 조금 어려울 수도 있다.

3장에서는 대학으로 시점을 옮겨 인문사회과학의 의미에 대해 논의한다. 자신의 머리로 생각하는 것의 중요성이 여기서도 나온다. 스스로 생각하기 위해 대학은 도움이 되는가. 대부분의 교육 현장에서 인문계 학부를 축소, 폐지하려는 움직임이 현저하게 나타나고 있다. 이 경향에 경종을 울리고 인문학을 지키려 반발하는 식자들도 적지 않다.

"이과와는 달리 단기적인 경제 효과를 기대할 수 없는 문과도 장기적인 전망에서 보면 경제 효과를 가진다."라는 주장이 있다. 혹은 "기술이나 노하우를 가르치는 전문학교와 달리 가치를 창조하는 장소인 대학에 실리 같은 건 필요가 없다."는 의견도 있다. 이 책의 입장은 어느 쪽도 아니다. 경제 효과나 가치를 중시하는 견해는 원리적인 오류를 범하고 있다. 올바르다는 것은 무엇을 의미하는가. 거기서부터 다시 생각해볼 필요가 있다.

1부의 내용은 이전 저서인 『사회심리학 강의』(지쿠마센쇼, 2013년)와 부분적으로 중복된다. 생각하기 위한 힌트라는 주제가 공통되기 때문에 반복되는 것은 피할 수 없었다. 새로운 주제를 많이 추가했고 새로 이끌어낸 논점도 적지 않다. 하지만 기본적인 논의는 뺄 수 없었다.

중복되는 이유는 나에게 있어서 쓰는 의미와도 이어진다. 이 책의 서술이 진행되면서 밝혀지겠지만 나는 지금까지 줄곧 하나의 것만 쫓아왔다. 이문화 수용, 집단동일성, 자유, 책임, 재판,

정의, 종교, 미신, 이데올로기 등 구체적인 주제는 변해도 그 핵심이 되는 시점은 계속 일관되어 왔다. 그렇기 때문에 최소한의 논점을 확인하지 않고 앞으로 나아갈 수는 없다. 특히, 상식에 반하는 주장을 빈번하게 하는 나의 글쓰기는 전제를 명확히 해 두지 않으면 오독을 불러일으킨다. 지금까지 출판한 저서 전부를 독자 모두가 알고 있지는 않기 때문에 반드시 필요한 기초적인 부분은 반복할 수밖에 없었다. 새로운 주제로 바꾸기 위해 노력은 했지만 나의 지식이나 능력으로는 무리인 경우도 적지 않았다. 독자들의 이해를 바란다.

1부에서 제시한 생각에 다다른 배경을 2부에서 밝힌다. 스스로의 실존과 무관한 주제로 인문학 연구는 불가능하다. 어떻게 배우고 생각하는가. 이것은 살아가는 자세를 묻고 밝혀내는 것이나 다름없다. 4장에서는 우선 내가 일본을 떠나 알제리에 거주한 뒤 프랑스에 정착하기까지의 과정을 적었다. 평범한 청년이 여러 우연과 곤란한 상황을 맞닥뜨리고 그때마다 진지하게 맞서왔다. 참고서나 책들이 가르쳐주는 노하우에는 한계가 있다. 학문은 머리로만 하는 것이 아니다. 몸의 소리, 영혼의 외침에 귀를 기울여야 한다.

5장에서는 내가 프랑스에서 공부하고 대학에 취직한 과정을 따라가본다. 입학 시험은 물론이고 수업도 진급 시험도 없는 사회과학고등연구원이라는 색다른 학교에서 10년간 공부했다. 지도교수와 상담하며 논문만을 쓰는 시간. 이러한 자유는 무엇을 의미하는가? 근본적으로 대학은 학생에게 무엇을 가르치는

가? 프랑스와 일본의 대학은 무엇이 다른가? 학위의 내부 사정을 밝히면서 프랑스의 대학 제도나 교원 취직 사정을 분석했다.

6장에서는 내가 학계의 주변에 머무른 사정을 다루면서 나 개인의 틀을 넘어서 소수파의 존재 의의를 되묻는다. 머리만으로는 생각할 수 없고 배울 수 없다. 생각한다는 것은, 배운다는 것은 감정에 저항하며 전체를 투신하는 운동이다. 글로벌 인재나 국제인이 사람들에게 인정받고는 하지만 그것은 정보의 축적에 가치를 둔 상식을 답습하는 것에 지나지 않는다. 그 점이 이미 오류의 시작인 것이다. 가산적 접근으로는 사고의 틀을 부술 수 없다. 반대로 익숙한 정보나 사고 방식을 의문시하는 뺄셈에 주목해보자. 거기에 이방인의 역할이 있다.

마지막 장에서는 이방인의 갈등에 중심을 둔다. 일본인은 메이지 시대 이후 쭉 서양을 본보기로 삼아왔다. 지금도 비교 대상은 유럽과 미국이다. 여기서도 가산적인 발상에 붙잡혀 있다. 나는 이 현상을 '명예백인 증후군'이라고 불러왔다. 각 분야에 명가가 있고 그것을 목표로 쫓고 쫓기는, 주류 추종의 자세다. 어떻게 하면 재탕을 우려내는 접근 방식에서 벗어나 자기 자신을 되찾을 수 있을까? 주변성, 소수성의 의의를 정면에서 바라보고 이질성이라는 숨겨진 금맥을 캐내어 보자.

획일적이고 개성이 없다는 것은 일본인들이 스스로를 돌아보고 반성해온 자화상이다. 그리고 그 반동으로 이단이 칭송 받는다. 이단을 권하는 책들도 넘쳐난다. 그러면 그 이단이란 무엇인가. 범죄자나 정신이상자를 포함하는 모든 이탈자를 긍정할 각오가 되어 있는 것인가.

> 작은 꽃이나 큰 꽃
> 어느 것도 같은 것은 없으니까
> No.1이 되지 않아도 돼
> 원래부터 특별한 Only one

SMAP의 노래 "세상에 하나뿐인 꽃"(작사작곡: 마키하라 노리유키)의 마지막에 나오는 유명한 가사다. 이러한 생각을 어리광이나 자기 만족이라고 웃어넘길 수도 있다. 하지만, 나는 여기에 중요한 것이 숨겨져 있다고 생각한다. 이단을 권하는 책들이 인정하는 것은 이미 독창성으로서 받아들여진 가치관에 불과하다. 이러한 순화된 이단을 추켜세운다고 해서 아무것도 변하지 않는다. 상식을 따르고 있을 뿐이다.

일본인들의 획일성의 원인은 자주 얘기되는 주체성의 결여 때문이 아니다. 이리저리 극변하는 유행도 단순히 타인을 모방하는 것이 아니라 정말로 멋지다고 느끼기 때문에 자주적으로 받아들이고 있을 것이다. 다만, 같은 "좋은 것"에 모두가 마음을 뺏겨 결국 사회 전체가 균일화 되어버린다. 이단의 칭송도 근본은 같다. 그래서 "독창"적인 삶의 방식을 모두가 따라 하고 "독창"적인 사람들이 거리를 메운다.

"올바른 세상을 만들어가자."

"사회를 조금이라도 좋게 만들고 싶다."

이런 상식이 애초에 문제다. 선의의 그늘에 숨어 있는 함정을 파헤치자.

"지옥으로 가는 길은 선의로 채워져 있다."

적은 우리들 자신이다.

차례

한국어판 서문 _ 4
들어가며 _ 8

1부
새로운 생각은 어떻게 탄생하는가

1장
나만의 생각을 위한 길잡이

- 지식이 사고를 방해한다 _ 23
- 당연한 것을 의심하라 _ 29
- 모순 속에 숨은 기회 _ 35
- 이질적 생각을 대하는 자세 _ 42
- 독창성의 진짜 의미 _ 49
- 답이 아닌 질문을 배우다 _ 52

2장
나만의 생각을 위한 도구들

- 형식이 자유를 낳는다 _ 60
- 비유가 형식을 확장한다 _ 69
- 고전에서 형식을 배우다 _ 74
- 열린 사회의 논리 구조 _ 78
- 사회 변화와 진화론 _ 81
- 자기 방어가 이해를 방해한다 _ 88
- 감정이 사고의 틀을 바꾼다 _ 93

3장
인문학은 무엇을 위해 존재하는가

학교가 개성을 죽이고 있다 _ 100

수업의 진짜 역할은 무엇인가 _ 109

스승과 제자는 공동체가 아니다 _ 116

교육의 두 가지 임무 _ 120

대학 교직원의 실태 _ 126

지식은 변혁하는 운동 _ 129

대학에도 개혁이 필요하다 _ 135

경쟁이 개성을 죽인다 _ 139

보편적 가치라는 이데올로기 _ 143

열린 사회의 의미 _ 147

'올바른 세상'과 싸우기 위해 질문하라 _ 152

2부
학문과 이방인의 삶

4장
프랑스라는 새로운 세계로 떠나

일본을 떠난 계기 _ 163
첫 해외에 첫발을 딛다 _ 168
인상이 나빴던 프랑스 _ 172
아시아를 거닐다 _ 175
알제리로 떠나다 _ 181
이름뿐인 통역 _ 186
도스토예프스키와의 만남 _ 191
통역의 추억 _ 201
우연의 신비함 _ 204
신념과 행동 사이 _ 207
퇴로를 끊다 _ 212

5장
대학의 이중적인 모습을 보다

유학의 시작 _ 217
사회과학고등연구원 _ 220
첫 번째 책 _ 226
대학 취직의 속사정 _ 229
사회심리학이라는 특수성 _ 232
프랑스의 대학 제도 _ 235
학위의 이면 _ 242
사기극 같은 학위 심사 _ 245
대학과 학자들의 편협함 _ 252

6장
무엇을 하고 싶은가, 무엇을 할 수 있는가, 무엇을 해야 하는가

국제인과 이방인 _ 256
40대의 불안과 초조 _ 262
이류 인간 _ 265
'철학'자와 철'학자' _ 271
미술에 빠진 날들 _ 278
과학과 미술의 공통점 _ 285
교수가 되지 않은 이유 _ 291
나는 왜 쓰는가 _ 301

7장
이방인의 시선으로 세상을 바라보기

다수파의 폭력 _ 312
프랑스인의 결혼관 _ 319
자유와 다양성 _ 325
프랑스인이 바라본 일본인 _ 331
위선 _ 337
서양에 대한 열등감 _ 341
명예 백인 _ 346

마치며 _ 356
현대서관판 후기 (2003년) _ 362

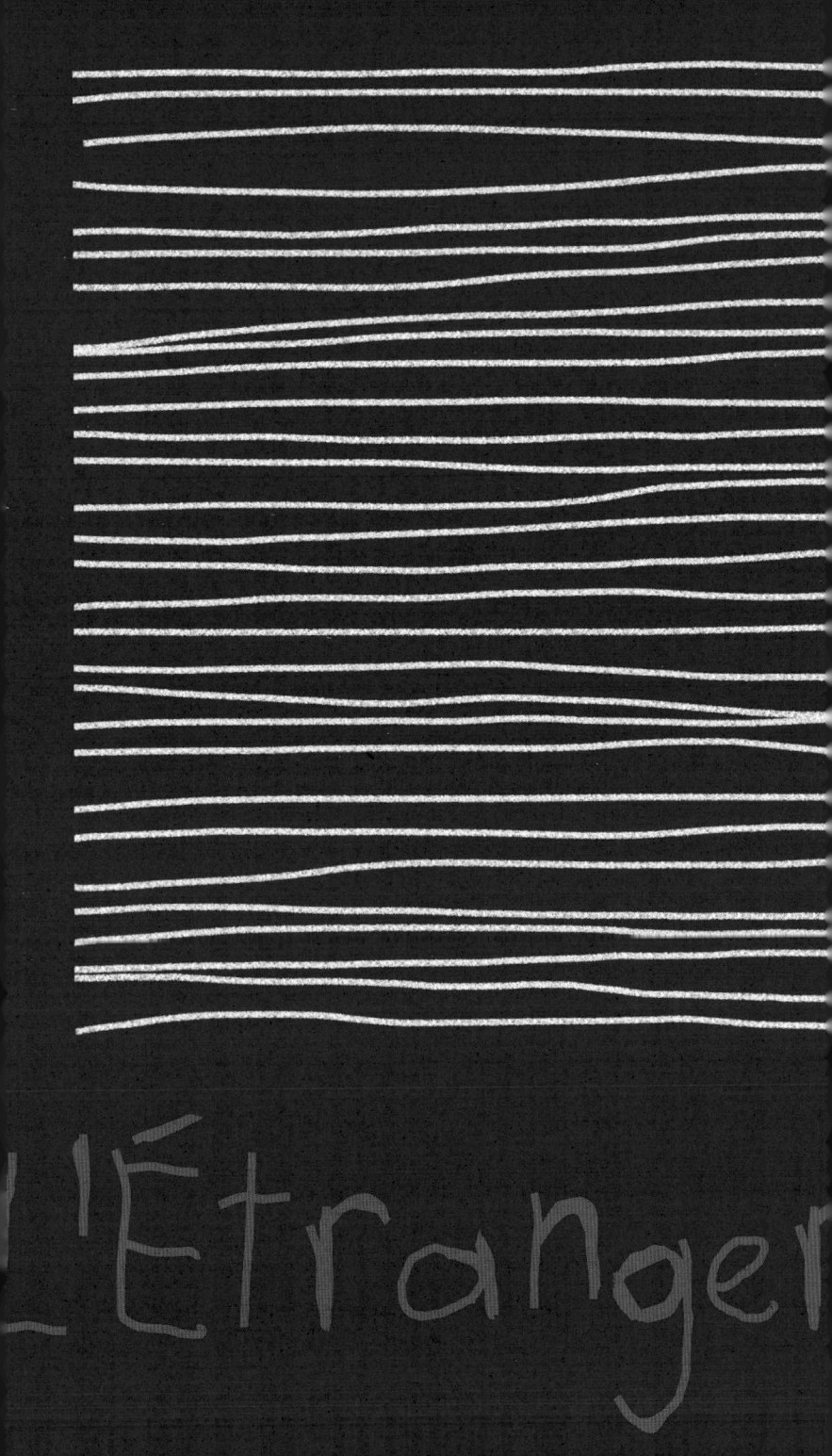

1부

/

새로운 생각은
어떻게 탄생하는가

1장
나만의 생각을 위한 길잡이

상식을 의문시하는 것에서부터 사색의 첫걸음이 시작된다. 그렇지만, 이게 꽤나 어렵다. 프랑스에서 내가 배운 가장 소중한 것은 지식도, 지혜도 아니다. 인간이 사는 세상에 답은 없다. 그렇기 때문에 상식을 의심하는 이방인이 의의를 가진다. 1장에서 우리는 우리의 눈을 가린 상식의 덫을 분석할 것이다. 지식의 축적이 이해를 깊게 해준다는 것 자체가 오류기 때문이다. 많은 책들은 정보, 즉 답을 제시한다. 하지만, 그런 접근이야말로 우리의 눈을 멀게 한다. 프랑스 속담 중에 "변하면 변할수록, 그 자리"라는 말이 있다. 변화가 시스템 내부에 머물러 있는 한, 시스템 자체는 변화하지 않는다. 사고의 틀을 뒤집기 위해서는 어떻게 하는 것이 좋을까?

지식이 사고를 방해한다

빈 상자에 물건을 채우는 이미지로는 지식 획득을 설명할 수 없다. 기억이라 불리는 이 상자에는 이미 다양한 요소가 채워져 있다. 어떠한 논리에 따라서 정리되어 있는 정보군 속에 새로운 요소를 추가하는 상황을 상상해보자. 상자 속에 여유 공간이 없기 때문에 기존 정보를 새로 나열하거나 일부 지식을 버리지 않으면 새로운 요소를 상자에 넣을 수 없다.

모두가 불가능하다고 생각했던 무농약, 무비료 재배로 사과를 키워낸 사람이 있다(이시카와 다쿠지, 『기적의 사과』, 겐토샤, 2008년). NHK 방송에서 소개된 후, 영화로도 제작된 유명한 이야기다.

> 기무라는 "바보가 되면 된다."고 말한다. 어쩌면 그에게 필요한 것은 결국 자신의 마음이 사과나무와 마주설 수 있도록 만들어준 고난의 세월이었을지도 모른다.
> 사람이 살아가는 데 있어 경험이나 지식은 빼놓을 수 없다. 무언가를 이루기 위해서는 경험과 지식을 쌓아가야만 한다. 그래서 세상은 경험이나 지식이 없는 사람을 바보라고 부른다. 하지만 사람이 진정으로 새로운 무언가에 도전할 때, 가장 큰 벽이 되는 것은 종종 그 경험과 지식이기도 하다. 기무라는 실패를 하나 할 때마다 상식을 하나씩 버렸다. 백 번, 천 번을 실패하고 나서야 경험이나 지식 따위가 아무런 도움도 되지 않는 세계에 맞서고 있다는 사실을 깨달은 것이

다. 그러고 나서 처음으로 무구한 마음으로 사과나무를 바라보는 것이 가능해졌다.

아기는 무지한 상태로 세상에 태어난다. 하지만 놀라운 속도로 새로운 정보를 습득해간다. 나이를 먹으면서 구조화되는 기억이 영아에게는 아직 없기 때문이다. 어릴 때 외국어를 배우지 않으면 어른이 되어 아무리 노력해도 발음이나 문법 오류를 완벽하게 교정하기 힘들다. 모국어가 가진 고유한 구조를 받아들여 다른 언어를 받아들이기 어려워지기 때문이다.

지식의 결핍은 문제가 되지 않는다. 도리어 지식의 과잉이 이해를 방해한다. 제3세계에 기술을 전수하려는 시도가 종종 실패로 끝나는 것은 개발도상국 주민들의 지식이 부족하기 때문이 아니다. 오히려 새롭게 도입되는 다른 문화 요소와 호환되지 않는 지혜가 있기 때문이다.

페루 농촌 사람들은 생수를 그냥 마시곤 하는데, 이런 습관을 고치려는 위생 지도가 시행된 적이 있다(E. M. Rogers, Communication of Innovations: A Cross-cultural Approach, 5th ed. [1st edition: 1962], The Free Press, 2003). 약 200가구를 대상으로 2년에 걸쳐 끈기 있게 지도했지만, 고작 11가구가 물을 끓여 마시는 결과를 낳았다. 과연 실패 원인은 무엇이었을까?

마을 사람들은 음식물을 '따뜻한 것'과 '차가운 것'으로 나누는 습성이 있었다. 그런데 실제 온도 차가 음식을 나누는 기준이 아니었다. '차가운 것'은 '차가움'을 내포하는 음식물을 가리키고, '차가움'을 가지지 않은 음식물을 '따뜻한 것'이라고 불렀다. 예를 들어 돼지고기나 생수는 '차가운' 음식물이고, 알코올은 '따뜻한' 음료와 같은 식이다.

우리는 '따뜻한 것', '차가운 것'이라는 상태를 열량의 많고 적음으로 이해한다. 마을 사람들은 '차가움'의 함유 정도를 기준으로 식품을 분류한다. 하지만 이 마을 사람들을 무식하다고 비웃을 자격이 우리에겐 없다. 열이란 것은 분자의 운동 상태(평균 운동 에너지)며, 열이라는 요소가 포함되어 있는 것은 아니기 때문이다.

마을 사람들은 건강한 사람은 '차가운 것'을 섭취할 수 있지만, 아픈 사람이 '차가운 것'을 먹어선 안 된다고 생각했다. 따라서 환자는 '차가움'을 없애기 위해 음식을 불에 데우고, 불을 사용해서 조리하는 사람이 있다면 그는 어딘가 병에 걸린 사람일 것이다. 건강한 사람일수록 물을 끓여 마시면 안 된다. 자신들의 이치에 맞지 않는 행동은 받아들일 수 없기 때문이다.

결국 마을 사람들이 무식하기 때문이 아니라, 끓여서 소독을 하는 것이 용납되지 않는 세계관을 지녔기 때문에 위생 지도를 받아들이지 못한 것이다. 그리고 식사할 때 물을 끓여 마시게 된 11가구 중 10가구가 환자를 돌보는 집이었다. 남은 1가구는 외국 출신이어서 식사 관념이 달랐다. 결국 그들은 위생 지도를 받아들인 것이 아니었다. 물을 끓여 마시는 것을 거부한 여성은 이렇게 반론했다. 여성의 의문은 분명 논리적이었다.

"세균이 병의 원인이라고 하는데, 그런 것이 어디에 있는가? 인간마저 빠져 죽는 물 속에 살아 있으니 세균은 생선과 같은 것인가? 눈에 보이지 않을 정도로 작은 세균이 비교할 수도 없게 큰 인간에게 어떻게 해를 가할 수 있는 것인가?"

자연과학계에서 다른 예를 한 가지 더 들어보자. 영국의 과학자 마이클 패러데이는 전문지식을 지니지 않은 덕에 뉴턴 이론의 부족함을 발견했다. 물리학에서는 서로 떨어져 있는 복수의 물체가 어떤 매개도 없이 순간적으로 상호작용을 일으키는 원격작용은 부조리한 것이라며 배척해왔다. 그런데 뉴턴이 주장한 만유인력은 바로 그 신비한 힘을 일컫는다. 뉴턴도 스스로 만유인력의 비논리성을 인지하고 있다고 벤틀리 경에게 보낸 서한에서 이야기한다 (A. Koestler, The Sleepwalkers, Macmillan, 1959).

"비물질적인 다른 매개를 거치지 않고 또 상호접촉 없이 무생명인 단순 물질이 다른 물질에 작용하는 것은 있을 수 없다. … 그러니 절대 선험적인 인력 개념을 내가 제창했다고는 생각하지 말기를 바란다. 내재적인 인력이 물질에 존재하고, 물체가 진공 중에 매개 없이 다른 물체에 작용한다는 것은 너무도 바보 같은 소리다."

뉴턴 이론은 부조리한 설명 원리에도 불구하고 약 200여 년에 걸쳐 유지되었다. 천체운동의 이론값과 관찰값이 보기 좋게 일치해 이론의 근본에 대해 후대의 천문학자가 의문을 제기할 수 없었기 때문이다. 그런데 독학을 해온 패러데이는 달랐다. 1850년대가 되어 뉴턴 역학의 약점에 날카로운 비판을 제기했다. 물리학자로서 전문 교육을 받지 않았고 수학을 모르는 문외한이었던 까닭에 오히려 문제의 중요성을 깨달았던 것이다. 패러데이는 원격작용이라는 초자연적인 설명 없이 복수의 물체 관계를 근접작용으로 설명하는 길을 열었다. 그 후, 맥스웰이 양자장론으로 발전시켰다.

너무 많은 지식을 알고 있는 사람을 조롱하는 농담이 있다. 담장에 작은 구멍이 뚫려 있고, 그 구멍으로 소가 꼬리를 내놓고 흔들고 있었다. 그것을 본 물리학 교수는 진지하게 고민하기 시작했다. "어떻게 소는 저 작은 구멍을 지나서 담장 건너편으로 간 걸까?" 이처럼 평범한 사람이라면 아무렇지 않게 알 수 있는 것인데도 오히려 전문가는 지식의 방해로 인해 상황을 잘 보지 못하는 경우가 있을 수 있다.

2002년에 노벨 화학상을 수상한 다나카 고이치는 대학에 소속된 연구자가 아니다. 그는 전문 지식이나 높은 학력을 가지지 못한 덕분에 상식에 얽매이지 않는 독특한 발견을 할 수 있었다. 그는 재학 중에는 화학이 아닌 전기공학을 전공했고 대학원에도 가지 않았으며 박사 학위도 없었다. 화학에서는 아마추어였기 때문에 전문가들이 불가능하다며 포기하고 있던 고분자의 질량 계측법에 도전했다.

'새로운 것'은 '낡은 것'에서 생겨난다. 미세한 수정이나 작은 차이에 불과하더라도, 그것이 시스템 내부의 단순한 변화에 머물지 않고 암묵적으로 의존하고 있던 사고 틀을 재검토하는 기회를 거치면서 시스템 자체를 바꾸도록 이끈다. 이때 우리는 새로운 것을 깨닫는다.

마르크스는 노동의 가치와 노동력의 가치를 변별해 자본주의의 잉여 착취 메커니즘을 밝혀냈다. 그는 애덤 스미스 등 자신 이전의 사상가들이 쌓아 올린 노동 가치설에 의거했다. 또한 로바체프스키, 보여이 그리고 리먼은 "직선 외부의 한 점을 지나는 평행선은 하나밖에 존재하지 않는다."는 유클리드 제5공리를 '단순히' 부정하는 데서 새로운 기하학을 구축했다. 이른바 비유클리드 기하학의 탄생이다. 로바체프스키와 보여이는 평행선이 2개 이상 가능하다는 전제에서 출발했고, 반대로 리먼은 평행선이 하나도 존재하지 않는다는 가정에서 논리를 구축했다. 비연속성은 연속성의 내부에서부터 자연스레 배어 나오는 것이다. 새로운 발견의 원천은 과거의 유산 주변에 잠들어 있다.

뉴턴은 "내가 다른 학자보다도 먼 곳을 바라볼 수 있었던 것은 나를 안내해준 거인들의 어깨에 올라타 있었기 때문이다."라고 말했다. 아인슈타인도 기존 지식과의 연속성을 강조한다. "이론을 관측 사실에 가능한 한 합치시키기 위해 상대성 이론이 생겨났다. 상대성 이론을 혁신적이라고 생각할 것은 없다. 수 세기도 전부터 계속되어온 노선의 자연스러운 성과다." 즉, 선행 이론을 둔화시키고 그 본질을 더욱 밀어붙였을 '뿐'이다(A. Einstein, Comment je vois le monde, Flammarion, 1979).

기존의 지식 체계와 어떻게 거리를 둘 것인가? 누구도 의문시하지 않았던 전제의 수상함을 어떻게 하면 깨달을 수 있을까? 방해 요소라고 생각하고 잊고 있었던 요소에 어떻게 새로이 빛을 비출 것인가? 거기에 열쇠가 있다.

당연한 것을 의심하라

프랑스 수학자 앙리 푸앵카레의 일화는 아이디어가 불현듯 떠올랐을 때의 전형적인 유형을 보여준다(J. Hadamard, Essai sur la psychologie de l'invention dans le domaine mathématique, suivis de H.poincaré, L'invention mathématique, Jacques Gabay, 1993 [1ère édition, 1975]). 그는 긴 시간 동안 수학 문제를 생각했지만, 도저히 풀 수 없었다. 그러다 지쳐서 포기하고 친구와 교외로 놀러 나갔다. 그 사이 수학 문제에 대해서 잊고 있었는데 집으로 돌아오는 길에 마차 발판에 발을 딛는 순간, 문제의 해결 방법이 번뜩 떠올랐다. 이 경험을 바탕으로 푸앵카레는 아이디어에 대해 이렇게 결론지었다.

(1) 갑자기 찾아온다.
(2) 간결한 형태를 띠고 나타난다.
(3) 절대적으로 옳다는 확신과 함께 온다.

어째서, 아이디어는 이러한 형태를 띨까? 기발하고 확실한 아이디어들은 "뭐야, 이렇게 간단하다니."하고 맥이 빠지는 것들이 대부분이다. 답이 이미 눈앞에 있는데도 상식의 방해로 보지 못한다. 콜럼버스의 달걀이 대표적인 예다. 우리는 어떤 계기를 통해 상식을 지우고 그때까지 숨겨져 있던 것을 보게 된다. 낡은 인식의 틀에서는 오로지 방해 요소로 여겨져 무시되었던 요소가 새로운 인식 틀에서는 급격하게 중요성을 띠는 것이다. 한마디로 우리는 색안경을 끼고 생활하고 있다. 렌즈가 일으키는 여과·굴절·왜곡을 통해 바깥 세계를 인식한다. 그리고 눈을 가린 렌즈의 색은 지식을 습득하고 사고 훈련을 거듭하며 희로애락을 경험하면서 변화한다. 그렇다고 색이 옅어지거나 투명해지지는 않는다. 철학자건 과학자건 세계관이라는 색안경을 벗을 수는 없다.

전쟁 책임이나 위안부 문제에 관한 토론을 생각해보자. 상대의 주장을 마지막까지 겸허하게 들을 수 있는 사람은 극히 드물다. 우리는 무의식적으로 토론자가 좌익인지 우익인지, 아군인지 적인지, 믿을 만한 사람인지 정부의 어용학자인지 분류한다. 이미 짜여 있는 사고의 틀을 통해 해석하고 공감하거나 분노하거나 항변한다. 즉 데이터를 검토한 후에 결론을 도출하는 것이 아니라 기존의 가치관에 따라 처음부터 결론을 선택한다. 그리고 결론에 따라서 검토하는 정보 영역을 좁힌다. 객관적인 조사를 통해 결론을 내는 것이 아니라 이미 정해진 결론을 정당화하는 데 급급하다.

『책임이라는 허구』(도쿄대학출판회, 2008년)와 『사회심리학 강의』

에서 자유에 대해 논의했지만, 이러한 나의 주장을 오독하는 사람이 많다. 자신의 신념에 합치하는 데이터나 사실에는 주목하지만, 자신의 세계관에 부합하지 않는 정보나 판단을 피하려 하기 때문이다. 이것을 사회심리학에서는 '확신 편향'이라고 부른다. 『사회심리학 강의』에 이렇게 적었다.

"양자역학에 의거해 자유를 구하려는 시도가 있습니다. 소립자의 궤도는 확률적으로밖에 예측할 수 없습니다. 마찬가지로 인간의 행위도 많은 사람들을 관찰하면 사회·심리조건과 범죄율의 관계를 추측할 수 있을 것입니다. 그러나 아무리 자세한 데이터를 모아도 어떤 특정 개인이 범죄에 이르는지 여부는 알 수 없습니다. 그래서 인간 행동은 결정론에 따를 것이 아니라 책임을 가져야 할 필요가 있습니다.

하지만 이러한 유추는 적절하지 못합니다. 소립자의 운동 상태를 소립자 자신은 의식하지 못합니다. 더군다나 소립자가 자신의 궤도를 주체적으로 변경할 수 있을 리 없습니다. 따라서 인간은 자신의 행위를 예측하고 의식적으로 제어할 수 있는가 하는 중요한 고찰에서 이 유추는 도움이 되지 않습니다.

애초에 문제는 인간의 행위가 결정론에 따르는지 여부가 아닙니다. '우연히 발생하는 행위란 무엇인가.' '멋대로 팔다리가 움직인다.' '느닷없이 살의가 생겨나 옆 사람의 목을 조른다.' 이유 없이 생겨나는 살의나 제어할 수 없는 신체 운동을 우리는 자유 의지의 산물이라 부르지 않습니다. 게다가 신체 운동이 우연히 원인이나 이유 없이 생겨난다면, 그것은 단순한 사고며 행위와는 성질을 달리하는 자연 현상입니다. 따라서 나의 행위라고 부를 수조차 없습니다."

그렇지만 양자역학의 비결정론을 내세우며 자유를 옹호하는 사람이 끊이지 않는다. 이것은 단순한 부주의로 인한 결과가 아니다. 자연과학과는 다르게, 인문·사회과학에서는 주제가 일상생활과 밀접하게 연결된다. 그래서 상식이 편견으로 작용해 고찰을 방해하고 어렵게 만드는 것이다. 소크라테스의 일화로 알려진 "무지無知의 지知"가 가르쳐주듯 무지의 자각은 지난한 과업이다.

사고가 상식에 붙들려 있다면 문제를 발견해도 해법을 찾을 수 없다. 발상을 바꿔 수평사고를 해야 하지만 사고가 상식에 사로잡혀 있기 때문에 발상의 전환이 어려운 것이다. 그래서 상식에서 자유로워지고 새로운 각도에서 문제를 마주하기 위해서는 무의식이 큰 역할을 한다.

푸앵카레는 발견의 4단계를 이렇게 설명한다.

(1) 의식적으로 분석하고 곰곰이 생각한다.
(2) 아무리 해도 풀 수 없으면 일단 포기하고 문제를 잊는다.
(3) 갑자기 해결책이 떠오른다.
(4) 답이 올바른지를 의식적, 논리적으로 검증한다.

우선 문제에 부딪혀 힘들어한다. 그리고 익숙한 사고 틀의 검열을 벗어나 무의식 차원에서 정보를 풀어놓는다. 새로운 구조가 다시 세워지고 해결책이 나타나길 기다린다. 이제 남은 것은 이렇게 찾아낸 해결책에 논리적 모순이 없는지를 의식적으로 확인하는 작업뿐이다.

아무 생각 없이 책장에서 책을 꺼냈다가 고민의 답을 책에서 발견하고 놀라는 경우가 있을 것이다. 나도 언젠가 나쓰메 소세키의 강연집을 꺼내 보다가 예전에 밑줄을 그었던 부분을 발견했다. 그 책을 읽었던 기억은 없었다. 그런데 얼마 전부터 가져왔던 의문의 답이 거기에 있었다. 즉, 이미 읽은 내용을 무의식적으로 '생각해'내고 답이 거기에 있다는 것을 '알고' 있었기 때문에 자연스레 책에 손을 뻗었던 것이다.

프랑스 속담 중에 "밤은 조언을 숨겨 두고 있다 La nuit porte conseil."는 말이 있다. 골똘히 생각하느라 같은 사고 틀에 얽매여 있으면 해결의 실마리를 보지 못한다. 하지만 숙면하는 중에 기억의 맥락이 풀어지고 재구성되면 다른 각도에서 답을 발견할 수 있다. 푸앵카레는 "아이디어는 간결한 형태를 띠고 별안간 떠오르며 절대적으로 옳다는 확신과 함께 나타난다."고 지적했다. 낡은 세계관의 결정 구조가 용해되고, 뒤얽혀 있던 요소들이 분리되어 새로운 결정 구조로 재편성되는 것이다. 이런 작업은 잠재 의식의 차원에서 일어나기 때문에 갑자기 아이디어가 떠올랐다고 느끼게 된다. 하지만 뇌는 끊임없이 문제를 처리하고 있었다. 그리고 이런 해결책이 의식의 단계로 올라왔을 때,

이미 명확한 형태를 띠고 있으므로 우리는 간결한 답이 별안간 생각났다고 느끼며 아이디어가 옳다는 것을 확신하는 것이다.

자연과학에서는 연구 대상이 고도로 추상화되어 있기 때문에 이론이 상식에 반해도 크게 문제가 되지 않는다. 예를 들어 우리는 중력에 끊임없이 영향 받고 있지만, 뉴턴 이론의 옳고 그름을 일상생활에서 늘 검증하고 있지는 않다. 산책할 때마다 "만유인력은 정말 존재하는 것인가?"하고 고민하는 사람은 없다. 그런데 인문·사회과학에서는 구체적으로 일상 감각에 밀착되어 있는 일들을 연구하기 때문에 '학자의 세계관 = 상식'으로 여기며 갇혀버리는 일이 많다. 결국 상식과 타협해 버리는 것이다.

또 물리학에서는 이론을 수식으로 표현한다. 어떤 조건을 도입해 계산하면 허근이 나온다. 이론, 즉 방정식이 올바르면 답도 올바를 것이다. 따라서 아무리 상식에 반하는 결론에 도달하더라도 그것을 수용해 의미를 해석해야만 한다. 하지만 이러한 사고법을 인문·사회과학에서는 취하기가 힘들다.

> "지구는 둥글다. 그리고 시속 10만 7천 킬로미터 이상(마하 87 이상)이라는 굉장한 속도로 태양 주위를 돈다."
>
> "인간은 원숭이로부터 진화했다."

자연과학자들은 이제 당연하게 여기는 것들이지만, 당시 세계관에서 보면 비상식적일 뿐인 주장들을 주로 해왔다.

"시간이나 공간이 늘어나고 줄어든다."

상대성 이론도 거짓말 같은 이야기다. 심지어 양자역학에서는 마치 장난 같은 학설이 횡행한다. 사회과학도 자연과학만큼 대담해져야만 한다. 상식을 일단 한쪽에 묶어두고, 독자적으로 이론에 다가가는 여유가 중요하다. 그리고 색다른 결론이 나오더라도 바로 포기하지 말고 상식의 유혹이나 압력에 끈기 있게 저항해가는 용기가 필요하다.

모순 속에 숨은 기회

모순에 부딪혔을 때, 어떤 태도를 취할 것인가. 모순에 빠지면 누구나 곤란함을 느낀다. 마감이 가까워져온 논문을 붙잡고 있는 경우처럼 초조해하거나 실망해서 포기하고 싶어진다. 그러다 바로 떠오르는 대책을 얼버무리고 만다. 자신의 가설에 맞지 않는 데이터들은 이내 무시해버린다. 심한 경우에는 불리한 데이터를 뜻에 맞게 고치려는 유혹에 휩싸이기도 한다. 자신의 주장에 난처한 이론이나 논점을 과거 연구에서 찾아내더라도 그러한 논문을 읽지 않은 것으로 밀어내기도 한다.

물론 이러한 불성실한 방법은 잘못되었다. 하지만 학자도 사람이기에 거짓말을 한다. 종종 날조 사건이 발각되어 매스컴에서 다뤄지기도 한다. 내가 관계되어 있는 사회심리학에서도 데이터를 위조하는 사례가 많을 것이다. 언젠가 어떤 주제를 종합적으로 검토해보기 위해 논문의 기초 데이터를 제출하도록 요청했더니 대부분의 연구자가 "데이터를 버려버려서 이제 없다."고 대답했다는 것을 듣기도 했다.

나에게도 그런 경험이 있었다. 한번 기각되었던 공동 논문을 동료에게 수정하도록 맡겨두었더니 피험자의 수를 배로 늘린 새로운 원고를 제출한 것이다. 나는 놀라지 않을 수 없었다. 이는 명백한 데이터 위조다. 이렇게 날조된 논문을 제출해서 거짓이 밝혀진다면 큰일이다. 하자가 많은 실험이었기에 수리해주는 학회도 어차피 찾지 못했을 테지만 나는 해당 논문에서 내 이름을 삭제하게 했다.

모순에 빠졌을 때 얼버무리면 안 된다고 말하는 것은 논리적 관점까지 포기하라는 말이 아니다. 모순 덕분에 새로운 시점을 발견할 수도 있다. 모순이 기존의 이론에서 문제를 발견하게 해준다는 것은 분명한 사실이다. 모처럼의 기회를 헛되이 하는 실수를 해서는 안 된다.

학제적 연구의 중요성이 인정받기 시작한 지는 이미 오래되었다. 이는 일반적으로 생각하는 것처럼 다양한 분야의 학자가 모여 문제를 종합적으로 분석하기 때문이 아니다. 이질적인 견해들이 부딪힐 때 우리는 모순을 깨닫는다. 그리고 모순과의 싸움을 통해 새로운 발상을 할 수 있다. 학제적 연구는 이러한 과정을 통해 이루어진다.

19세기 천문학자인 요하네스 케플러 이전의 학자들은 행성 운동을 연구하면서 주전원이라 불리는 원형의 톱니바퀴를 조합해서 행성의 움직임을 묘사할 뿐이었다(A. Koestler, The sleepwalkers,op.cit.). 코페르니쿠스도 마찬가지다. 우주의 중심에 지구를 두는 천동설을 뒤집고 이론값과 관측값의 오차를 비약적으로 줄였다. 하지만 톱니바퀴를 조합하는 발상 자체는 다르지 않았다.

오늘날에는 천문학이 물리학의 한 분야로 자리 잡았다. 하지만 아리스토텔레스 이후, 신이 정하는 하늘의 운행과 불완전한 인간 세계에서 일어나는 일들은 성질이 다르며 같은 원리로 설명할 수 있다고는 누구도 생각지 못했다. 신의 섭리라는 금기를 깨고 물리학 법칙으로 행성 운동을 설명하려고 한 케플러는 그때까지 누구도 의문을 가지지 않았던 모순을 깨달았다. 당시에 이미 행성의 공전 주기와 태양에서 행성까지의 거리가 알려져 있었다. 수성은 3개월 미만, 금성은 7개월 미만, 화성은 2년 미만, 목성은 약 12년, 토성은 약 30년으로, 태양으로부터 떨어진 행성일수록 공전 주기는 길어진다. 하지만 조금 더 주의를 기울여 보면 먼 곳의 행성은 긴 거리를 도는 것 외에도 속도가 느리다는 특징이 있다. 태양에서 토성까지의 거리는 목성까지 거리의 2배다. 따라서 행성이 일주하는 거리도 2배다. 그런데 시간은 2배인 24년보다 6년이나 긴 30년이 걸린다. 케플러는 바로 이러한 점에 의심을 품었다.

당시의 천문학자들이 밝혀낸 행성들의 운동 법칙은 톱니바퀴를 조합하는 수준에 지나지 않았다. 그래서 누구도 케플러와 같은 의문을 떠올리지 못했다. 천문학 현상을 물리학 법칙으로 풀려고 할 때 이런 의문을 품게 된다.

"태양으로부터 어떤 힘이 나와서 행성을 움직이고 있다. 멀리 있는 행성에 도달하기까지는 힘이 점차 약해진다. 그래서 태양에서 멀리 떨어진 행성의 운행이 늦어지는 것이 틀림없다."

이것이 케플러가 발견해낸 답이다. 천문학이 물리학으로 통합되는 것은 분자생물학의 탄생과 닮아 있다. 지금으로부터 수십 년 전까지는 물리와 화학의 법칙만으로 생명 현상을 해명할 수 있으리라고는 생각지도 못했다. 그래서 생물학은 물리나 화학과 다른 종류의 현상을 다룬다고 여겨졌다. 그러다가 분자생물학이 성립된 후부터 생명 현상을 과학적으로 접근하는 시도가 이루어졌다. 케플러의 발상은 뉴턴으로 계승되어 후에 만유인력의 개념으로 결실을 맺는다. 다시 강조하지만, 모순을 앞에 두고 타협해서는 안 된다. 모순을 끝까지 밝혀내려는 태도에서 획기적인 아이디어가 탄생한다.

사회과학에는 현상을 조건 별로 분류하고, 다른 설명을 각각에 적용하는 접근법이 많다. 예를 들어 두 가지의 변수를 조합해서 4개의 케이스를 추출, 대조 비교한다. 이문화 수용을 다룬다고 가정하면, 문화 접촉이 자발적인지 강제적인지, 직접적인지 간접적인지에 따라 분류하고 각 유형을 식민지형이나 자연적 수용형 등으로 명명한 후, 각각의 메커니즘을 분석한다. 하지만 이러한 해석은 피상적일 뿐만 아니라 그 의미 또한 시시하다.

다음의 예를 살펴보자. 19세기 말, 광속도에 관해 뉴턴의 입자 이론과 맥스웰의 전자기파 이론 사이에서 발견한 모순에 대해 논쟁이 벌어졌다. 빛은 입자인가 파동인가. 그 답에 따라 빛의 속도가 달라진다. 두 이론 사이의 논쟁에서는 세 가지 해법이 가능하다.

(1) 어느 한쪽의 이론이 틀리다.
(2) 어떤 조건에서는 뉴턴 이론, 다른 조건에서는 맥스웰 이론이 적용된다.
(3) 아인슈타인의 특수상대성이론이 보여주듯 둘 사이에 본질적인 모순은 없다. 절대시간과 절대공간이라는 대전제를 포기하면 된다.

(1)은 가장 초보적이며 깊이가 없는 방법이다. (2)의 범위도 좁다. 그대신 (3)처럼 당연시되었던 전제를 의심하는 방법을 통해 참신한 새 이론을 만들어낸다. 사과는 떨어지지만 달이 떨어지지 않는 것은 왜인지 질문을 던진 것처럼 모순되는 두 가지 현상으로부터 만유인력이라는 단일한 설명을 이끌어낸 뉴턴의 방법을 떠올려보자. 현상을 세분화하거나 부대조건을 더하는 (2)의 방향은 사과의 낙하와 달의 부유라는 각각의 현상에 다른 법칙을 적용시키는 해법일 뿐이다. 이론이 무너져도 좋으니 모순을 보다 더 몰아붙일 필요가 있다. 그러면 어느새 신기하게도

모순이 사라질 것이다. 변수를 늘리고 복잡한 분석시스템을 구축하는 (2)를 수평적 접근이라 부른다면, 뉴턴이나 아인슈타인이 가졌던 일반화에 대한 의지, 즉 (3)의 방법은 수직적 접근이라 할 수 있다. 단순하지만 많은 현상을 설명할 수 있는 이론이 절대적으로 바람직하다. 반대로 많은 변수를 포함하는 복잡한 이론이나 적용 조건이 한정되거나 응용 범위가 좁은 이론은 가치가 낮다.

나의 저서 『민족이라는 허구』(도쿄대학출판회, 2002년)는 유대인·아랍인·일본인·관서인·백인·흑인·아시아인 등을 구분하는 국민·민족·인종·종교·지역 등의 표준 틀에 구애받지 않고 분석했다. 모든 변수를 관통하는 집단의 일반 법칙을 추출해내기 위해서다. 이와 반대로 이들 개념의 구별을 세분화하려는 논의가 많은데 그러한 수평적 접근으로는 문제의 핵심에 도달하지 못하고 표면만 더듬을 뿐이다. 하지만 수직적 접근은 다르다. 국민·민족·종족·인종·종교·지역이라는 범위 사이에 미세한 차이를 본질적인 문제로 바라보지 않는다. 집단은 모두 사회적 범위에 지나지 않을 뿐이다. 유대인이나 아랍인을 국민과 같은 차원으로 다루는 것은 그들 집단을 실체화하기 때문이 아니다. 반대로 인종도 민족도 국민도 사회적 허구며 객관적 성질로 지탱되는 실체가 아니기 때문이다.

모순에 봉착해 다양한 변수를 놓고 연구를 거듭하다 보면 갑자기 눈이 확 트이는 순간이 있다. 그때부터는 익숙한 문맥에서 문제가 튀어나와 다른 문맥으로 읽힌다. 그러면 연관이 없었던 지식들이 연결되고 이내 모순이 풀린다. 그 순간, 깨달음과 같은 감각이 생겨나는 것이다. 바로 "유레카(알았다)!"의 순간이다.

그리스의 식민 도시 시라쿠사의 왕은 금 세공사에게 순금 왕관을 만들도록 지시했다. 그런데 금 세공사가 다른 재료를 섞어 넣어 부당하게 이득을 취하려 했다는 소문이 퍼져나갔다. 이를 듣고 왕은 아르키메데스에게 이물질이 섞여 있는지를 조사하도록 지시했다. 왕관을 녹여서 부피를 구하면 간단하지만, 왕은 이를 허락하지 않았다. 아르키메데스는 온갖 대책을 다 써보았지만, 문제를 해결할 수 없어 몹시 막막해졌다. 그러다 피로를 풀기 위해 목욕탕에 들어가 욕조에서 물이 흘러넘치는 것을 멍하니 바라보았다. 그 순간 갑자기 해결책이 떠오른 것이다.

> "왕관과 같은 무게의 순금 덩어리를 준비해서 천칭의 양쪽에 각각 달아 물을 채운 용기에 가라앉힌다. 양쪽의 무게는 같기 때문에 비중이 다르면 부피도 다르다. 따라서 물에 의한 부력이 달라 천칭은 어느 한쪽으로 기울게 된다."

아무 생각 없이 욕조에 들어갈 때, 따뜻한 물에서 편한 기분을 느끼는 데 집중하고 있으면 이것이 부피 측정이라는 지적 행위로 이어지지는 않는다. 욕조를 들어가고 나오기를 반복하면 수면이 물결치고 높이가 오르락내리락한다. 아르키메데스도 자신의 머릿속을 괴롭히던 문제의 해법이 그런 당연한 현상에서 연결 지어지리라고는 상상하지 못했을 것이다. 그러고 보면 모순의 해결은 어려운 일이 아니다. 하지만 상식이 그것을 보지 못하게 가리고 있다.

획기적인 발견일수록 결과를 놓고 보면 정말 간단해 보이는 것들이 많다. 창조는 기존의 사실·정보·기능·기술의 만남이나 조합, 결합을 통해 태어난다. 그리고 우리는 요소 자체가 평범할수록 조합의 결과로 나오는 새로운 발명에 놀라게 된다. 인류는 조수의 간만이나 달의 위상이 변하는 것을 아주 오랜 옛날부터 알고 있었고, 과일이 익으면 대지에 떨어지는 것도 당연하게 생각했다. 하지만 뉴턴은 이런 기존의 데이터나 흔한 정보들을 조합해 중력의 법칙을 발견했고 우리의 세계관을 근본적으로 뒤집어버렸다(A.Koestler, The Act of Creation, Pennguin Books, 1964).

선입관을 버리는 것, 그리고 그것의 어려움. 지식에 대한 속박은 발상의 전환을 방해하는 최대의 적이다.

이질적 생각을 대하는 자세

데카르트의 유명한 문장 "나는 생각한다, 고로 존재한다."는 라틴어로 "코기토 에르고 숨(cogito, ergo sum)"이다. 'Cogito(나는 생각한다)'의 어원은 여러 가지 것을 뒤섞어서 휘젓는 것(co+agito)이다. 이처럼 새로운 아이디어는 다른 세계관과의 격렬한 싸움 속에서 탄생한다.

유럽이나 미국에서 각광을 받는 학자나 예술가 중에는 외국 출신자가 많다. 컴퓨터의 아버지라 불리는 존 폰 노이만은 헝가리 출신 유대계 미국인이다. 아인슈타인과 종종 비교되는 천재기도 하다. 극작가인 외젠 이오네스코는 루마니아 출신의 프랑스인이다. 노벨상을 두 번 수상한 마리 퀴리는 폴란드에서 태어나 자랐고 파리에서 연구했다. 노벨 화학상을 수상하고 과학철학 분야에도 공헌한 일리야 프리고진은 러시아 출신 벨기에인이다. 과학론 세계에서 이름을 떨친 유대계 작가 아서 쾨슬러는 헝가리에서 자란 후 영국으로 건너가 영어로 작품을 썼다. 헝가리어·독일어·프랑스어·영어·이디시어·히브리어·러시아어도 유창하게 사용했다. 정신분석학자이자 작가로도 왕성하게 활동했던 파리 제7대학의 교수 줄리아 크리스테바는 불가리아 출신 프랑스인이다.

사회심리학계를 보아도 교과서에 반드시 등장하는 무자퍼 셰리프는 터키 출신 미국인이며, 사회심리학의 기초를 수립한 쿠르트 레빈은 독일 출신으로 나치의 손에서 벗어나기 위해 미국으로 망명한 유대인 학자다. 동조 효과 연구로 유명한 솔로몬 애쉬는 폴란드의 바르샤바에서 태어나 13세 때 미국으로 이주했다. 내가 파리에서 있을 때 가르침을 받은 세르주 모스코비치는 루마니아 출신 프랑스인이다. 그 역시 몇 개 국어를 사용한다.

음악계나 미술계에서는 일일이 예를 들 것도 없다. 일의 성격 자체가 국경을 초월하는 예술 분야에서 외국 출신자들의 활약이 눈부신 것은 낯설지 않다.

나는 조금 더 다양한 사례를 조사하기 위해 1901년도(제1회)

부터 2001년도까지의 노벨 물리학상 수상자의 경력을 조사해 봤다. 총 166명 중 태어난 나라에서 연구를 해온 사람은 63명(38퍼센트)밖에 없었다. 또 다른 63명은 부모 혹은 한쪽이 외국인이거나 이민자의 자녀이고 아니면 본인이 유소년기에 외국으로 이주했거나 젊은 시절 긴 세월을 외국에서 보냈다. 그리고 나머지 40명(24퍼센트)은 연구에 결정적 영향을 끼친 시기나 유소년 또는 민감한 사춘기에 외국 생활을 경험했다. 즉 60퍼센트 이상의 수상자가 이방인으로서 살아온 경험을 가지고 있는 것이다. 여기서 열거한 숫자는 노벨 재단의 간단한 소개를 토대로 어림잡아 추산해본 것이다. 수상자의 경력을 자세히 검토한다면 외국과의 관계가 더 나올 가능성도 있다. 이 결과는 단순한 우연인 것일까?

학자나 예술가 중에는 유대계인 경우가 상당히 많다. 역사적으로 계속 박해받아왔기 때문에 어느 곳에서도 살아갈 수 있도록 아이들의 교육에 많은 노력을 쏟았다는 배경도 영향이 있다. 유대교의 전통도 교육을 중시하는 문화에서 생겨났을 것이다. 하지만 무엇보다 중요한 것은 그들이 다른 문화들 사이의 틈에서 살아온 사실이라고 생각한다. 몇 개 국어를 자유로이 구사하는 유대인이 많다는 점 또한 다양한 세계관을 기르는 요인이 될 수 있다.

양자역학 이론의 발전에 지대한 공헌을 한 프랑스의 노벨 물리학상 수상자 루이 드 브로이도 처음에는 역사학을 지망하는 문외한이었다. 빛이 파동이라는 성질 외에 입자적 성질도 갖는다면, 또 다른 입자인 전자가 파동의 성질을 갖는 것도 이상하지 않다. 이러한 발상은 당시로서는 아마추어만이 할 수 있는 황당무계한 것으로 여겨졌다. 칼 마르크스는 경제학자인지 사회학자인지 철학자인지, 아니면 저널리스트인지 알 수 없는 활동을 하면서 인류사에 남을 획기적인 사상을 만들어냈다.

과학이나 학문의 진보에 공헌하는 것은 새로운 사실의 발견만이 아니다. 사실을 파악하는 사고 틀을 다시 고쳐 보는 것, 즉 메타 레벨에서의 재구축이 무엇보다 중요하다.

매년 일본에서 많은 유학생들이 유럽이나 미국으로 나가 연구에 매진한다. 철학을 배우기 위해 독일로 유학을 가거나 생명과학 연구자가 미국의 최첨단 연구소에서 연수를 받는다. 일본에서 얻을 수 없는 정보를 모으기 위해 본고장에 가서 그 분야의 권위자로부터 지도를 받는다. 하지만 유학으로 기대할 수 있는 최대의 수혜는 진보한 정보를 얻는 수준을 넘어선다. 이문화를 통해 얻는 지식은 단순히 기존의 세계관을 풍성하게 해주는 가산적인 지식이 아니다. 이문화를 경험하는 유학의 진정한 목적은 지금 자신이 가진 체계를 무너뜨리는 것이다.

스스로 자신의 사고 틀이 편중되어 있음을 깨닫는 것이 중요하다. 예를 하나 들어보자. 다양한 국가 출신의 연구자 15명이 70개 국의 교과서를 모아서 『미대륙 발견』에 대한 기술을 분석할 당시의 일이다 (J.Pérez Siller (Ed.), La Découverte, de l'Amérique? Les regards sur l'autre àtravers les manuels scolaires du monde, L'Harmattan/Georg-Eckert-Institut, 1992). 일본 교과서를 몇 권 읽어본 나는 처음에 당혹

스러움을 느꼈다. 일본 교과서에는 당연한 것밖에 적혀 있지 않았다. 다른 나라의 교과서 내용을 알면 알수록 얼마나 일본 교과서가 단편적인 것인지 알 수 있었다.

알제리나 모로코 등 북아프리카 나라들의 교과서는 아랍인의 공적을 평가하는 관점에서 미대륙 발견을 이해하고 있었다. 중세의 미개척 지역에 지나지 않았던 유럽이 미대륙 발견이라는 위업을 달성한 배경에는 아랍 세계가 발명한 나침반이나 아스트롤라베(천체관측기) 등의 과학 기술이 많은 영향을 미쳤다는 것을 잊어서는 안 된다. 콜럼버스가 진로를 결정하도록 도와준 지구 구체설도 아랍인이 제창한 이론이다. 미대륙 발견에 필요한 지식 중 유럽인이 창출한 것은 아무것도 없으며 아랍인이 고안해낸 것들을 유럽인이 기술적으로 향상시킨 것에 불과하다. 그리고 노예 무역의 책임을 유럽에만 지우고 자신들이 아프리카 흑인을 노예로 삼았던 사실은 불문에 부친다.

또 노예 무역의 희생자가 많았던 사하라 사막 이남에 위치하는 아프리카 나라들의 교과서는 비인도적 행위에 대한 설명에 많은 비중을 두었다. 이것은 아파르트헤이트(유색 인종 격리 정책) 폐지 이전의 남아프리카 공화국 교과서가 노예 무역을 언급하지 않는 것과 대조적이다.

원주민 학살과 지배에 의해 건설된 미국과 캐나다도 남아프리카 공화국의 교과서와 매우 비슷한 기술을 하고 있다. 인디언이라 불리는 사람들을 원주민으로 그리지 않고, 베링 해협을 건너 유럽인보다 한발 먼저 미대륙에 상륙한 식민지 지배자로 설명한다. 미대륙 발견은 원주민과 유럽 식민지배자 사이에 벌어진 투쟁의 역사가 아니라 인디언도 포함해 세계 각지에서 신천지를 찾아 사람들이 몰려온 모험 이야기로 뒤바꾸었다. 그들의 입장에서 인디언은 원주민이 아니라 다른 집단보다 먼저 들어온 선주민에 지나지 않았으며 그들의 거주권 또한 상대화된다.

학살에 희생된 원주민, 노예로 연행된 아프리카인, 이베리아 반도에서 들어온 정복자가 뒤섞여 형성된 중남미 나라들의 경우는 스스로의 동일성을 묻는 관점에서 신구 대륙의 관계를 그리고 있다. 단, 인근 지역임에도 토지 약탈과 원주민 소탕을 거쳐 유럽인들의 이민을 통해 국가를 건설한 아르헨티나만은 오로지 시선을 유럽으로 향하고 있어 원주민의 시각을 언급하지 않는다.

유럽 나라들의 교과서에서는 미대륙 발견을 설명하면서 유럽이라는 포괄적 단위를 사상 처음으로 탄생시킨 계기로 규정하고 있다. 그리스·로마·신성 로마 제국 등 유럽 내부의 지표를 기점으로 하는 것이 아니라 이질적인 타자와의 만남이 유럽이라는 동일성의 초석을 다졌다는 관점이다.

여러 외국 교과서의 내용을 알아갈수록 일본 교과서와의 차이가 분명하게 부각되었다. 특히 크리스트교가 해낸 역할을 경시하는 것에 주목하게 되었다. 또 미대륙의 발견을 정치, 경제적 요인을 중시해 유럽 나라 사이의 패권 다툼으로 이해하고 있었다. 구舊 소련과 중화인민공화국을 제외하면 대부분 나라의 교과서에서 로마 교황이 종교적 권위의 상징으로 등장한다. 그런데 일본 교과서에만 유독 적대 세력 사이의 분쟁을 해결하기 위한 정치적 조정자의 이미지로 그려지고 있다. 이렇게 역사를 패권주의적으로 이해하는 배경에는 일본이 서양과 마주해온 과거의 역사가 투영되었다는 것은 말할 것도 없다.

상식에 가려진 눈을 뜨기 위해서는 타자와 대화할 필요가 있다. 물론 다른 생각을 가진 사람들은 국내에도 많이 있다. 다양한 사회 계층의 사람들과 논쟁을 벌이기도 한다. 남녀노소가 가지고 있는 가치관의 차이를 적극적으로 받아들이기도 한다. 이것도 이문화 수용이라 부를 수 있다. 자신이 평소 관심을 갖지 않는 책이나 잡지를 읽거나 다른 직업 세계를 접해보는 것도 같은 의미를 지닌다.

보통 소수의 사람들이 안티테제를 제시한다. 하지만 소수가 다수의 상식을 능가하더라도 소수의 생각이 답습되기만 해서는 소용이 없다. 다수의 상식과 대립하는 것을 넘어 대립의 전제마저도 뛰어넘어야 한다. 이질적인 생각들이 충돌해 생겨나는 파괴와 재구성의 끊임없는 운동. 소수는 바로 그런 운동의 기폭장치가 될 수 있다. 그리고 자신의 변혁을 통해 세계를 바꿔나가는 것이다. 이것이 바로 소수의 존재 의의다.

모순에 대해 안이한 타협을 추구해서는 안 된다. 반대로 모순을 극한까지 몰아붙이는 의지가 세계관의 재구성을 태동시킨다. 모순이나 대립이 없으면 상식을 다시 돌아보는 약동은 일어나지 않는다. 활화산에서 흘러 넘쳐나는 마그마처럼 현재를 파괴하면서 새로이 재구축하는 힘은 얌전히 하나의 세계에 들어

앉아 있는 상황에서는 생겨나지 않는다.

독창성의 진짜 의미

지금까지의 이야기는 창조적 사고를 위한 방법론(how to)이 아니다. 3장에서 소상히 밝히겠지만 창조성이나 새로운 아이디어를 발견하는 것은 나중의 일이다. 내가 자신의 머리로 생각하라고 말하는 것은 그런 의미가 아니다. 인간에게는 더 중요한 것이 있다. 오해가 없도록 여기서 나의 입장도 조금 설명해두겠다.

자연과학에서는 계속해서 새로운 발견을 이뤄낸다. 대자연의 퍼즐을 맞추는 묘미를 알게 된 사람에게는 새로운 현상이나 미지의 물질을 발견하고, 수수께끼 같은 질문의 답을 떠올렸을 때의 기쁨이 특별히 다르지 않다. 하지만 인문학에서는 새로운 발견이 한 세기에 몇 가지 정도밖에 되지 않는다. 자연과학과 같은 기준으로 학문의 역할을 평가한다면 인문학은 큰 도움이 되지 않는 것처럼 보인다.

인문학은 자신을 알기 위한 수단이다. 자신을 둘러싼 사회의 구조를 이해, 분석하고 자신이 어떻게 살아가고 있는지를 탐구하는 행위다. 시간이 허락하는 한, 힘이 닿는 한, 주체적인 의문과 함께해나갈 수 있다면 된다. "어떻게 해야 독창적인 연구를 할 수 있을까?"와 같은 질문을 스스로 해본 적 없는 연구자는 없을 것이다. 그러나 이 질문은 출발점부터 잘못되었다. 참신한 주제나 접근법을 찾으려고 할 때, 이미 타인과 비교를 하고 있기 때문이다. 처음부터 독창적이지 않은 질문이다.

노벨상을 비롯해서 많은 학회에서 연구의 독창성을 평가하는 이유는 왜일까? 우선은 지적 유희로서의 기쁨이 크기 때문일 것이다. 이것은 과학을 지탱하는 동기며 지식에 대한 인간의 욕망, 호기심에서부터 출발한다. 인간은 질문하는 것을 멈출 수 없다.

이것이 좋은지 나쁜지는 다른 문제다. 철도·자동차·항공기가 발명된 덕분에 원거리 이동이 가능해졌다. 항생 물질이 발견되어 의학이 발전하고 많은 생명을 살릴 수 있게 되었다. 그런데 기술의 진보가 좋은 결과를 가져온다고 단정할 수는 없다. 암 특효약이 발견된다면 암으로 고통 받는 많은 사람들을 살릴 수 있을 것이다. 그러나 의학의 발전으로 인해 사망자가 극감하게 되면 세계 인구가 폭발적으로 증가하고 틀림없이 식량을 둘러싼 격렬한 싸움들이 일어날 것이다. 또한 드론이 개발되어 선진국의 군사적 우위가 확실해지면서 전쟁의 형태가 극적으로 변하고 있다. 핵분열과 핵융합의 원리를 몰랐다면 원자 폭탄도 수소 폭탄도 발명되지 않았을 것이다. 독창성이 진보로 이어진다는 사고는 너무 단순하고 순진한 생각에 지나지 않는다.

인문학의 경우, 게임으로서의 독창성은 거의 기대할 수 없다. 유행의 변화 정도의 의미밖에 없을 것이다. 스커트가 길어졌다 짧아졌다 한다거나 넥타이 폭이 변하는 것과 무엇이 다르겠는가. 그리고 유효성에 관해 말해보자면 인문학은 무력하다. 이렇게 생각해보면 독창성을 평가하는 의미를 알 수 없게 된다.

기업에게 독창성이란 매우 중요하다. 신제품을 출시해서 시장 점유율을 늘릴 수 있기 때문이다. 그러나 그것은 돈을 벌어들이기 위해서다. 신개발 상품이 팔리면 사회가 좋아질까? 이는 단정할 수 없는 일이다. 매년 엄청나게 많은 상품이 쏟아져 나오고 광고를 통해 소비자의 구매욕을 부추긴다. 자신들에게 유리하게 유행을 만들어 물건을 판다. 자본주의는 이런 방식으로 이익을 만들어낸다. 단순하게 자원을 낭비해서라도 소비 증가에 따른 경기 회복을 모두 바라고 있다. 책이나 잡지도 대부분 소비품에 불과하다. 일시적 심심풀이라는 말이다. 출판사는 많이 팔리는 책을 만들기 위해 고민한다. 많이 팔리면 고용이 유지되고 관계자들은 기뻐한다. 하지만 그런 것들이 사회 전체에 좋은 것이 될 수 있을까? 과연 유명인이나 연예인의 사생활을 파헤치는 가십 주간지에 존재 의의가 있을까?

인간이나 사회를 대상으로 하는 학문에서 중요한 것은 창조성이 아니다. 자기 자신과 마주하는 것이 더 중요한 존재 이유일 것이다. 그리고 그 어려움을 자각하는 것이다. 연구의 수준에 연연할 필요는 없다. 인문학을 공부한다고 세상의 문제가 해결되지 않는다. 그로 인해 사회가 조금이라도 좋아지는 것도 아니다. 다만 자기 자신이 세상을 이해하는 방법을 이해하고 납득하기 위한 것이라고 생각한다. 그 이외의 것은 누구도 할 수 없다.

정말로 독창적인 아이디어는 자연과학에서도 매우 희귀하다. 프랑스 작가 폴 발레리가 아인슈타인에게 질문한 유명한 에피소드가 있다. 1922년 4월 6일, 아인슈타인은 프랑스 철학학회에 초빙되었다. 언제나 수첩에 아이디어를 적어두는 습관으로 유명한 발레리가 물었다.

"박사님께서는 수첩을 가지고 계시지 않은 것 같은데, 아이디어를 어떻게 기억해두십니까?"

"음, 아이디어란 아주 가끔씩 떠오를 뿐입니다. 제가 발견한 아이디어는 생애 단 두 번뿐입니다."

독창성의 속박에서 해방되어야 한다. 타인의 눈을 신경 쓰지 말고 자신의 의문만을 좇아가면 된다. 독창적인 연구를 목표로 하는 자는 자신이 찾아낸 질문이나 답이 이미 다른 사람에 의해 발표되어 있으면 실망하곤 한다. 하지만 근본적으로 바라보면 실망할 필요가 없다. 자기 자신의 실존적 질문을 끊임없이 좇아가는 사람도 다른 누군가가 답을 제시하지 않았는지 일단 찾아볼 수 있다. 단, 독창성을 추구하기 때문이 아니다. 타인의 머리로 해결이 가능하다면 누구도 스스로 답을 찾으려 하지 않을 것이다. 칸트나 하이데거가 쓴 난해한 책의 내용을 자기 자신이 쓴다고 생각한다면 답을 찾지 않고 읽는 것이 훨씬 간단할 것이다. 하지만 누구도 만족스러운 답을 주지 못한다. 어쩔 수 없이 스스로 답을 찾아야 하는 것이다.

답이 아닌 질문을 배우다

"트랜스 지방산을 포함한 식품을 많이 섭취하면 심장병에 걸린다."

"탄수화물을 섭취하기 전에 채소를 먹으면 살찌지 않는다."

일본 서적 시장은 방법론에 관한 책들로 가득하다. 평균적인 프랑스인에 비하면 일본인들이 더 많은 노하우를 알고 있다. 하지만 의문을 품고 자신의 머리로 생각하는 자세는 어떨까?

대다수의 의대 졸업생들이 임상의가 된다. 그렇기 때문에 올바른 치료 방법, 즉 답을 대학에서 배운다. 각자 창의적인 방법을 찾아 멋대로 치료하면 문제가 발생할 수 있다. 의학이 기술이라고 일컬어지는 것은 그런 이유 때문이다. 회계공부나 외국어 학습, 요리 수련도 본질은 기술이다. 그에 반해 철학을 비롯한 인문·사회과학에서는 답보다 질문하는 법, 즉 생각하는 방법 자체를 배운다.

법학·어학·경영학 등의 실용적 학문을 제외하면 인문계 학문은 실생활에서 거의 쓸모가 없다. 그러나 이것은 비관론적 구분이 아니다. 인간의 세계는 수수께끼 투성이다. 만약 성급한 답을 무리하게 끌어내려 하면 질문의 범위나 의미 자체가 작아져 버린다. 사회 문제를 다루는 책을 읽어보면 상황 분석 후에 해결을 위한 제안이 반드시 나온다. 대응책을 발견하지 못하면 출판을 주저할 정도다. 하지만 인간의 정체를 제대로 알지 못하는데 답을 알 수 있을 리 없다. 답을 바로 찾아내려는 자는 현실을 똑바로 보지 못한다. 자기도 모르는 새에 근본적인 문제로부터 도망치고 있는 것이다.

답보다도 질문이 중요하다. 과학에서도 철학에서도 상식과

거리를 두는 것이 가장 필요하다. 하지만 이것이 가장 어렵다. 사고가 제자리를 돌며 반복되는 폐쇄 상태에 빠지게 되는 이유는 대체로 질문을 만든 방법이 틀렸기 때문이다. 이를 설명하기 위해 수업에서 내가 자주 예로 드는 이야기가 있다.

어느 날 밤, 산책 중에 가로등 아래에서 물건을 찾는 사람을 만났다. 그는 열쇠를 잃어버려 집에 들어갈 수 없어 큰일이라고 한다. 그와 함께 열쇠를 찾아보지만, 좀처럼 눈에 띄지 않는다. 그래서 이 근처에서 떨어뜨린 것이 확실한지 물어보자 그가 대답했다.

"열쇠를 떨어뜨린 곳은 여기가 아니에요. 그런데 거기는 어두워서 아무것도 보이지 않아요. 그래서 가로등 근처 밝은 곳에서 찾고 있는 거예요."

가로등 빛은 상식을 상징한다. 이처럼 우리도 찾아야 할 곳을 찾지 않고 익숙한 사고 틀 속에 갇혀 있다고 할 수 있다. 고전적인 질문을 파악하는 것. 이것이 바로 출발점이 된다.

"왜 물질에 무게가 있는가?"

"시간은 흘러가는 것인가?"

"마음이란 무엇인가?"

"사람 사이의 유대감은 어떻게 생겨나고 유지되는가?"

"범죄는 이상 현상인가?"

어떤 의미에서 질문은 이미 답이기도 하다. 사고 틀이 미리 한정되어 있다는 의미다. 우리는 질문을 스스로 찾아내는 훈련을 해야 한다. 이것이 질문을 배워야 하는 진정한 의미다.

자신만의 머리로 생각하려면 어떻게 해야 할까? 우선 전문 용어를 피해 일반적인 언어로 이야기하는 것이 첫걸음이다. 과학에서도 철학에서도 기초적인 개념일수록 어렵다. 기술적인 언어에 기대지 않고 일상적인 언어로 표현할 때, 자신이 알고 있다고 생각했던 부분에 논리적 비약이 있음을 알아차리거나 문제 해결의 새로운 가능성을 발견할 수 있다.

아인슈타인의 이야기들을 읽으면 자기 자신의 머리로 생각한 그의 자세에 감복하게 된다. 공동 연구를 한 폴란드 출신 물리학자 레오폴트 인펠트는 『아인슈타인의 세계』(다케타니 미쓰오·시노하라 세이에이 번역, 고단샤 블루백스, 1975년)에서 상대성 이론을 만들어낸 학자의 추억을 이렇게 이야기한다.

> 어떤 일이든 모두 자신의 힘으로 자주적으로 해내자. 아인슈타인은 이것을 극단적 습관으로 지켰다. 어느 날 나는 어떤 계산을 맡게 되었다. 이 계산은 많은 책에서 인용되었기 때문에 굳이 다시 계산할 필요까지는 없었다. 그래서 나는 아인슈타인에게 이렇게 말했다.
> "책에서 인용하죠. 그것이 훨씬 시간도 절약되고요…."
> 하지만 아인슈타인은 계속해서 스스로 계산했다. 그리고 이렇게 말할 뿐이었다.
> "그게 빠르긴 하겠죠. 하지만 나는 책을 찾아서 인용하는 방식을 완전히 잊어버렸거든요."

자신만의 의문을 가지고 답을 찾는 것이 중요하다. 하지만 대부분의 연구자가 학문과 학교의 악습에 얽매여 있다.

"과학자가 실험 데이터를 해석하듯이 철학자에게는 텍스트 해석이 일이다."

나는 한 일본 대학원생이 무엇을 연구하는지가 아니라 "누구를 연구하고 있나요?"라고 묻는 것을 보고 질색했다. 칸트의 주체 개념, 하이데거의 시간 개념, 레비나스의 책임 개념, … 그런 것들은 아무래도 좋다. "자신에게 있어서 주체란, 시간이란, 책임이란 무엇인가?"라는 질문에 대해 "자신은, 어떻게 접근해 어떠한 답을 내놓을 것인가?"라고 생각하는 것이 가장 중요하다. 파스칼이 말했는지, 데카르트가 말했는지, 그런 것은 전혀 중요하지 않다.

어떤 명제를 "길모퉁이 담배가게 할머니가 말했다."고 바꿔 말해도 올바른 것인지를 따져물어야 한다. 단, 그 내용이 올바른지 아닌지를 스스로 판단해야 한다. 예를 들어 칸트가 제시한 어떤 명제를 떠올려보라. 만약 자신이 칸트를 오해하고 있다고 해도 그런 것은 문제가 되지 않는다. 중요한 것은 제시된 명제의 타당성이며 설득력이다.

"중국의 경전을 오독한 덕에 도겐(조동종의 창시자)은 참신한 사상을 만들어냈다."라고 하는 말을 어디선가 읽은 적이 있다. 또 다카하시 가즈미의 소설 『사종문邪宗門』에 등장하는 설교 장면은 학문 분야를 가리지 않고 무언가를 생각하려는 모든 인간에 대한 충고라고 생각한다.

교단에는 삼행, 사선현, 오문이라는 근본 요체가 있다. 오문이라는 것은 특별 교육을 받은 것도 아닌 종파의 창시자가 스스로의 경험에 입각해 자기 스스로 무언가를 생각하기 시작한 것을 기념한 것이다. … 일본 민족은 머리가 좋은 인종이라 한다. 메이지 유신 이후만 생각해봐도 머리 좋은 사람은 산처럼 쌓여 있었다. 그런데 어째서 머리 좋은 수재가 세상을 바로잡을 것을 생각하지 않고, 우직한 한 부인이 수재에게는 불가능한 것을 하려고 했는가. 그것은 수재들이 유럽에서 여러 가지 제도나 문물, 이론을 배워와 부자연스럽게 그 결론만을 이식하려고 했던 것과 비교할 수 있다. 창시자는 해결이 아닌 훌륭한 의문을 자기 스스로 꺼냈기 때문이다. 누군가의 해결책을 훔치는 것은 쉽다. 칸트가 이렇게 말했다던가 헤겔이 어떻게 말했다던가를 논하는 박인방증博引旁證(널리 예例를 인용하고 두루 증거를 보여 논하는 것)의 수재는 산만큼 쌓여 있다. 사상이란 무엇인가, 사유란 무엇인가에 대해 각각 철학자의 말을 인용해서 각각에 답한다. 하지만 "생각한다는 것은 자신의 머리통으로 생각하는 것"이라는 것을 일본인은 가장 먼저 가슴 속에 새겨둬야만 한다. 그렇지 않으면 일본인은 중국에 내면적으로 종속되고 다시금 유럽을 추종하며 영원히 말 잘 듣는 원숭이로 전락할 것이다.

자신만의 질문을 가지는 자세가 중요하다. 석가 일족의 왕자

고타마 싯다르타는 성의 동문에서 노인을 보았다. 그리고 남문에서 병든 사람을 만나고 서문에서는 죽은 사람을 봤다. 인생의 고통을 깨닫고 북문에서 출가했다고 하는 사문출유 설화다. 마음 속 비명에 고뇌하는 자만이 종교의 길을 가면 된다. 그게 아니라면 권력 투쟁에 몰두하거나 보시布施(자비심으로 재물이나 불법을 베푸는 것) 계산이나 주차장 경영에 열심인 중이 되는 것이 뻔한 결말일 것이다.

"해외 연구자 생활을 동경하고 있는데 어떻게 해야 저도 그렇게 될 수 있을까요?" 이런 질문은 출발점 자체가 잘못되었다. 스스로 풀지 않고는 견딜 수 없는 문제가 있기에 자연스레 연구 생활을 하게 되는 것이 아닌가? 나는 프랑스에 살기 시작한 무렵, 고등학교 동창생에게 보내는 편지에 이렇게 썼다.

"언젠가 일본의 싯다르타나 현대의 신란親鸞(정토신종의 창시자)이 되고 싶어."

그러자 그의 답장엔 이렇게 쓰여 있었다.

"그런 것들보다 고자카이 도시아키가 되어라."

2장
나만의 생각을 위한 도구들

앞서 상식과 싸우는 것의 중요성, 그리고 그 어려움에 대해 생각해보았다. 상식을 무너뜨린 후에 사고를 어떻게 자아낼 것인가? 이 장에서는 파괴 뒤에 이어지는 재구성의 과정을 구체적 예를 통해 검토해볼 것이다.

모순을 풀기 위해서는 타협하면 안 된다. 자신의 논리가 무너져도 좋다. 오히려 모순을 끝까지 몰아붙이는 자세가 더 깊이 있는 해결로 인도해줄 것이다. "정언약반正言若反(진리일수록 거짓처럼 들린다)"이라는 노자의 말처럼 생각지 못한 방향에서 해결책이 찾아온다.

형식이 자유를 낳는다

형식을 중시하는 것은 자기 자신의 머리로 생각하는 것과 모순된 것처럼 보인다. 하지만 사실 형식이야말로 자유로운 사고를 가능하게 한다. 더블 바인드 double bind라는 개념을 만들어 낸 문화인류학자 그레고리 베이트슨은 말한다(G.Bateson, Steps to an Ecology of Mind: Collected Essays in Anthropology, Psychiatry, Evolution, and Epistemology, University of Chicago Press, 1972).

> "나는 자연계의 모든 현상을 다루는 같은 유형의 과정을 발견해야 한다는, 조금은 신비에 가까운 신념을 가지고 있다. 예를 들어 결정 구조와 사회 구조를, 또는 지렁이의 분절과 현무암의 원주를 형성하는 과정을 동일하게 관통하는 법칙이 발견되는 것 같은 생각이다. … 오늘이라면 같은 방식으로 말하지 않는다. 어떤 분야를 연구하는 데에 유효한 정신 활동의 유형은 다른 분야에서도 도움이 된다. 이렇게 말할 것이다. 예외 없이 모든 분야를 관통하는 불변의 것은 자연의 에이도스eidos(형상)가 아닌 과학의 에이도스라고."

세계가 동일 구조의 반복이기에 형식이 유효한 것은 아니다. 인간의 사고 유형, 세계를 이해하기 위한 범주가 한정되어 있기 때문이다. 그리고 인식의 틀을 공유하지 않으면 해석은 타자에게 전달되지 못한다.

메이지 유신에 공헌한 후쿠자와 유키치는 이렇게 논했다.

"문명 개화라는 것은 이미 완성된 제도나 기술을 취하는 것이 아니다. 그것들을 가꾸어가는 정신의 수용이다."

이것도 형식의 학습이다. 영어 표현을 생각해보면 알기 쉽다. '문명civilization'이라는 명사는 '개화하다civilize'라는 동사에서 파생했다. 문명이란 (1) 문명화한 결과로서 이미 완성된 상태와 (2) 문명화라는 동적인 과정 양쪽을 의미한다 (마루야마 마사오, 『"문명론의 개요"를 읽다』 상권, 이와나미신서, 1986년).

"화혼양재和魂洋才(일본의 전통 정신과 서양의 기술) 등의 단순한 발상과는 결별하자. 문명의 외형을 받아들이는 것이 아니라 문명화라고 하는 동적인 과정을 배우자."

후쿠자와는 이렇게 설명했다. 실제 문장을 살펴보자.

"외국의 문명을 가져와 반半 개화된 나라에 들이기 위해서는 통째로 받아들이기보다 취사 선별해야만 한다. 문명은 바깥으로 보이는 사물과 속에 들어 있는 정신으로 구분할 수 있다. 바깥의 문명은 이를 받아들이기 쉬우며 속의 문명은 이를 취하기가 어렵다. 나라의 문명을 세우기 위해서는 그 어려움을 우선으로 하고 쉬운 것을 나중에 해 어려운 것을 얻음으로써 이에 따라 그 정도를 가늠하고 그에 맞게 쉬운 쪽을 받아들여서 올바르게 전체의 균형을 잡아야 한다(후쿠자와 유키치, 『문명론의 개요』, 이와나미신서, 1962년).

안다는 것은 무엇을 의미하는가. 과학이나 철학뿐만 아니라 일반적으로 이해란, 미지의 사안이나 현상을 기존의 틀 구조에 집어넣는 행위다. "그런 각도에서 파악하는구나", "그런 발상도 있구나", "그런 현상으로 이어지는구나"처럼 자신이 생각하지 못한 놀랄 만한 해석과 마주하는 것이다. 그럼에도 기존의 틀 안에 놓여 있는 것은 변하지 않는다. 그렇지 않으면 애초에 이해 불가능할 것이다. 태양계의 구조에서 실마리를 찾아 원자 모형을 이끌어낸 뉴질랜드 출신 물리학자 어니스트 러더퍼드의 예처럼 기존 개념과의 유사함을 통해 새로운 현상을 파악할 수 있다.

어떤 분야든 기본 형식이 있다. 고전 음악은 대부분 소나타 형식으로 쓰여져 있다. 대부분의 교향곡이 4악장, 협주곡은 3악장으로 구성된다. 어째서일까? 공무원 근성처럼 단순하게 과거의 습관을 따르는 보수성 때문은 아닐 것이다. 영화·연극·소설·시에도 기초적인 문법이 있다. 음악이나 회화에서는 대비가 생명이다. 완급을 주거나 정신이 쉬어갈 수 있는 곳이 필요하다. 피아니시모 뒤에 갑자기 포르티시모가 오면 박력이 생긴다. 포르테만 계속되면 요란스러울 뿐이다.

요리도 마찬가지다. 식사에 등장하는 요리가 처음부터 마지막까지 주요리라면 식욕을 떨어뜨린다. 마술은 관객들이 놀라는 것이 생명이다. 하지만 마술사의 연기가 계속되면 익숙해져서 신비함이 줄어든다. 그래서 시선을 돌리거나 보다 강한 장면이 나중에 오도록 순서를 구성한다.

드라마에는 갈등이 반드시 존재한다.『로미오와 줄리엣』은 뛰어넘을 수 없는 가족 간의 반목이 단초다. 의리와 인정 사이에서 괴로워하는 야쿠자 영화의 설정이나 가족이 있으면서 아내나 남편이 아닌 사람을 사랑하는 이야기도 그렇다. 갈등이 없으면 드라마가 성립하지 않는다. 이것도 기본 형식 중 하나다. 부모가 자식에게 "그렇다면 너와 인연을 끊겠다."고 말하는 장면도 점점 개인주의화되는 미래에는 어떤 의미인지 이해할 수 없을지도 모른다. 한류 드라마를 보면 이복형제가 사랑에 빠져 괴로워하는 장면이 종종 등장한다. 하지만 근친상간에 대한 금기를 모르는 사회라면 애초에 발생하지 않을 문제다. 게다가 혼인제도가 붕괴되면 불륜으로 괴로워하는 드라마 설정은 무의미해질 것이다. 그리고 금기가 없으면 드라마는 생겨나지 않는다.

드라마에 등장하는 모순이나 장애는 학문에서 문제 설정으로 이해할 수 있다. 사과는 떨어지는데 달은 왜 떨어지지 않는 것일까? 빛이 파동과 입자의 성질을 동시에 지니는 것은 어떻게 가능할까? 드라마는 이러한 모순들에 둘러싸여 진행된다. 연극이나 영화의 결말은 학문의 연구에 있어서 질문에 대한 답과도 같다. 우리는 드라마를 볼 때 모순이 클수록 이야기에 빠져들고 가슴 설렌다. 추리소설의 수수께끼가 풀리지 않을수록 재미가 더해진다. 이는 학문의 영역에서도 마찬가지다.

영화 시나리오의 참고서를 살펴보면 더욱 이해하기 쉬울 것이다(S. Field, Screenplay. The Foundations of Screenwriting, Delta Book, 2005 [1st edition:1979]).

(1) 이야기의 시작(어떤 이야기인가)
(2) 주인공의 목적을 방해하는 상황 전개
(3) 이야기의 결말

영화를 구성하는 세 가지의 구조는 학술서의 구조와도 닮았다.

(1) 문제 설정
(2) 문제 해결의 과정 제시
(3) 결론

단, 학술서는 영화와 달리 허구를 만들어내지 않는다. 또 결론을 찾아가는 과정에서 고의로 장애물을 두지 않아도 난제가 산적해 있다. (1)의 단계에서 문제 설정이 클수록 (2)의 단계에서 큰 즐거움을 맞이한다. 그래서 가능한 한 유의미한 질문을 찾는 것이 가장 중요하다. 그러한 고찰에서 의외의 결론이 나온다면 영화의 구조와 꼭 닮아 있다.

니노미야 도모코의 만화 『노다메 칸타빌레』는 기상천외한 천재 피아니스트와 수재 지휘자 커플을 둘러싼 이야기다. 만화 속에 등장하는 베토벤에 대한 해설이 흥미롭다. 베토벤이 작곡

한 후기 피아노 작품을 보면 당시까지의 구축성 높은 작풍을 버리고 멜로디의 아름다움을 추구하고 있다. 제3교향곡이나 제5교향곡처럼 같은 모티브(동기)의 집요한 반복은 약동감을 자아낸다. 하지만 그러한 반복을 위해서 멜로디의 아름다움을 포기해야 한다. 그래서 베토벤은 후기 작품을 작곡하면서 '구축성 = 논리성'을 무너뜨리고 다른 가능성을 찾았다고 한다.

지휘자 레너드 번스타인도 베토벤 제5교향곡의 구성에 대해 설명한 바 있다(YouTube에서 "Bernstein Explains Beethoven's Fifth"라고 입력하면 4개의 파트로 나뉘어서 나온다). 특히 이 곡은 몇 번이나 수정되어 완성하기까지 8년이나 걸렸다. 번스타인은 피아노와 오케스트라로 교향곡의 변천을 재현하고 있다. 초기의 악보와 비교하면 최종판에는 제1악장 코다(종결부)의 대칭성이 무너져 있다. 처음에는 바하의 음악처럼 논리적이고 균형이 잡힌 아름다운 마무리를 추구했다. 하지만 감정을 뒤흔드는 박력을 찾아볼 수 없다. 대신 대칭성을 무너뜨리고 다음에 오는 음의 예측을 빗겨감으로써 박력을 표현했다고 한다. 음악적 소양이 없는 나로서는 분석의 타당성을 판단할 수 없지만 이것도 형식에 관한 이야기다.

독서를 할 때 정보만 받아들이면 재미를 느낄 수 없다. 책의 내용을 넘어서 저자의 사고 유형을 배워보자. 다윈, 아인슈타인, 마르크스, 막스 베버, 알렉시 드 토크빌, 에밀 뒤르켐, 페르디낭드 소쉬르, 지그문트 프로이트, 프리드리히 하이에크, 그리고 내가 파리에서 가르침을 받은 세르주 모스코비치 등의 저술에서 나는 모순의 해결 방식을 찾았다. 메타 수준의 형식이라 해도 좋을 것이다. 책에서 내용만을 읽는 것은 소비자의 발상이다. 그에 반해 스스로 생산할 의지를 가진 자는 형식을 발견할 수 있다. 회화·음악·만담·미술·도예·장기·바둑·마작·스포츠 등도 마찬가지다. 유명 셰프와 같은 요리를 할 수 있다 해도 그것만으로는 그저 흉내에 지나지 않는다. 진정한 제자는 어떻게 새로운 레시피를 만들어내는지를 배운다. 배우는 방식을 메타 수준에서 배우는 것이다.

교육자이자 승려인 무차크 세이요 씨가 형식 파괴와 무형식의 차이에 대해 묻는 아이들에게 그럴싸한 답을 내놓았다.

> "형식을 가진 사람이 형식을 깨면 형식 파괴, 형식이 없는 사람이 형식을 깨면 무형식이지요."

파리사회과학고등연구원에서 지도하는 독일 출신 철학자 하인츠 비스만은 프랑스 사상계의 자유를 독일과 비교해 지적한다(동양대학철학과 편찬, 『철학의 현장 그리고 교육 – 세계 철학자들에게 듣는다』, 지센쇼칸, 2007년).

> "프랑스인이 개성을 발휘하고 적극적인 이탈을 통해 창의적인 고안을 하는 것은, 프랑스 문화가 공통된 형식에 의해 지탱되고 있는 덕분이다."

이 말은 곧, 짜여진 틀을 공유하고 있기 때문에 모험을 할 수 있고 자유로이 될 수 있다는 의미다. 한 예를 들어보자. 나는 프랑스에 이주한 1980년대 초반에 역사학부에서 공부하고 있었는데 시험을 앞두고 "20점 만점 중 12점을 구성의 적절함으로 판단하고, 남은 8점을 내용으로 정한다."고 평가 방식을 설명하는 교사의 말에 깜짝 놀랐다. 형식을 중시하는 프랑스에서는 서론에서 문제 설정을 명백하게 밝히고 결론도 이미 서론에서 시사해서 쓰는 방식을 중등교육 단계에서 가르친다. 이것은 학술서·논문의 기본이지만 특히 다른 어느 나라보다 프랑스에서 강조하는 것이다.

시간은 소설에서도 영화에서도 흐른다. 오솔길을 따라 산책하듯 시간의 진행과 함께 이야기가 전개된다. 하지만 학술 논문에서는 논리구조를 공간화해 시간을 배제하는 구성을 취한다. 숲속에 자연스레 생긴 산책로와 좌우 대칭의 기하학적 구도를 인공적으로 만든 베르사이유 궁정을 떠올려보자. 추리소설의 이야기는 전자, 학술논문의 구성은 후자와 닮아 있다. 논문에서는 질문을 처음에 제시하고 동시에 답도 시사한다. 전체적인 전망을 파악함과 동시에 요소의 논리관계를 명시한다. 베르사이유 궁전의 비유로 말하자면 건물이나 연못의 배치를 언어화하는 것과 같다. 숲의 오솔길을 하릴없이 산책할 때, 경치의 출현 순서는 의미를 가지더라도 공간적인 위치 관계는 중요하지 않다.

냉동기술에 관한 국제 세미나의 통역을 위해 알제리에 체류할 때의 일이다. "신선식품과 비교해서 냉동식품의 품질은 어떠할까?"라 질문에 프랑스인 강연자가 곧바로 대답했다.

"세 가지 관점에서 품질을 분석할 수 있다. (1) 유해 미생물의 유무, (2) 영양가, (3) 맛이다. 그럼 (1)에 관해서는…."

전체적인 전망을 제시하면서 열거한 세 가지 요소는 병렬로 놓여 있다. 어느 것부터 설명을 시작해도 상관없다. 또는 (1)이기 때문에 (2)가 된다고 하는 식의 인과 관계를 밝히고 본론으로 들어가는 경우도 있다. 요소의 관계를 의식하면 결론의 논리가 명확해진다. 물론 3단 논법이면 이해할 수 있지만, 30단 논법으로는 무슨 얘기인지 알 수 없다. 사람의 기억력에는 한계가 있기 때문이다. 미개 사회에서는 수를 셀 때 "1, 2, 3, 많이"로 센다는 농담도 있다. 그만큼 인간의 인지 능력은 크게 다르지 않다.

행정학원Ecole Nationale d'Administration(머리글자를 따서 통칭 ENA)이나 파리 정치학원Institut d'études politiques de Paris 등에서는 철저하게 형식을 가르친다. 그래서 엘리트들은 질문이 나오자마자 반사적으로 3부 구성으로 논리를 세운다. 질문이 복잡해서 답이 바로 정리되지 않더라도 "세 가지 관점에서 답변 드리겠습니다."라는 식으로 이야기를 시작한다. 물론 설명을 하는 사이에 사실은 논점이 두 가지밖에 없거나 넷 이상의 요소가 나타나는 등의 허술한 답변도 등장한다. 그래도 처음에 논리구조를 제시한다. 프랑스에서는 그 정도로 형식을 중요하게 생각한다.

비유가 형식을 확장한다

아인슈타인이나 푸앵카레가 강조하듯 아이디어는 이미지의 형태로 떠오르는 경우가 많아 비유는 큰 힘을 발휘한다. 이것도 형식의 하나다. 일본의 서양화를 다룬 『이문화 수용의 패러독스』(아사히센쇼, 1996년)와 집단동일성에 관한 일반이론화를 시도한 『민족이라는 허구』를 비교하는 나의 연구 과제를 예로 들어보겠다.

"일본의 인구는 100년 정도면 모두 교체된다. 그런데 어째서 세월이 지나도 일본인은 언제나 일본인인 것일까? 사회나 문화의 변화에도 불구하고 집단동일성이 어떻게 유지되는 것일까? 변화하면 동일성은 유지될 수 없다. 반대로 동일성을 유지하면 변화는 불가능하다. 이 모순을 어떻게 풀 것인가."

마루야마 마사오는 "일본은 '닫힌 사회'며 동시에 '열린 문화'다."라고 설명했다('원형·고층·고집저음', 다케다 키요코 편저, 『일본문화의 숨은 형』 수록, 이와나미서점, 1984년). 사실 "개국"(『근대주의』지쿠마쇼보, 현대 일본 사상 체계34 수록, 1964년)이나 『일본의 사상』(이와나미신서, 1961년) 시점에서 마루야마는 '닫힌 사회'와 '열린 사회'라고 썼었지만 1981년의 강연 '원형·고층·고집저음'에서 처음으로 '열린 문화'로 표현했다. 단, 거기서도 '닫힌 사회(문화)'와 '열린 사회(문화)'라고 쓰는 식으로 사회와 문화라는 말을 혼용하고 있다. 그런데 '닫힌 사회'와 '열린 사회'/ '닫힌 사회'와 '열린 문화'라는 두 가지 대립 구조에는 인식론상의 중요한 차이가 있다.

  외국 문화의 요소를 받아들이며 끊임없이 변화하고 있음에도 불구하고 동일성을 계속 유지하는 일본 문화를 설명하기 위해 나는 두 가지 이미지를 떠올렸다. 하나는 외부를 내부로 끌어들이면서도 동일성을 유지하는 아메바와의 유사성이며 또 하나는 면역과의 유추다. 먼저 그리스 철학자 헤라클레이토스가 이야기한 "같은 강물에 발을 두 번 담글 수 없다."는 말과 아메바의 무정형성은 닮아 있다. 강을 구성하는 물은 끊임없이 움직이며 이동하기 때문에 물은 언제나 같을 수 없다. 하지만 강물이 아무리 변해도 강 자체는 항상 그곳에 있다. 시스템을 구성하는 요소가 변화하면서도 시스템 자체에는 변용이 일어나지 않는다. 하지만 이러한 경우, 내용이 아니라 관계 혹은 구조로서의 동일성 이외에는 생각하기 힘들다.

  아메바의 비유에서 출발하면 '사회 = 문화'라는 하나의 시스템에 동시에 성립하는 두 가지 형태로서 변화와 동일성을 파악해야 한다. 그렇기 때문에 이 모순을 지양하지만, 면역의 비유로 생각하면 사회(인간의 상호 작용)와 문화(의미·상징 체계)라는 두 가지 시스템 구별에 따라 이 고전적인 난제를 회피할 수 있다. 고등 동물에게는 면역체계가 있고, 바깥의 이물질로부터 신체를 방어한다. 인간의 소화기관 내에는 미세한 주름이 무수히 존재하며 주름을 모두 펼치면 400평방미터, 테니스 단식 경기의 코트 2면 정도에 이른다고 한다. 신체는 단순화하면 하나의 통과 같은 것이다. 위나 장 속은 신체 내부가 아니라 해부학적으로 보면 외부에 위치한다. 피부나 감각기관과 함께 소화기관 내강의 점막을 매개로 우리는 외계와 커뮤니케이션을 유지한다. 하지만 무엇이든 무조건 받아들이는 것이 아니다. 자기 파괴의 위험이 있는 이물질을 여과 장치에 걸러 배제하면서 물질·정보·에너지를 외부와 교환한다. 즉, 자기를 닫으면서 동시에 외부에 열려 있는 것이다. 이러한 폐쇄 덕분에 개방이 가능해진다. 이와 비슷한 맥락에서 나는 자문해보았다.

> "폐쇄와 개방을 반대 개념으로 파악하는 전제가 애초에 이상하다. 일본 사회는 닫혀 있음에도 불구하고, 문화가 열리는 것이 아니다. 사회가 닫혀 있기 때문에 문화가 열리는 것이 아닐까?"

비유에 기대어 논리를 얼버무리는 것이 아니다. 사고의 형식으로 비유를 활용하는 것이며 구체적인 설명은 따로 제시해야만 한다. 나는 영향을 주는 서양과 영향을 받아들이는 일본과의 거리 및 매개적인 관계, 그리고 응집성이 높은 일본 사회의 커뮤니케이션 구조에 주목해서 서양화 메커니즘의 형식을 추출했다(보다 자세한 것은 나의 또 다른 저서를 참조하기 바란다).

비유에 대해 조금 더 부연해보겠다. 일본은 고대부터 대륙 문화의 강한 영향에 노출되어 왔다. 그렇기 때문에 일본 사상에서 외래 요소를 배제하면 양파의 껍질을 벗기듯 나중에는 아무것도 남지 않는다. 그런데 '일본적인 것'이 전혀 없는 것도 아니다. 일본의 사상이나 교양은 내용적으로는 외부에 기인한 것이다. 하지만 일본문화로 들어오면서 일정한 변용을 거쳐 큰 폭으로 수정된다. 불교가 대표적인 예다. 마루야마 마사오는 제창한다.

"요소로서가 아닌, 외래 사상이 수정되는 유형으로 항상적인 '일본적인 것'을 발견해내야 한다('원형·고층·고집저음')."

'일본적인 것'이라 해도 특정한 형체가 있는 것은 아니다. 실체화를 피하기 위해 마루야마는 몇 가지 비유적 표현을 시도했다. '프로토 타입', '원형', '고층' 등을 거쳐 최종적으로 음악 용어인 '바소 오스티나토(고집저음)'에 다다른다. 일본 사상사를 연주하는 '주 선율'은 중국 대륙 또는 유럽이라는 외부로부터 도래했다. 하지만 그대로 연주하지 않고 일본문화의 '저음부'에 집요하게 반복되는 일정한 '음형'에 의해 변질을 거쳐 다른 울림을 만들어낸다.

"변화하는 요소도 있지만, 한편으로 항상적인 요소도 있다, 라던가 단절면도 있지만, 그럼에도 연속면도 있다, 라는 것이 아니라 그야말로 변화하는 그 변화 방법이랄까, 변화 패턴 자체에 몇 번이나 반복되는 음형이 있다('원형·고층·고집저음')."

마루야마가 시사하는 것에 이끌려 나는 이 '고집저음'을 면역의 비유로 번역했다. 그것은 이미 설명한 대로다. '음형'인 상태라면 블랙박스로서 취급되어버리기 때문이다. 내부 기관을 명백히 하기 위해 사회(인간의 상호 작용)와 문화(의미·상징 체계)라는 두 가지 시스템을 구별해서 '바소 오스티나토'를 '음형'이라는 실체적인 구조가 아닌 메커니즘 또는 과정으로 해석한 것이다.

이는 케플러와 뉴턴의 이론을 비교한 아인슈타인의 지적에서 힌트를 얻었다(A. Einstein, La mécanique de Newton et son influence sur la formation de la physique théorique, in Euvres choisies, vol.5, Sciences, Éthiques, Philosophie, Seuil/CNRS, 1991, p.235-241).

> "행성이 태양 주위를 어떻게 이동하는가 하는 질문에 대해서는 확실히 '케플러'의 법칙에 의해 완전한 답변이 나와 있다. 즉 궤도가 타원형을 그리는 것, 균등한 시간 내에 같은 면적이 통과되는 것, 타원의 긴 지름과 공전주기와의 관계 등에 대해서다. 그러나 이들 법칙은 인과관계의 필요성에는 답하지 않는다. … 이들 법칙은 포괄적으로 파악한 운동을 문제로 하는 것이며 어떤 시스템의 운동 상태가 직후의 상태를 일으키는 기제는 검토하지 않는다. 오늘날의 말로 표현하자면 이것들은 적분적 법칙이지 미분적 법칙이 아니다."

'적분적', '미분적'이라는 표현은 수학적 의미로 사용되었다. 하지만 각각 '포괄적', '국소적'으로 바꿔 읽으면 어떨까? 아인슈타인이 적분적으로 규정한 케플러의 법칙은 현상 묘사에 지나지 않으며 뉴턴의 법칙에 이르러 처음으로 과정 자체에 빛을 비춘다. "어째서, 태양과 행성은 일정 관계를 계속해서 유지하는가"라는 의문에 케플러 법칙은 답하지 못한다. 태양과 행성군 전체를 하나의 시스템으로 파악하고 포괄적으로 기술하기 때문이다. 그에 반해 뉴턴의 분석에서는 태양이나 행성의 관계가 선천적으로 나오지 않는다. 각각의 천체를 하나의 독립된 개체(보다 정확하게는 입자)로 환원한 뒤에 만유인력이라는 개념을 매개로 해서 일단 떨어뜨려 놓은 천체들을 다시 연결시키는 논리 구성을 취한다. 동시에 '바소 오스티나토'라는 정적인 구조를 동적 과정으로 변환하는 접근이 필요했다.

고전에서 형식을 배우다

'닫힌 사회'와 '열린 문화'가 공존하는 수수께끼는 마루야마 마사오 덕분에 풀렸다. 또한 일본의 이문화 수용 과정을 분석하기 위해 아인슈타인의 해설에 도움을 받았다. 남은 문제는 집단이 변화하면서 동일성을 유지하는 역설을 어떻게 풀 것인가 하는 것이다.

"변화가 생기면 동일성은 실제로 깨져버린다. 하지만 그 변화를 깨닫지 못하면, 혹은 자발적으로 변화했다고 착각하면 동일성의 감각은 유지된다."

이것이 내가 도달한 답이다. 프랑스의 역사가 에르네스트 르낭은 말했다(E. Renan, Qu'est-cequ'une nation?, in Discours et conférences, Pocket, 1992 [1ère édition, 1887]).

"망각, 그리고 더 나아가 역사상의 오류가 국민 형성을 위한 본질적인 요인이 된다. 따라서 역사 연구의 발전은 국민에게 있어 위험한 시도인 것이다."

선인들이 가꾸어온 형식이 여기에서도 도움이 된다. 그리스 시대부터 '테세우스의 배'라고 불리는 주제가 논의되어 왔다. 테세우스는 그리스 신화에 등장하는 여신 아이트라의 아들이다.

어부가 나무배를 타고 매일 아침 물고기를 잡으러 나간다. 나무배는 점점 낡는다. 썩는 곳도 있을 것이고, 바위에 부딪히기도 할 것이다. 그래서 종종 새로운 판으로 수리를 한다. 배는 점점 나빠지고 고쳐진다. 수리할 때마다 부품이 바뀌기 때문에 언젠가는 모든 재료가 교체된다. 여기서 의문이 생긴다. 이것은 처음의 배와 같은 배일까? 매일 사용해온 배라서 같은 배인 것 같은 기분이 든다. 하지만 처음 배의 재료는 더 이상 남아 있지 않다. 그래도 같은 배라고 할 수 있을까?

눈앞에서 배를 파괴해보자. 그리고 처음의 배와 같은 구조가 되도록 새로운 재료로 배를 그 자리에서 만든다. 이 경우 배의 연속성은 느낄 수 없다. 새로운 배가 원래의 배를 복원한 복제품에 불과한 것은 명백하다. 그런데 100년에 걸쳐 서서히 재료를 바꾸건 한순간에 바꾸건 모든 재료가 새로워진 사실은 같다. 그리고 어느 경우든 배의 형태는 유지되어 있다. 하지만 심리적으로는 다른 느낌이 든다. 모든 부품이 교체되더라도 그 시기가 충분히 길면 같은 배라고 느낀다. 이를 통해 동일성이 대상 자체에 깃든 성질이 아니라 심리현상인 것을 알 수 있다.

동일성을 보증하는 것은 배의 재료도 아니고 모양도 아니다. 동일성의 근거는 해당 대상의 외부에 숨어 있다. 인간은 다른 상태를 동일화한다. 이것이 동일성의 정체다. 시간의 경과를 초월해 계속되는 본질이 동일성을 지탱하는 것이 아니다. 대상의 불변을 믿는 인간이 동일성을 착각하는 것이다.

구성 부품이 끊이지 않고 바뀌는 배와 마찬가지로 집단도 구성원이 끊임없이 교체된다. 그럼에도 불구하고 집단이 동일성을 유지한다고 느끼는 것은 구성원이 한 번에 모두 교체되는 것이 아니라 조금씩 연속적으로 치환되기 때문이다. 죽는 이가 있고 태어나는 이가 있다. 매일 바뀌는 일본인의 비율은 총인구의 0.002퍼센트 정도에 지나지 않는다. 어떤 상태에서 다음 상태로의 이행이 매끄럽게 이뤄지는 덕분에 일본인이라 불리는 동일성 감각이 유지된다. 그리고 다른 동물과 달리 사람의 생식 활동은 계절의 영향을 받지 않기 때문에 집단의 교체 시기가 특정되지 않는다. 그로 인해 인구 변천에 틈이 생기지 않고 연속적으로 이뤄진다는 사정도 동일성의 착각을 용이하게 해준다. 이처럼 우리의 세계는 무수한 단절과 연결의 합으로 이루어져 있다. 그런데 타자와의 상호작용이 은밀하게 만들어내는 허구 덕에 집단의 연속성을 느낄 수 있다.

이상은 그리스 시대의 헤라클레이토스나 아리스토텔레스, 또는 기원 후 2세기경의 불교 중관파 나가르주나, 그리고 중세 토마스 아퀴나스, 근대에 들어서는 토머스 홉스나 데이비드 흄 등이 다듬고 빚어온 형식이다. 나는 이것을 차용했을 뿐이다.

마술사가 무대에서 새하얀 손수건을 둥글게 말자 순백의 비둘기로 변한다. 실제로 손수건이 비둘기로 바뀌는 것은 무리기 때문에 손수건을 비둘기로 바꿔치기 하는 수밖에 없다. 손수건이 사라지고 비둘기가 나타나는 것이고 사물 차원에서 변화는 일어나지 않는다. 마술사가 바꿔치기 하는 것이 아니라 손수건이 비둘기로 변했다고 관객이 감지하기 위해서는 양쪽을 동일화해야 할 필요가 있다. 손수건이 사라지고 몇 분 후에 비둘기가 나타나도 변화가 일어났다고는 생각하지 않는다. 또 마술사의 손에서 손수건이 사라진 직후에 무대 옆에서 호랑이가 나타나도 손수건이 호랑이로 변신했다고 생각하는 관객은 없다. 하얀 손수건이 비슷한 크기의 하얀 비둘기로 같은 장소에서 순간 바뀌기 때문에 변화를 느끼는 것이다. 공간과 시간의 연속성이 동일성과 변화를 양립시킨다. 테세우스의 배와 같은 원리다.

열린 사회의 논리 구조

문제를 처리하는 논리 구조뿐만 아니라 책이나 논문의 구성에도 형식은 도움이 된다. 나의 책 『사회심리학 강의』의 부제, '닫힌 사회와 열린 사회'는 탈고 직전에 생각해낸 것이다. 그런데 고작 이것만으로 전체적인 구성이 크게 바뀌는 것이 참 신기한 일이다. 사회 시스템의 동일성 유지와 변화를 세로축으로 두고, '닫힌 사회'와 '열린 사회'를 가로축으로 한 덕에 논리 구조가 명확해지고 유기적인 골격이 드러났다. 표현은 닮아 있지만 앞서 말한 일본의 이문화 수용과는 다른 문제 설정이다. '닫힌 사회'와 '열린 사회'의 대립은 프랑스 철학자 앙리 베르그송(H. Bergson, Les deux sources de la morale et de la religion, PUF, 2003 [1ère édition; 1932])과 오스트리아 철학자 칼 포퍼(K.Popper, The Open Society and its Enemies, Routledge, 1945)가 제시한 유명한 구도다. 그러나 나는 그들과 다른 각도에서 접근했다.

'닫힌 사회'의 의미를 생각하면서 체코 출신 수학자 쿠르트 괴델의 불완전성 정리가 머릿속에 있었다. 어떤 숫자 체계에도 증명 불가능한 명제가 반드시 존재한다. 즉 스스로 완결되는, 닫힌 이론 체계는 원리적으로 있을 수 없다. 체계 내부에서 증명 불가능하다면 해당 체계를 넘어서 오로지 메타 레벨로 그 명제의 옳고 그름을 판단할 수밖에 없다.

이 정리와의 유추로 다음과 같이 생각했다. 사회가 닫힌 시스템이라면, 거기에서 발생하는 의견·가치관·행동은 시스템 내부의 논리만으로 처리되고 옳고 그름을 판단할 수 있다. 규범에 반하는 이탈자의 생각은 부정되고 다수파로 흡수된다. 대부분의 사회심리학 이론은 호메오스타시스homeostasis(항상성) 모델에 의거한다. 호메오스타시스란 진자나 서모스탯thermostat(자동 온도 조절기)처럼 정점에서 떨어지면 반대 방향의 피드백을 통해 원래의 상태로 돌아가려고 하는 시스템을 말한다. 교란 요소의 배제를 통해 사회 안정이 유지된다. 즉 사회를 폐쇄 시스템으로 파악하고 있다. 레온 페스팅거의 "인지부조화 이론Theory of Cognitive Dissonance"이 전형적인 설명이라 할 수 있다.

그에 반해 모스코비치의 소수파 영향 이론은 사회를 열린 시스템으로 파악한다. 해당 시스템의 논리만으로는 옳고 그름을 결정할 수 없는 이탈자의 의견·가치관·행동이 시스템 내부에 반드시 존재한다. 사회는 열린 시스템을 취하고 교란 요인이 발생한다. 이 교란 요인은 사회의 기존 규범에 흡수되지 않고 사회의 구조를 변혁시켜 간다. 이것이 모스코비치의 발생 모델이다.

괴델 정리를 근거로 이론을 세운 것은 아니다. 아쉽게도 나는 수학적 소양이 없어서 괴델의 논문을 이해할 수 없다. 그래서 일반 독자를 대상으로 하는 해설서를 읽었을 뿐이라 진정한 의미를 잘 알지 못한다. 정리가 성립하기 위해서는 어떠한 조건이 필요한지도 나는 모른다. 정리의 단순한 비유적 채용이 아니라 뒤르켐·모스코비치·하이에크의 접근을 종합해서 비슷한 결론에 도달한 것은 『사회심리학 강의』를 만들며 얻은 큰 수확이다. 이들 세 명의 사상은 이미 알고 있었다. 하지만 함께 묶어서 생각할 기회는 없었다. '닫힌 사회'와 '열린 사회'라는 틀을 통해 괴델 정리와 같은 형식이라는 것을 깨달았다.

이 틀을 의식하게 된 덕분에 다음 과제도 확실해졌다. 지금 준비 중인 『정의라는 허구』에서는 정치철학의 함정을 검토한다. 일반적으로 정치학이나 법학은 공동체로 살아가는 시민의 권리관계를 공공 공간으로서 파악한다. 정당한 권력관계를 규정하고 그것을 준수하기 위한 정책이나 제도를 만들어낸다. 부분과 전체의 관계를 따진다고 해도 좋을 것이다.

그러나 이 발상에는 시간이 빠져 있다. 『사회심리학 강의』에서 논의했듯이 그래서는 정통성 정립이 불가능하다. 사람의 유대감은 합리적으로 구축할 수 없다. 권리나 권력이라는 명시적인 논리관계뿐만 아니라 권위라고 하는 사회심리현상이 더해져야 비로소 권리·권력관계에 정통성이 부여된다.

논리적으로 인간관계를 공공 공간으로서 파악하면 사회는 닫힌 시스템이 된다. 논리성이란 무엇을 의미하는가. 어떤 숫자 정리가 증명되는 순간은 역사상 구체적인 한 시점이다. 예를 들어 피타고라스의 정리가 발견된 것은 기원전 5세기며 영국의 수학자 앤드루 와일스에 의해 페르마의 최종 정리가 증명된 것은 1994년이다. 하지만 논리적인 의미에서 정리는 처음부터 공리에 포함되어 있다. 그렇지 않으면 연역 불가능하다. 필연적으로 도달하는 논리적 과정을 명시하는 것이 연역이기 때문이다. 만약 역사가 같은 논리구조에 따른다면 세계는 태초부터 결정되어 있었을 것이다. 하지만 세계의 초기 상태에서 어떠한 법칙에 따라 현재가 생겨난 것이라면 그것은 본래 의미에서의 역사가 아니다. 역사란 미래예측이 불가능한 것이며 시간이 흐른다는 것은 미래가 결정되지 않았다는 의미다.

따라서 시간을 배제하고 '올바른 세계'를 논리적으로 추출하는 정치철학의 시도는 루소의 사회계약론이 실패한 것처럼 원리적인 문제를 가지고 있다. 권리관계에서 규정되는 공공 공간으로서가 아닌 허구가 만들어내는 시공간으로서의 사회를 파악할 필요가 있다(『**책임이라는 허구**』, 제6장 '사회질서와 '외부'를 참조).

사회 변화와 진화론

『사회심리학 강의』에는 다윈의 진화론이 몇 번이나 등장한다. 이것도 형식에 관한 이야기다. 오독이 종종 있기 때문에 보충하겠다.

진화론을 꺼낸 것은 변화의 논리구조를 명확하게 하기 위함이다. 네오 다위니즘을 채용해서 인간사회를 설명한 것이 아니다. 이 학설은 돌연변이와 자연도태라는 두 개의 기둥에 의해 지탱된다. 돌연변이, 즉 재생산 실패가 원인이 되어 다양성이 생겨난다. 그리고 기존에 생식하던 다수파보다도 새로 발생한 소수파의 생존율이 높다면 점차 치환되어 종이 변천한다. 이러한 구도인 것이다. 다시 말해 종이라는 '전체'의 변화를 '부분'의 점진적 치환으로 설명한다. 실제로 종의 변화를 만들어내는 것은 개체며 종이라는 실체는 존재하지 않는다. 환경에 적합한 개체 선별을 통해 집합으로서의 종이 진화한다.

사회를 개방 시스템으로 이해하는 데에 어떻게 다윈설이 도움이 되는가. 이유는 두 가지가 있다. 우선 변화라는 개념이 상상 이상으로 난해하며 다윈이 돌파구를 열었기 때문이다(변화가 어째서 난해한지는 『증간 민족이라는 허구』, '보충 허구론'[지쿠마학예문고, 2011년] 또는 『사회심리학 강의』, 제11강 및 제12강을 참조).

진화론은 원래 생물계의 다양성을 설명하기 위해 고안되었다. 라마르크도 다윈도 종이 변화하는 설명 원리로 진화론을 구상한 것이 아니다. 다양한 생물을 처음부터 신이 만들었다고 하는 구약성서의 창세기를 부정하고 진화의 결과, 생물은 다양화되었다는 가설을 세운 것이다.

> 진화는 원래, 이 세계에는 어째서 이렇게도 많은 생물이 있는 것인가, 즉 다양성의 설명 원리로서 생각해낸 것이다. 진화론은 생물다양성은 신이 각각의 생물종을 현재의 모습으로 만들어냈기 때문이 아니라 진화의 결과라고 주장한다(이케다 키요히코, 『생명의 형식 동일성과 시간』, 철학서방, 2002년).

그런데 라마르크와 다윈은 앞서 비교한 케플러와 뉴턴과 같은 형식을 각각 답습하고 있다. 다양성을 설명하는 방법은 크게 보면 3종류가 있다.

제1유형은 신의 섭리를 가져오는 창조론이다. 다양한 생물계는 처음부터 신이 준 것이며 생물에 진화는 일어나지 않는다는 입장이다. 오랜 진화의 과정을 거쳐 인간이 탄생한 것이 아니라, 세계의 시작에 신의 모습과 닮은 아담과 이브를 만들었다는 이야기를 믿는 미국인은 지금도 많다. 2012년에 실시된 갤럽사의 여론조사에 의하면, 미국인의 46퍼센트가 이 설을 믿고 있으며 32퍼센트는 진화를 인정하지만 신의 인도로 진화가 발생했다고 생각하고 있다. 진화에 신은 관계없다고 인정하는 사람은 고작 15퍼센트에 지나지 않는다.

제2유형은 라마르크 이론이며 같은 법칙에 따라 시간의 경과와 함께 어떤 생물도 복잡성이 늘어난다고 주장한다. 따라서 빨리 탄생한 종일수록 진화의 역사가 길고 보다 복잡한 양상을 보인다. 이렇게 다양성을 이해한다.

라마르크 진화론의 기본 구상은 데카르트적인 기계론이다. 라마르크는 생물의 자연발생이 예나 지금이나 발생되고 있는 것을 옹호하면서 자연 발생한 유기체는 통일진화법칙이라 부를 만한 보편적인 법칙 하에서 서서히 질서를 늘려간다고 생각한 것이다. … 라마르크의 의견에 의하면 오랜 옛날 자연 발생한 유기체는 이 통일법칙 하에서 질서를 늘려가며 지금의 고등한 생물로 진화했다는 것이다. 한편, 최근 자연 발생한 유기체는 현재 아직 하등생물에 그쳐 있다(이케다 키요히코, 『생명의 형식 동일성과 시간』, 철학서방, 2002년).

라마르크의 발상과 다르게 제3의 유형인 다윈 이론은 모든 생물에 공통된 발전 법칙 존재를 부정한다.

> 다윈 진화론의 기본 개념은 라마르크와는 전혀 다르다. 다윈은 모든 생물에 적용되는 발전 법칙 같은 것을 배제했다. … 다윈이 진화의 요인으로 역설한 것은 동일성이 아닌 상황의존적, 문맥의존적인 사건들이다. … 어떤 형질이 적응하는지 마는지는 형질의 측면에서는 정할 수 없고 상황의존적일 수밖에 없다. 같은 형질이 있는 상황에서는 유리하게 되고, 다른 상황에서는 불리하게 된다. 유리·불리를 정하는 결정론적인 법칙은 존재하지 않는다. 자연 선택설의 요체는 여기에 있다. … 생물이 서서히 고등이 되는 것은 생물에 질서를 증대시키는 어떠한 법칙이 내재되어 있어서가 아니라 자연 선택의 결과 어쩌다 보니 그렇게 된 것에 불과할 뿐이다(이케다 키요히코, 『생명의 형식 동일성과 시간』, 설악서빙, 2002년).

라마르크설은 변화를 내재적으로 설명한다. 어떠한 법칙에 따르든 모든 생물의 진화가 같은 과정을 따라 복잡화되고, 그 상태에 이르는 시간의 길이로 진화의 정도가 결정된다고 생각하는 이상, 신을 끌어오는 창조론과 마찬가지로 변화의 원인은 블랙박스에 갇혀버린다. 케플러의 인식론과 마찬가지로 이는 변화의 현상 묘사에 지나지 않고 과정 자체의 설명이 불가능하다. 내재적이라 한 것은 그런 의미다. 그에 비해 다윈 이론은 자연도태라는 외적 요인으로 변화를 설명하기 때문에 과학의 인과론적인 접근에 따른다. 생명을 파악하기 위해서 생기론vitalism이 물리화학 과정의 환원주의로 대체된 이유도 마찬가지다. 내재론은 변화의 원인을 필연적으로 블랙박스에 넣어두고 설명 불능에 빠지기 때문이다.

'내인 vs 외인'이라는 구도는 인식론의 중요한 주제가 된다. 아리스토텔레스와 갈릴레이의 대비로 잘 알려져 있다. 아리스토텔레스에 의하면 모든 물체는 고유의 성질을 지닌다. 무거운 돌이 낙하하는 것은 본래의 장소로 돌아가려고 하기 때문이다. 분명 같은 무게의 돌을 떨어뜨려도 공중에서와 수중에서는 낙하 속도가 다르듯이 해당 물체를 둘러싼 환경도 물체 운동에 영향을 미친다. 하지만 아리스토텔레스는 낙하 속도의 차이를 물체와 환경과의 상호작용 결과라고 생각하지 않고, 어디까지나 물체 고유의 성질을 교란하는 요인으로서 환경을 파악했다.

반대로 갈릴레이는 물체를 환경에서 떼어놓지 않았다. 물체가 놓여진 환경과의 상호작용으로서 물리현상을 분석한다. 사회심리학자 쿠르트 레빈의 유명한 논문에서 인용해보겠다(**K. Lewin, A Dynamic Theory of Personality, McGraw-Hill, 1935**).

아리스토텔레스 식의 이해에서는 해당 물체가 본래 지니는 성질로부터 생겨나는 과정을 무리하게 변경하고 '교란'한다는 의미에서만 환경이 고려된다. 물체운동을 일으키는 벡터는 완전히 물체 고유의 특성에 의해 결정된다. 즉 벡터의 상태는 물체와 환경과의 관계에 의존하지 않는다. 어떤 시간의 환경 조건에도 상관없이, 물체만의 성질로서 파악된다. 가벼운 물체가 위쪽으로 향하는 경향은 그 물체 자체의 성질에서 유래한다. … 하지만 근대 물리학에서는 가벼운 물체가 위쪽으로 이동하는 것을 이 물체와 물체를 둘러싼 환경과의 관계에서 일어나는 현상이라고 생각한다. 그뿐만이 아니다. 물체의 중량 자체가 환경과의 관계에 의존하는 개념인 것이다.

중량이란 물체에 작용하는 중력의 크기다. 따라서 같은 물체여도 지상과 달 표면에서는 중량이 다르다. 달의 중력은 지구의 6분의 1밖에 되지 않는다. 그러므로 중력도 6분의 1이 된다. 물체의 중량 자체가 환경과의 관계에 의존하는 개념이란 것은 이러한 의미다. 운동의 원인이 물체에 내재한다고 생각하는 아리스토텔레스와, 운동의 원인을 물체와 분리해 운동을 과정으로서 파악하는 갈릴레이. 전자는 블랙박스에 원인을 가둬둔다. 후자는 외인의 관계태로서 물리현상을 이해하고 블랙박스를 던져버린다. 케플러/라마르크의 포괄적 접근과 뉴턴/다윈의 국소적 접근 대비와 닮아 있다.

변화 개념을 치환 현상으로 변환한 덕에 다윈은 동일성과 변화의 패러독스를 회피했다.『사회심리학 강의』제11강에서 나타냈듯이 경제학자 오쓰카 히사오(오쓰카 히사오·다카하시 고하치로·마쓰다 도모 편저,『서양경제사 강좌』, 오쓰카 서문, 이와나미서점, 1980년)도 마르크스(예를 들어 마르크스/엥겔스『독일·이데올로기)도 모스코비치(S.Moscovici, Social Influence and Social Change, Academic Press, 1976)도 그리고 프랑스의 사회심리학자 제라르 르맨느도 같은 전략을 채용한다(G. Lemaine, "Social differenciation and social originality", European Journal of Social Psychology, 4, 1974, 17-52).

다윈 진화론을 모델로 고찰한 또 하나의 이유는 역사에는 법칙이 존재하지 않는다는 사실을 다윈(정확히는 네오 다위니즘)이 설득력 있게 설명했기 때문이다. 돌연변이와 자연도태라는 두 가지의 개념으로 변화의 메커니즘을 설명한다. 하지만 돌연변이는 우연히 발생하고 그 개체가 어쩌다 태어난 환경 조건에 따라 생존율이 좌우되는 이상, 어떤 방향으로 세상이 변천할지는 원리적으로 알 수 없다. 즉 미래는 결정되어 있지 않다. 변화는 반드시 생겨나고 그 메커니즘은 돌연변이와 자연도태라는 두 가지의 원리에 집약되어 있다. 하지만 그럼에도 변화를 관장하는 법칙은 존재하지 않는다. 마치 마법과 같은 아이디어를 다윈이 생각해낸 것이다.

이렇게 해서 나는 '열린 사회'를 파악했다. 사회에는 반드시 이탈자가 생겨나고 그것이 계기가 되어 사회가 변천한다. 동일한 형식의 이해인 것이다.(미래예측 불가능성과 결정론 사이에 모순이 없다는 사실, 그리고 근거 없이 세계가 생겨남에도 불구하고 '진리'가 있다고 착각하는 메커니즘에 관해서는 『책임이라는 허구』 제6장 '사회질서와 '외부'' 및 『사회심리학 강의』 제14강 '시간과 사회'를 참조).

자기 방어가 이해를 방해한다

그런데 일본의 서양화를 해명하는 길은 순탄하지 않다. 사회의 폐쇄와 문화의 개방이 상보적 관계에 있다는 결론을 숨기고 방해하는 것은 지배 개념이었다. 일본의 서양화에 대해서는 많은 학자들이 연구하고 있지만, 서양 선박의 입항·원폭·진주군이 자주 인용되는 것처럼, 일본에서는 "지배당했기 때문에 서양화를 받아들였다."라는 설명이 주를 이룬다.

나 역시 연구를 시작할 즈음에는 그렇게 생각했다. 하지만 프랑스에 살기 시작하면서 여러 나라의 사람들과 이야기하는 사이에 일본의 서양화를 지배 개념으로 설명하기에는 무리가 있음을 깨달았다. 일본의 TV광고에는 많은 백인이 등장하고 일상 대화에서도 서양이 기원인 외래어가 튀어나온다. 이런 사실을 소개하면, 프랑스인도 다른 외국인도 하나같이 놀란다.

"일본은 서양에 의해 한 번도 지배당한 적이 없는 국가다. 어째서 서양화가 일어난 것인가."

예를 들어 알제리는 1830년에 프랑스의 식민지가 되었고 1962년에 독립을 쟁취하기까지 130년간 고통받았다. 유럽 식민지주의는 15세기 후반부터 서서히 침략을 진행해서 세계의 많은 사람들을 지배했다. 독립을 지킨 것은 태국과 일본 정도였다. 게다가 일본의 경우, 예속의 쓰라린 아픔을 겪지 않은 것은 물론이고 반대로 식민지를 가졌었다. 타국을 대규모로 점령한 국가는 비서양권에서는 일본밖에 없었다.

개국 시의 서양 선박, 히로시마와 나가사키에 투하된 원폭, 패전 직후의 미군 주둔은 당시 사람들에게는 엄청난 충격을 주었다. 1853년, 페리 제독이 군함 4척을 이끌고 우라가(현재 가나가와현 요코스카시 - 옮긴이)에 입항했다고 전해지자 큰 소란이 일어났다. 1945년의 무조건 항복으로 인해 남자들은 노예가 되어 혹사당하거나 학살당하고 여자들은 겁탈당할 것이라고 겁을 먹었다. 하지만 대량 학살이나 노예화는 실제로 일어나지 않았다.

알제리인·조선인·미국 원주민(인디언) 등에게 던져진 상황과 일본이 겪은 과정은 비교 대상조차 되지 않는다. 언어를 빼앗기고 이름을 바꿔야만 하고 경제·정치·문화 모든 분야에서 종속 상태에 놓였던 사람들과 반대로 제국주의 세력으로 식민지를 가진 일본은 나란히 둘 수 없다.

지배 개념으로 서양화를 설명하는 것은 일본을 유럽이나 미국하고만 비교하기 때문일 것이다. 근대를 만들어내는 과정에서 서양은 세계 대부분의 사람들을 정복하고 발 밑에 엎드리게 했다. 이 식민지 세력의 전통적 강자들과 비교하면 고토쿠 슈스이(일본의 사회주의자, 무정부주의자 - 옮긴이)가 '허세적 설탕공예적'이라고 야유한, 후발 제국주의 국가인 일본은 취약한 존재로밖에 비춰지지 않는다. 세계에 존재하는 많은 민족들 중에서 서양과 일본만을 따로 떼어내서 비교하기 때문에 일본을 피지배국으로 오인하는 것이다. 히로시마와 나가사키의 원폭 투하에 대한 비난에는 열심이면서도 아시아 각지에서 일본군이 저지른 잔혹한 행위에는 둔감하고, 피해자 의식만 왕성한 사실과 맞닿아있지 않겠는가. 이 발상을 더 익살스럽게 논의한 것을 프랑스 신문에서 발견했다.

"아프리카는 미국의 언어·문화 제국주의의 침략을 받았다. 이에 대항해 프랑스 문화를 지켜라."

여기에는 강자의 패권주의만 드러나 있고 압도적 다수의 사람들은 시야에서 벗어나 있다. 영국에 버금가는 강대한 식민지 제국의 과거를 자랑하는 프랑스는 아프리카 나라들에게 프랑스어를 강제해 왔다. 이렇게 생겨난 프랑스어권을 유지할 목적으로 '프랑스·아프리카 국가 정상 회의'가 정기적으로 개최되고 있다.

일본이 19세기 중엽에 마주한 서양은 문화적인 존재기 이전에 무엇보다도 강대한 경제력을 배경으로 한 제국주의 세력으로서, 또는 조금 더 단적으로 말하자면 하나의 두려워할 만한 '힘'으로서 모습을 나타냈다. 위기의 상황 속에서 일본은 서양이라는 '힘'에 대항하는 또 하나의 '힘'으로 스스로를 형성해 간다. 거기에서 이질적인 힘인 서양과, 경합하는 힘으로서의 일본이라는 도식이 만들어지고 그 이외의 지역은 양자에 의해 지배되는 단순한 대상으로 간주되게 되었다(요시다 고로, '자국 역사와 세계사', 비교사·비교역사 교육연구회 편저, 『자국 역사와 세계사』, 미래사, 1985년 수록, 17-32항). 이러한 역사 사정은 일본인의 의식에 지금까지도 깊게 흔적을 남기고 있다.

만약 억압이나 위협에 의해 이문화 수용이 일어나는 것이라면 일본은 세계에서 가장 서양문화를 거부한 국가여야 할 것이다. 이러한 생각을 하고 있자니 일본의 서양화를 지배 개념으로 파악하는 통설에 의문을 가지게 되었다.

하지만 머리로 이해한 것만으로는 아무것도 바뀌지 않는다. 이 연구를 시작한 것은 프랑스에 살기 시작하고 5년 정도 지난 무렵, '서양 세계'와 '일본인으로서의 나'와의 관계에 머리를 싸매고 있던 시기다. 일본의 서양화 연구는 나 자신의 정체성과 연관되어 있었다.

일본의 서양화를 이해하는 열쇠는 모스코비치의 소수파 영향 이론을 통해 발견하게 되었다. 영향은 힘으로는 설명할 수 없다. 하지만 그 생각을 받아들이는 데에도 시간이 걸렸다.

"깊은 변화를 가져오고 오랫동안 지속되는 진정한 영향은 소수파만이 일으킨다. 세계를 변혁하는 것은 이탈자다."

이렇게 주장하는 모스코비치를 오해하고 세미나에서 물고 늘어졌다.

"그런 말을 하는 것은 각지에 존재하는 지배나 억압 사실을 은폐하려고 하는 게 아닌가."

차별·억압 상황을 강하게 비난하려는 나머지, 소수파의 잠재적인 '힘'을 놓친다면 그것이야말로 지배하려는 측의 덫에 빠질 뿐이다. 반동 정도가 아니라 반대로 소수파 영향 이론은 지배의 악순환을 끊어낼 가능성을 제시하고 있다. 하지만 솔직히 그렇게 이해할 수 있는 마음의 여유는 아직 없었다.

4장에서 상세하게 이야기할 총 2년 반에 걸친 알제리 체류 기간 동안 나는 새로운 견해를 갖게 되었다. 지배 개념에 연연하는 마음은 서양에 대한 동경과 동시에 반발하는 심리, 또 남반구와 북반구 사이의 문제가 심각해지는 속에서 선진 공업국, 즉 지배 측에 스스로가 소속된 죄악감과 연결되어 있었다. 그런데 제3세계에서 실제로 생활하고 이상과 현실의 격차를 알게 된 덕분에 생각이 바뀌었다. 착취되는 남반구 측의 주민도 사실은 자유나 평등을 구하려고 하지 않는다. 피지배 측에 있는 것이 싫을 뿐, 국내에서 권력을 장악하고 지배 측에 붙은 자들은 제3세계 내부에서 같은 착취를 반복하고 있다. 그러한 사실을 깨달았을 때, 데이터가 다른 의미를 띠기 시작했다.

익숙한 사고 틀로부터 벗어나기 위해서는 연구 대상만을 보고 있어서는 안 된다. 문제에 대치되는 인간의 세계관이나 방식을 바꿔야 할 필요가 있다. 인문학에서는 많은 경우 자신 스스로를 연구 대상에 포함시킨다. 남녀차별에 관심을 가지는 것은 대부분 여성이며, 소수민족 출신자라면 인종차별이나 정체성 위기를 주제로 선택하기 쉽다. 이는 연구 활동이 스스로를 찾아가는 것과 맞닿아 있기 때문이다. 그렇기 때문에 사고 틀을 깨는 것이 어렵다. 자신의 존재를 정당화하는 기반이 위험해지기 때문이다. 때로는 종교를 버리거나 개종과 같은 힘든 체험을 하는 경우도 있다. 그러한 깊은 성찰을 겪고서야 비로소 다양한 견해들이 보이기 시작한다. 연구는 머리만으로는 불가능하다. 창자를 끊어내고 쓰고 떫은 눈물을 흘리는 신체 운동에 비견할 만하다. 방법론을 다루는 책이 제안하는 정보를 야금야금 받아먹는 것과는 아득하게 먼 작업이다.

감정이 사고의 틀을 바꾼다

불교에는 자식을 잃고 비탄에 잠긴 젊은 엄마에 관한 이야기가 등장한다 (나가오 가진, '불교의 사상과 역사', 『세계의 명저 대승불전』, 중앙공론사, 1965년 수록).

"아기가 다시 살아 돌아오게 해주세요."

아이 엄마는 만나는 사람마다 호소한다. 사람들은 동정하며 아이 엄마에게 권한다.

"가우타마 싯타르타라는 고승에게 부탁해보면 기적을 일으킬지도 몰라."

정신을 차린 아이 엄마는 죽은 아이를 안고 석가를 만나러 간다.

"그것 참 가여운 일이구나. 아이를 다시 살아 돌아오게 해주겠다. 마을에 돌아가 양귀비의 열매를 두세 알 받아오거라."

그녀는 기뻐하며 뛰어가려고 한다. 그때 석가는 덧붙여 말한다.

"단, 양귀비 열매는 죽은 사람이 한 번도 나온 적이 없는 집에서 받아와야 할 것이다."

반쯤 미쳐 있었던 아이 엄마는 그 진의를 헤아릴 수 없었다. 마을로 돌아온 그녀에게 사람들은 흔쾌히 양귀비 열매를 내어줬다. 하지만 아이 엄마가 두 번째 조건을 말했을 때 사람들은 고개를 저었다.

"말도 안 돼. 우리 집은 아버지나 어머니뿐만 아니라 딸도 죽었어."

아이 엄마는 처음에는 희망을 놓지 않고 돌아다녔지만 이집 저 집을 뛰어다니는 동안 석가가 한 말의 의미를 이해할 수 있었다.

"존재하고 살아가는 것들은 언젠가 반드시 죽는다."

마을을 거의 다 돌았을 즈음에는 마음의 광란이 사라지고 평안을 되찾았다고 한다.

이 이야기에는 중요한 교훈이 세 가지 있다. (1) 깨닫고 난 후에는, "이런 당연한 것을 어째서 몰랐을까?"라고 생각하게 된다. 스스로도 의심스러울 정도로 답은 자명하다. (2) 단순히 머리로 생각해서는 답에 도달할 수 없다. 실제로 몸을 움직이고 적극적으로 노력해야 비로소 답이 보인다. 그리고 마지막으로, (3) 해방을 찾는다는 것이 가장 중요하다. 즉 아이의 부활을 바라는 마음이 문제를 만든 것이다. 답이야말로 문제였다. 무리한 해결을 포기했을 때, 그와 동시에 고뇌가 사라지고 문제로부터 해방되었다. 석가가 낸 수수께끼가 막다른 길에서 아이 엄마를 이끌어냈고 해방시켜주었다. 선문답도 같은 논리 구조다.

이것이 진정한 이해며 교육이다. 새로운 지식을 계속해서 더 해도 기존 시스템 내부 안에 변화가 머무르는 한 제자리 돌기를 반복할 뿐이다. 어떻게 하면 시스템 자체를 변화시킬 수 있을까?

미국의 철학자 윌리엄 제임스는 자신이 일단 해체된 후, 새로운 자신으로 재생되는 과정에 주목해서 종교 체험을 파악했다(W. James, The Varieties of Religious Experiences, The Library of America, 1990 [1stedition:1901-1902]). 오래된 세계관이 용해되고 엉켜 있던 요소들이 분리된다. 해체 작업에 의해 자기 동일성이 붕괴되고 불안에 괴로워하는 날들이 이어진다. 그러나 어느 날, 어떤 원인으로 인해 자신이 재구성되고 깨달음에 이른다.

사회심리학의 아버지라 불리는 쿠르트 레빈은 '해동', '변화',

'재동결'이라는 3단계 과정으로 심리 변화를 인식했다(K. Lewin, Resolving Social Conflicts; Selected Papers on Group Dynamics, Harper&Row, 1948). 이질적인 요소의 난입으로 인해 시스템이 불안정한 상태가 된다. 그 후 새로운 균형점으로 시스템이 수렴해서 다시 안정 상태로 자리 잡는다. 이 과정의 처음에는 감정이 큰 역할을 차지한다. 이치를 따져 설득해도 사고 틀은 깨지지 않는다. 가슴 속 심금에 닿지 않으면 진정한 변화는 일어나지 않는다.

필요 충분 요소만으로 수학의 증명은 구성된다. 그에 반해 나의 설명은 수학의 증명을 염두에 두면서도 변호사의 법정 변론처럼 독자를 설득하기 위해 다양한 재료를 이용해서 같은 논점을 반복한다. 특히 정치 연설은 반복이 많다. 변호사의 역설과 마찬가지로 필요 충분 조건만 제시해서는 청자를 설득할 수 없다. 논리와 감정 양쪽을 뒤흔들 필요가 있다. 마틴 루터 킹의 명연설인 "I have a dream."이 전형적인 예다. 앞에서는 "100년이 지난 오늘날One hundred years later'이라는 구절, 다음에는 '지금이야말로, 그때다Now is the time'가 각각 4번 반복된다. 후반의 절정에 들어가면 '나에게는 꿈이 있다I have a dream'라는 구절이 8번, 그리고 연설의 종결 부분에 달하면 '…로부터 자유의 종을 울려 퍼뜨리자Let freedom ring from'라고 10번이나 반복한다. 연설 전체를 10분의 1로 줄여도 취지는 통한다. 하지만 사람의 마음을 움직이기에는 부족하다. 그리고 감동이 없으면 신념도 행위도 바뀌지 않는다.

할리우드 영화의 시나리오 참고서를 집필한 칼 이글레시아스는 조언한다(K. Iglesias, Writing for Emotional Impact, WingSpan Press, 2005).

주제는 직접 겉으로 드러내지 않고, 이야기의 심층부에서 울리도록 하는 것이 중요하다. 그러기 위해서는 감정에 호소하는 것이 가장 좋다. 설명을 듣는 것보다 감격해서 빠져들었을 때 인간은 더 배울 수 있다.

미국 하버드 대학의 정치학 교수 마이클 샌델의 유명한 강의 "정의: 무엇이 옳은 일인가?Justice: What's the Right Thing to Do?"를 유튜브에서 보면 이러한 관계를 이해할 수 있다. 샌델은 발언을 한 학생에게 반드시 이름을 묻고 감사를 전한다. 이것만으로 학생들은 적극성을 키울 수 있다. 거기에 그는 논리와 감정을 교묘하게 뒤섞는다. 감정만으로는 학습을 할 수 없다. 또 논리만으로는 설득할 수 없다. 샌델은 절묘하게 논리와 감정을 섞고 있는 것이다.

인간의 습관은 간단히 바뀌지 않는다. 매년 막대한 금액이 광고에 투입된다. 하지만 상품 이미지는 쉽게 바꿀 수 있어도 구매 행동의 변화를 일으키는 것은 어렵다. 양치 캠페인, 알코올·담배·마약 방지 캠페인, 안전벨트 착용 등에 관해서 많은 연구가 이루어져 왔다. 정보를 제공하면 의식은 변한다. 하지만 실제로 행동을 바꾸는 효과는 없다(W. J. McGuire, "Attitudes and attitude change", In G.Lindzey & E.Aronson(Eds.), Handbook of Social Psychology,

Random House, 1985, p.233-346).

의식이 바뀌어도 행동은 바뀌지 않는다. 하지만 반대로 행동이 변화하면 그에 따라 의식도 변한다. 강한 감정이 행동을 바꾸고 그 결과, 의식도 바뀐다(L. Festinger, Theory of Cognitive Dissonance, Row, Peterson, 1957; 본인의 저서 『사회심리학 강의』를 참조). 인간은 합리적인 동물이 아니다. 먼저 행동을 하고 나서 합리화하는 동물이다.

핵심에 도달하기 위해서는 이해의 틀이 가진 오류를 깨닫기 위한 우회로가 종종 필요하다. 축구에 비유하자면 골을 넣기까지의 거리는 대부분 직선을 그리지 않는다. 사이드로 공을 보낸 뒤 상대편 진영에 깊이 침투해서 센터링해 골을 넣는다. 혹은 후방에 자리 잡은 미드필더에게 공을 보내 슛을 한다. 이것이 골로 향하는 최단 거리다.

생명체로서의 인간, 살아 있는 육신이 세상을 만들고 영위해 간다. 행위나 언어에 우리들은 단순히 논리만으로 반응하는 것이 아니다. 기쁨이나 분노, 슬픔과 함께 의미를 파악한다. 감정이나 인지적 편향이라는 여과 장치를 통하지 않으면 인간은 살아갈 수 없다. 중력으로 휘어진 공간을 지나갈 때, 빛은 직진하지 않는다. 2점을 연결하는 최단 거리는 직선을 그리지 않는다. 불교의 방편이나 선문답과 통하는 듯하다. 상식을 뒤집어엎기 위해서는 이러한 수사를 빠뜨려선 안 된다.

3장

인문학은 무엇을 위해
존재하는가

여기서는 생각하는 의미를 일반적인 시점으로 검토한다. 그 뒤에 논의의 대상을 정리해 교육이나 연구에 대해 생각해볼 것이다. 일본과 마찬가지로 프랑스에서도 인문학은 쓸모없다는 여론이 강해지고 있다. 프랑스의 대학 사정을 참고로 이 생각의 오류를 지적하려고 한다. 중요한 것은 지식을 쌓는 것이 아니다. 교육의 본질은 상식의 파괴에 있다. 그것은 진리가 존재하지 않기 때문이다. '올바른 세계'라는 표현이 무의미하기 때문이다.

학교가 개성을 죽이고 있다

사상가 우치다 다쓰루가 '이익 유도 교육의 차질'라는 제목으로 블로그에 이런 글을 남겼다.

> 스티브 잡스도 마크 저커버그도 망설임 없이 대학을 그만두고 '다른 방법'으로 세계적인 부호가 되었다. 아마 중학교에서도 고등학교에서도 이 두 사람은 교사들에게는 '반항적인 녀석'으로 찍혀 있었을 것이다. 흥미가 없는 교과 공부 따위 전혀 하지 않았을 것이다.
>
> …
>
> '하고 싶은 일'에 다다르기 위해 마지못해 우회적으로 '하고 싶지 않은 일'을 참아가며 하는 유형의 사람은 어떤 분야에 있어서도 '이노베이터가 되는' 일은 불가능하다. 이것은 자신 있게 단언할 수 있다. '절대로' 될 수 없다.
> 비즈니스맨으로 또는 정치가로, 아니면 관료로 작게 성공하는 것이라면 가능할 것이다. 하지만 "이해타산을 계산하며 '하고 싶지 않은 일'을 지금은 참고 한다."는 것이 가능한 유형의 인간은 '이노베이션'을 짊어실 수 없다.
>
> …
>
> 진정으로 혁신적인 재능은 논리적으로 말해 그 재능의 의미나 가치를 감정하는 도량형 그 자체가 '아직 없다'. 이런 상황인 이상, '가장 혁신적인 아이'는 학교에서 '능력 계측 불

가능'인 '몬스터'로 등장하는 수밖에 없다.
…

"당신은 어떻게 학교 교육 속에서 망가지지 않고 살아남았습니까?" 아마도 절반이 "저, 학교 안 갔거든요."라고 답하거나 남은 절반이 "아, 저 외국에서 살다 와서요."라고 답할 것이다.

변호사를 아버지로 둔 유복한 가정에서 자라 하버드 대학을 졸업하고 마이크로소프트를 창업한 빌 게이츠와는 대조적으로 애플 공동 창업자 스티브 잡스는 사생아로 태어나 학력이 떨어지는 육체노동자의 집안에 양자로 들어갔다. 고등학교까지 문제아였던 잡스는 대학에 진학하지만 금세 그만둔다. 췌장암으로 죽기 몇 년 전, 스탠퍼드 대학 졸업식에 초청받아 했던 연설에서 이렇게 끝맺었다.

늘 굶주려 하라. 늘 어리석어라.

언제부터 학교가 이렇게 시시한 곳이 되었는가. 대중교육의 필연적인 결과인 것일까?

작가 사카구치 안고는 말했다('불량소년과 크리스트', 사카구치 안고 전집 06, 지쿠마쇼보, 1998년 수록. 처음 나온 것은 1984년).

부모 따위, 바보 같은 녀석들이 인간의 탈을 뒤집어쓰고 부모의 탈을 뒤집어쓰고 배가 불러서 급히 허둥대다 부모가 된 팔푼이가 동물인지 인간인지 정체를 알 수 없고 이상한 연민을 더해 그늘에 숨어서 아이를 키워댄다. 부모가 없으면, 아이는, 훨씬, 훌륭하게 자란다.

부모가 아이를 망친다. 그러므로 부모가 없는 편이 아이를 훌륭하게 자라게 한다. 그럼에도 아이는 강하기 때문에 부모라는 방해자가 있어도 자라날 힘을 숨겨두고 있다.

나의 부모는 훌륭한 교육을 제공해주었다. 교육을 일체 시키지 않는 교육이다.

프랑스의 배우 제라르 드파르디외는 빈곤한 가정에서 자라나 젊었을 적에는 도둑질이나 공갈로 생활해왔다. 덩치가 크기 때문에 매춘부의 보디가드로 지내던 시기도 있었다. 정상을 벗어난 사람이었기에 실감나는 연기가 가능한 것일까? 또 작가 무라카미 하루키는 말한다 (『달리기를 말할 때 내가 하고 싶은 이야기』, 문춘문고, 2010년).

학교에서 내가 배우는 가장 중요한 것은 "가장 중요한 것은 학교에서는 배울 수 없다"라는 진리다.

파리의 초등학교에서 교사가 "커서 뭐가 되고 싶니?"라고 학생들에게 물었다. 그러면 대부분은 학생들은 아이다운 꿈이나 그럴듯한 소원을 말한다. 그러다 한 명이 이렇게 답했다.

    크면 도둑이 될 거예요.

    이런 아이들은 흥미롭다. 이때 교사가 어떻게 반응했는지는 모른다. 가톨릭 사립학교에서의 일이라 어쩌면 무난한 교훈을 늘어놓고 그 자리를 정리하지 않았을까?
    언젠가 런던에 살고 있는 젊은 프랑스 바이올리니스트를 만났다. 악기를 만드는 방법을 두고 이야기를 하다 보니 정치나 경제에도 해박해 날카로운 의견을 들을 수 있었다. 그는 학습 속도가 빨라 파리에서 자라던 시절에 초등학교 네 개 학년을 건너뛰었다고 한다. 하지만 그것이 빌미가 되어 작은 체구의 그는 괴롭힘을 당하고 학교를 그만두었다. 그 후 통신 교육으로 공부했다고 한다. 그래서 그렇게나 머리가 좋은 것일까? 학교는 개성을 죽이는 장치일 뿐이다. 이것은 일본뿐만이 아니다.
    파리의 사회과학고등연구원에서 함께 공부한 SL은 지금도 함께 술을 마시는 몇몇 대학 동료 중 하나다. 현재는 지방 도시 대학에서 사회심리학 교수로 살고 있다. 그는 모스코비치의 인정을 받아 제네바 대학에서 1년간 연수를 했다. 나는 그가 부러웠다. 그런데 그런 그도 중학교와 고등학교에서 총 4번 낙제를 했다고 한다. 프랑스에서는 낙제하는 학생이 많아 한 번 정도는 드물지 않다. 하지만 4년 늦어진 것이라면 상당히 좋지 못한 것이다. 그런 학생이 대학에 진학하는 것은 드문 일이다.

그는 늘 "나는 바보다."라고 생각했다고 한다. 대학에 입학하기 위해 필요한 바칼로레아 시험도 첫 번째 시도에서 떨어졌다. 바칼로레아는 대부분의 수험생이 합격하는 시험이다. 두 번째에 합격해 역사학부에 들어갔지만 수업이 재미없어서 그만두려고 했었다고 한다. 그러던 시기에 당시 사귀고 있던 여자친구가 심리학부에 입학했고 그녀를 따라 그도 전과를 하면서 수업에 재미를 느껴 공부를 시작했다. 그대로 석사과정까지 진학해 박사과정은 사회과학고등연구원으로 옮겼다. 이처럼 우연은 재미있다. 그리고 그의 재능을 알아본 스승과의 만남도 행운이었다.

학교는 무엇을 위해 존재하는가? 최근에는 내용 중시의 주입식 교육을 반성하며 자주적으로 학습하는 힘을 기르는 중요성을 주목하고 있다. 그것 자체는 좋다. 하지만 여전히 사회에서의 유용성을 기준으로 삼고 있다. 도쿄 대학 교육학부 커리큘럼 이노베이션 연구회가 집필한 『커리큘럼 이노베이션, 새로운 배움의 창조를 위해』(도쿄대학 출판회, 2015년)를 보면 국제화가 학교 교육을 변모시킨 과정을 이렇게 분석한다 (사토 마나부, 21세기형 학교 커리큘럼의 구조').

두 번째는 미래 투자 측면에서 교육의 위치다. 국제화로 인해 각 국은 국제 경제 경쟁에서 이기기 위해 교육을 미래 투자의 주요한 전략으로 보고 교육 개혁을 중심적인 국가 정책의 하나로 위치시켰다.

세 번째는 포스트산업주의 사회의 성공이다. 국제화는 값싼 노동력을 찾아 제조부문의 공장을 선진국에서 개발도상국으로 이동시켜 도상국에서의 산업주의화를 가속시키고 선진국의 포스트산업주의화를 촉진시켰다. 이런 변화에 따라 선진국에서는 포스트산업주의 사회에 대응한 교육이 요구되게 된 것이다.

학교 운영을 위한 비용이 대부분 세금으로 마련되고 또 미래를 위한 투자의 의미로 수업료가 지불되는 이상, 어떠한 노동력을 키워낼 것인지를 고민하는 시점이 전면에 등장하는 것은 당연한 일이다. 하지만 이러한 사고에 나는 위화감을 금할 길이 없다. 이 찝찝함을 어떻게 표현해야 좋을지 생각하다 보니 이 두 문자가 떠올랐다. "사육". 아니, 정확히는 조련일까? 목적에 따라 동물을 훈련시키는 것과 같다. 사회에 도움이 되는 인재를 키워내는 것이다. 그렇다면 기업의 사내 연수와 마찬가지다. 경영자에게 있어 유익한 노동력을 고용하고 바라는 방향으로 갈고 닦아간다는 발상이다. 전쟁 전에는 "국가에 도움이 되는 인간을 만든다. 나라를 위해 살도록 젊은이를 교육한다."고 말했었다. 근본은 무엇도 변하지 않았다. 학교는 사회에 유용한 인재를 조달하는 기관이며 사회 구조를 재생산하는 장치다. 확실히 상의하달이 아닌 다양성은 시야에 두지 않고 있다.

첫 번째는 분권 개혁 decentralization의 진행이다. 근대학교의 성립과 확대는 19세기와 20세기에 걸쳐 중앙정부(교육부)의 톱다운 정책에 의해 진행되어 왔다. 하지만 1989년 이후에는 대부분의 국가가 교육의 분권 개혁을 추진하고 정부(교육부)의 권한을 지방으로 이양해 학교와 교사의 자율성을 강화했다. 학교 교육의 통제를 국가 관리에서 공동체의 섹터와 시장 섹터로 이양하는 개혁인 것이다(사토 마나부, 21세기형 학교 커리큘럼의 구조).

하지만 이는 여전히 닫힌 사회의 발상이다. 아이와 교사의 상호작용에서 현재의 사고 틀을 뒤집어엎는 가치관이 생겨날 가능성은 배제되지 않는다. 하지만 어느 시대, 어느 사회의 기준에 따라 교육 내용을 판단하는 이상, 시스템을 깨부수는 적극적인 자세는 거기에 존재하지 않는다. 이 문제는 이 장의 마지막에서 상세히 다루도록 하겠다. 아일랜드 출신 작가 오스카 와일드는 충고했다.

> 교육은 훌륭하다. 하지만 때때로 떠올려야 한다. 정말로 알아야 할 가치가 있는 것은 어디에서도 가르쳐줄 수 없다.

어렸을 때부터 나는 교사가 싫었다. 학교에 가면 친구가 있으니까 그런 의미에서 학교는 즐거운 장소였다. 거기에 스포츠도 좋아해서 오로지 그것 때문에 학교를 다닌 시기도 있다. 몇 명 되지 않지만 좋아하는 선생님도 있었다. 하지만 제도로서의 교사나 학교는 아주 싫어했다. 그런 생각은 지금도 다르지 않다. 중·고등학교 시절에는 권위주의적인 교사가 넘쳐난 것도 한몫 했다.

윗사람이나 대단한 사람에게 혼이 나면 자신이 옳다고 해도 무조건 사과해라. 그러면 용서받을 것이다. 정당화하려고 말대답해서는 안 된다. 더 혼날 뿐이다.

이런 설교를 늘어놓는 당치도 않은 무리들도 있었다. 그런 소시민의 표본 같은 인간일수록 졸업식 같은 때가 되면 과장된 이야기를 하기도 한다.

앞으로 일본의 운명을 짊어지는 것은 젊은 너희들이다. 너희들의 미래에 기대하는 바가 크다.

그렇게 일본의 미래가 걱정이라면 아이들에게 맡기지 말고 당신이 스스로 사회를 변혁하면 어떨까? 그런가 하면 나의 질문을 일축하는 사회 과목 교사도 있었다. 중학교 2학년 때, 나는 교사에게 물었다.

가톨릭 교회가 생겨난 해라는 건 어떤 의미입니까? 교회라는 제도가 생겨난 것입니까, 아니면 교회 건축물이 생겨난 해입니까?

그러자 교사가 대답했다.

> 너는 이상한 질문을 하는구나. 둘 다 같은 말이다. 비 내리는 데서 기도할 리 없지 않겠니.

나의 질문이 이상하다는 것을 이해할 수 없었다. 이런 생각 없는 어른이 아이의 성장을 저해한다. 생활지도를 한다는 것도 참 우습다. 교사는 수학이나 영어 등의 교과목에 대한 지식은 있지만 인격을 제대로 검토하고 선별해서 교사가 된 것은 아니다. 그런데 어째서 그러한 인간이 생활지도를 담당하는가. 어째서 학생들에게 교훈을 늘어놓느냐 말이다.

성격 판단에 사용되는 크레펠린 검사를 초등학교에서 실시하고, 학생들의 좋고 싫음을 조사하기 위한 소시오메트리sociometry를 중학교 3학년에 강제로 시행했다. 전자는 정식으로는 '우치다 크레펠린 정신 검사'라고 하고 한 자릿수의 숫자를 순서대로 덧셈해가며 답의 속도 변화 패턴에 따라 성격이나 직업 적성을 판단한다. 잉크의 얼룩을 해석시키는 유명한 투영법 로르샤흐 테스트Rorschach test와 마찬가지로 이러한 종류의 심리 테스트는 모두 사기다. 과학의 탈을 뒤집어쓴 신흥종교의 하나일 뿐이다. 그리고 후자는 "반에서 좋아하는 학생과 싫어하는 학생을 5명씩 골라서 이름을 적어내시오."와 같은 방식으로 학생들의 정서 관계를 파악한다. 두 검사 모두 학생들의 프라이버시 침해며 이러한 일을 아무렇지 않게 하는 교사라는 권력자를 나는 증오했다. 교사는 학생을 가축으로 착각한 것일까?

일본에서는 학교가 생활지도를 담당하기 때문에 학생이 학교 밖에서 문제를 일으키면 교사가 책임을 진다. 프랑스에서는 중학교 이후에는 학생의 생활지도를 하지 않는다. 학생의 행실이 나쁘면 부모의 책임이며 학교는 가정에 불만을 이야기한다. 그리고 학생의 태도가 고쳐지지 않으면 퇴학 처분이 내려진다. 학교 내에서 학생이 폭력을 행사하면 경찰에 신고해 학생이 처벌받도록 한다. 참고로 프랑스에서는 미성년의 흡연이나 음주가 금지되어 있지 않다. 18세 미만의 아이에게 바에서 술을 내주거나 가게에서 파는 것은 법률로 금지되어 있다. 담배도 마찬가지다. 하지만 소비는 자유다. 그래서 학교 밖에서 중학생이 담배를 피우고 있어도 교사들은 주의를 주지 않는다. 단, 공공 건물인 학교 내에서는 교사도 학생도 흡연할 수 없다. 이것은 비흡연자의 피해 받지 않을 권리 행사며 생활지도와는 관계가 없다.

수업의 진짜 역할은 무엇인가

왜 학생은 스스로 책을 읽지 않고 수업에서 가르침을 받으려고 하는 것일까? TV 앞에 앉아 있으면 아무것도 하지 않아도 정보를 얻을 수 있다. 그것과 마찬가지로 책을 읽는 것보다 편하기 때문에 강의에 출석하는 것일까? 학생에게 물어보았다.

수업에 나가면 필요한 지식을 효율적으로 배울 수 있다.

그렇다면 교과서를 읽으면 된다. 전문가들은 긴 시간을 들여 교과서를 만들어낸다. 따라서 교과서 이상으로 제대로 설명할 수 있는 교사도 드물 것이다. 지식이나 정보를 얻는 것이 목적이라면 강의에 오기보다 책을 펴서 읽는 것이 낫다.

시험에 붙기 위해서는 수업에 나가는 게 제일 좋다.

최소한의 노력으로 최대한의 효과, 이것이 학생의 진심이다. 하지만 이런 생각이야말로 근본적으로 잘못되었다. 시험을 위해 강의가 존재하는 것이 아니다. 책이나 논문을 스스로 읽지 않고 교사가 내용을 알기 쉽게 풀어 설명해주지 않으면 공부할 수 없는 학생이 대학에 앉아 있는 것이 애초에 이상한 일이다. 교사는 이동식 교과서 설명 기계가 아니다.

일본의 교육은 획일적이고 개성을 키우지 못한다. 유럽에서는 자신의 머리로 생각하는 습관을 소중히 한다.

늘 들어온 소리다. 서양을 미화해서는 안 된다. 타국의 사정은 알 수 없지만, 대학 교육이 대중화된 프랑스에서는 많은 학생들을 대상으로 소논문 형식이 아닌 선택형 문제로 시험을 보는 교사들이 늘어났다. 게다가 학생들은 강의를 메모해서 암기하는 것이 공부라고 착각하고 있다. 이러한 중·고등학교 시절의 세뇌가 수동적인 태도를 만드는 원인이다. 나의 수업은 상식을 뒤엎는 것의 연속이어서 논리 전개를 따라올 수 없는 학생들이 불만을 이야기하기도 한다.

 정리가 안 된다. 이야기가 이리저리 날뛴다. 무엇을 외워야 할지 모르겠다. 심리학 강의인데 왜 물리나 철학이 나오는 것인가.

학생들은 질문이 아닌 답을 기대하기 때문에 이런 불평을 한다. 그런 학생들에게 나는 언제나 대답한다.

 나는 답을 가르치지 않는다. 질문만을 부딪친다. 상식을 파괴하기 위한 수업이다. 쓸모 있는 노하우가 목적이라면 직업훈련학교에 가라. 사회심리학에 그런 것은 없다.

나중에 서술하겠지만 프랑스 대학에는 입학시험이 없으며 수업료도 거의 들지 않기 때문에 공부하지 않는 학생이 많다. 사담을 하는 학생이 언제나 있다. 교사가 호통을 쳐도 고개를 숙이고 있을 뿐이다. 그리고 태풍이 지나간 후 다시 사담이 이어진다. 정말 손쓸 수 없는 학생이다. 나의 수업에서는 출결을 중요하게 생각하지 않는다. 강의를 시작하기 전에 설명해준다.

수업 중에 식사를 해도 좋다. 신문이나 소설 아니면 만화를 읽는 것도 컴퓨터로 게임을 하는 것도 자유다. 휴대전화로 메시지를 보내도 된다. 자는 것도 자기 마음이다. 이어폰을 쓴다면 음악을 들어도 좋다. 조용히만 할 수 있다면 마음대로 해라. 하지만 떠드는 것은 다른 학생들과 나에게 민폐가 된다. 그러니 사담은 허락하지 않는다.

대학은 의무교육이 아니다. 고등학교까지와는 다르게 대학에서는 공부를 강제하지 않는다. 너희들에게는 낙제하거나 퇴학할 권리가 있다. 인생에 실패하는 것도 각자 자유다. 하지만 다른 학생의 공부를 방해할 권리는 없다. 의문가는 것이나 이의가 있으면 언제든 손을 들고 이야기하라. 함께 의논하자. 떠들고 싶으면 일단 교실을 나가 수다가 끝나면 돌아오라. 결석해도 벌은 없다. 출결은 부르지 않겠다. 지각도 조퇴도 자유다. 흥미가 없으면 처음부터 수업에 오지 말아달라.

하지만 몇 번을 말해도 사담을 나누는 학생들이 수업에 오고야 만다. 도무지 알 수가 없다. 고등학교 때의 습관을 버릴 수 없는 것일까? 아니면 집에 있으면 부모에게 혼이 나니까 시간 때우러 대학에 오는 것일까? 2학년 후반이 되면 이러한 패거리는 거의 사라진다. 그런데 1학년은 감당할 수가 없다.

자습으로는 얻을 수 없는 것을 가르치는 것이 강의 아니겠는가. 그런데 그렇게 기능하고 있는가. 수업 시작에 앞서 나는 학생들을 타이른다.

>아인슈타인은 말했다. "학생은 지식을 주입하기 위한 용기가 아니다. 불을 붙여주는 횃불이다." TV 앞에 앉아 있으면 아무 노력을 하지 않아도 정보가 흘러 들어온다. 마찬가지로 수업에 출석하면 지식이 늘 것이라고 생각하지 마라. 강의의 목적은 지식 제공이 아니다. 너희들의 세계관을 뒤흔들거나 파괴하는 것이 내 역할이다. 답은 너희들 자신이 찾아라. 나는 촉매다. 답을 가르쳐주기를 바란다면 수업에 오지 마라.

기초지식이 필요 없다는 것이 아니다. 그것은 교과서를 읽으면 끝난다. 학생일 때 나는 사회심리학 교과서를 20권 이상, 그리고 통계를 배우기 위해 참고서를 30권 정도 읽었다. 한 권으로 이해가 되지 않으면 같은 책을 반복해서 읽기보다 다른 책을 새로이 읽었다. 그래도 이해되지 않으면 또 한 권을 더 읽었다. 그러다 보면 자연스레 알게 된다. 다른 각도에서 설명한다면, 다른 예를 이해한다면 무엇이든 납득할 수 있다.

통계에 서툰 학생이 많다. 이는 사용할 기회가 없는 지식을 배우기 때문이다. 나에게는 해결해야 하는 문제가 확실하게 있었고 해석을 기다리고 있는 데이터도 있었다. 그래서 필요한 책이나 논문을 읽고 통계 기술을 익혀 적절한 컴퓨터 소프트웨어를 찾았다. 정말로 원하는 게 아니라면 무엇도 익힐 수 없다.

음악학교에서는 개인 지도를 짧은 시간만 받는다. 1주일에 1시간 레슨을 위해 학생은 매일 몇 시간을 연습해서 준비한다. 화성학·악식론·대위법 등등 음악 이론 수업도 있지만 기본적으로 스스로 연습해야 한다. 악보를 읽거나 연주회에 나가거나 녹음을 듣는 식으로 자주적으로 공부하는 것은 말할 것도 없이 음악을 좋아하는 수준이 되어야 한다. 졸업 자격을 따는 것만으로는 의미가 없다. 외국어 학습도 마찬가지다.

강의는 라이브 연주와 닮아 있다. 앨범에 녹음된 것 이상의 완벽한 연주를 콘서트에서 듣기란 좀처럼 드물다. 하지만 아무리 잘된 녹음이라도 콘서트의 현장감을 재현할 수 없다. 라이브 연주가 아니면 맛보기 힘든 감동이 있다. 정보 수집으로서의 수업이나 강연의 효과는 독서보다 떨어진다. 하지만 실제 이야기에서 얻을 수밖에 없는 것들이 있다. 고전을 통해 사고의 형식을 체득하고 명장의 손길을 자신의 것으로 만든다. 이를 위해 육성으로 듣는 강의가 도움이 된다고 믿는다. 인간은 충격이나 감동을 받고 변한다. 사회과학고등연구원에서 모스코비치의 세미나에 10년간 쉬지 않고 다니며 알게 된 것이다. 배우는 사람의 세계관을 바꿀 수 없다면 수업 같은 건 필요 없다.

리딩 어싸인먼트reading assignment라고 불리는 독서 과제가 영미 대학에서 많이 등장한다. 그랑제콜(고등전문학교)이라 불리는 엘리트 학교는 다르지만 프랑스 일반 대학의 학생들 대부분은 수동적인 자세로 수업에 참여한다. 그리고 그게 당연하다고 생각하고 있다.

아무리 학생들에게 책을 읽어야 한다고, 그것이 배움을 위한 유일한 길이라고 말해도 읽지 않는다. 프랑스의 심리학부 수업을 들으러 오는 학생 대다수는 읽는 것도 쓰는 것도 생각하는 것도 불가능하다. 근본적으로 읽는 습관을 몸에 익히지 않았기 때문이다.

독서는 비판적으로 하라.

어렸을 때부터 학교에서 반복해온 교훈이다. 저자의 주장을 곧이곧대로 받아들이지 말라는 의미에서는 맞는 이야기다. 하지만 비판의 의미를 오해해서는 안 된다. 저자의 주장에 하나하나 꼬투리를 잡는 것이 아니라, 우선은 있는 그대로 마지막까지 읽는다. 거기에 전개된 논리를 끝까지 파고들었을 때 어떤 세계가 보이게 될까? 사소한 것에 매몰되지 말고 세세한 사실의 오류에는 눈을 감고, 중심 논리를 끝까지 좇아간다. 그 결과, 원리적인 문제나 내부 모순과의 격투로부터 풍부하고 새로운 질문을 깨닫는다. 현재 알려진 사실·지식과 맞지 않는다고 바로 가설을 버려버리는 태도는 지양하는 것이 좋다. 그래서는 다윈, 프로이트 같은 학자는 탄생하지 못한다.

라이벌 의식에 휩싸여 다른 사람의 흠을 찾으려 할 수도 있다. 하지만 그런 한심한 태도는 경계해야 한다. 꼬치꼬치 따지듯 비판을 하는 학생을 모스코비치 교수는 엄하게 꾸짖었다.

쩨쩨한 짓 하지 말아라. 타인의 결점을 찾는 일은 네가 아니라도 할 수 있단다.

우리의 귀중한 에너지를 그런 허무한 작업에 쏟지 말고 더 소중한 곳에 쓰자. 프로이트나 마르크스의 이론이 틀렸더라도 그것은 그들의 문제다. 선인들의 사색과 시행착오로부터 무엇을 받아들일 것인가. 우리에게 중요한 것은 그것뿐이다.

스승과 제자는 공동체가 아니다

나의 학생 시절, 모스코비치는 매우 엄격했다. 앞에서 언급한 SL의 제네바 대학 연수는 장학금 신청을 받아 모스코비치가 선정하는 것이었는데, 다른 학생이 질투할 수도 있다던가, 마음 고생할 수 있다던가 하는 건 신경 쓰지 않았다.

가망이 있는 제자에게는 기회를 준다. 안 되는 녀석은 사라져라.

논문 지도는 격주로 화요일 오전 10시부터 오후 1시까지 진행됐다. 10명 이상의 학생이 복도에 늘어서서 순서를 기다려야 했다. 교수는 한 명당 15분 정도 진전 상황을 듣고 다음 지시를 건넸다. 모스코비치의 지도를 받기 위해 세계 각지에서 학생들이 모여들었다. 상시 30명 정도의 학생을 맡았는데 무슨 이유에선지 8할 정도가 그만두고 나갔다. 그 즈음, 교수는 파리의 사회과학고등연구원과 뉴욕의 사회과학신연구원 New School for Social Research을 겸임하고 있어서 파리에서 세미나나 논문 지도가 이뤄지는 것은 2월부터 6월까지였다. 나는 보고서를 미리 보내 상담할 사안을 명확히 해두었다. 그러면 교수는 꼭 읽어봐주었고 본질을 꿰뚫는 지적을 해주었다. 박사 논문이 거의 완성에 가까워질 무렵에는 빈번하게 조언을 받았지만 그 이전까지는 숙제에 답하는 것뿐이었기에 1년에 서너 번 만나는 것만으로 충분했다.

신장 190센티미터의 큰 남성이 눈을 부릅뜨고 노려보면 제자들은 떨 수밖에 없었다. SL이 지명되어 세미나에서 발표했을 때의 일이다. 발표가 끝나자마자 모스코비치의 불호령이 떨어졌다. 30분 정도 혼났을까? 우리들은 긴장해서 선생님의 꾸중을 듣고 있었다. 그로부터 몇 주 뒤, 나의 발표 차례였다. 교수로부터 야단맞을 것을 각오했지만 몇 가지 비판은 들었어도 SL의 발표 때처럼 크게 꾸짖는 말은 나오지 않았다.

하지만 한숨을 돌린 것도 한 순간이었고 교수실에서 둘만 남았을 때, 호되게 꾸중을 들었다. 처음에는 얌전히 듣고 있었다. 그런데 설교가 길게 이어지면서 서서히 화가 나기 시작했다. 나는 그 순간을 참아내기가 무척 힘들었다.

전화로 혼난 기억도 있다. 여름 방학 전, 연구 경과를 보고하고 그 후의 지침을 받으려고 했다. 2주 정도 전에 논문 초고를 보내두고 만날 약속을 정하기 위해 전화를 했더니 입을 열자마자 고함이 들려왔다.

너를 위해서 지도해주고 있는데 내 비판만 해대고 무슨 일이냐. 그것도 한두 번이면 잘못 썼다고 할 수도 있지만, 일고여덟 번이나 반복되면 악의가 있다고 밖에 생각할 수 없다. 까불지 마라.

나는 무척 놀라 전화를 끊고서 바로 초고를 다시 읽어보았다. 그런데 어디에도 문제는 보이지 않았다. 도대체 무엇 때문에 그런 반응이 나왔는지 이유를 알 수 없었다. 아무래도 교수는 빠르게 읽으며 오독을 한 것 같았다. 내가 비판한 것은 모스코비치가 아니라 대립학파의 견해였다. 그것을 자신이 비판당했다고 착각한 것임에 틀림없었다. 이럴 때는 어떤 말을 해도 소용이 없기 때문에 그대로 내버려둬야 한다. 교수는 여름 방학이 되어 파리를 떠났다. 뉴욕에서 돌아오는 것은 연말이었다. 해가 바뀌고 오랜만에 만나자 그런 일이 있었던 것은 완전히 잊고 언제나처럼 따뜻하게 맞아주었다. 내심 걱정했던 나는 안도했다.

모스코비치는 마치 구름 위 존재와 같았다. 매주 화요일, 교수는 연구소의 멤버들과 함께 점심을 먹었다. 여느 학생들에게는 부러운 모임이었고 교수의 선택을 받아 상급자들의 무리에 들어가는 것을 동경했다. 모스코비치가 마음에 들어 하는 일본인 학생의 주선으로 언젠가 나도 함께 식사하게 되었다. 스스로가 대단해졌다고 우쭐하기 시작한 바로 그 무렵이었다. 논문 지도를 받을 때 미소 지으며 교수가 말했다.

친해지는 건 좋아. 누구나 대등하니까. 선생도 선배도 없어. 하지만 아무리 친해져도 네 연구가 좋아지는 것은 아니야.

능력에는 개인차가 있고 어떤 연구를 하는지는 결국 본인의 문제다. 그때 강하게 자각했다. 학생에게 경어를 쓰지 않고 부모와 자식처럼 관계를 맺는 교사들이 일본에는 많다. 교사는 학생을 자식처럼 챙겨준다. 부모 같은 선생님을 동경하며 부모와 자식 같은 관계를 선호하는 학생들도 적지 않다. 하지만 거기에는 응석이 숨겨져 있다. 프랑스 대학에는 일본처럼 세미나 합숙을 하고 학생과 함께 술을 마시는 관습이 없다. 선생과 학생 사이에는 거리를 둔 관계가 지켜진다. 지도 교수가 취직을 도와주는 습관도 없다. 참고로 입학식도 졸업식도 없다. 초등학교부터 대학교까지 모두 마찬가지다. 최근에서야 영미 대학들에 대항해서 자격의 시장 가치를 높이기 위해 졸업식을 하는 대학도 조금씩 나오고 있지만 몇 년 전까지 졸업장이나 박사 학위 증명서는 사무실에 받으러 가거나 우편으로 배송 받을 뿐이었다.

나는 학계에서 인정받는 연구를 하고 사상계에서 평가 받는 책들을 써왔다네. 자네는 어떠한가. 나와 친구가 된다 한들 자네의 연구가 나아지는 건 아니라네.

이것이 훨씬 더 진중한 메시지다.

교육의 두 가지 임무

교사는 누구나 그렇겠지만 강의에서 학생의 반응이 나쁘면 자신의 위치를 지키기가 힘들다. 나는 신임 교사 시절, 원활하게 수업을 진행하지 못했다. 마치 싸움에 진 개처럼 충격을 받아 울 것 같은 얼굴로 집에 돌아오는 전차를 탄 경험이 몇 번이나 있다.

현재 나는 파리 제8대학에 근무하고 있지만 그 전에는 벨기에 국경 근처의 릴 제3대학에 적을 두었었다. 취직하고 처음으로 담당한 수업 중 하나가 1학년을 대상으로 하는 사회심리학 입문 강좌였다. 학생 500명을 앞에 두고 마이크로 강의를 했다. 선배 교수가 같은 강의를 같은 시간대에 맡고 있었다. 나는 그의 교과서를 억지로 떠맡아 주제를 고를 자유도 없었다. 시험 내용도 공통이었다. 달변가인 그 교수는 재미있는 이야기로 학생들의 마음을 사로잡았다. 나의 수업에 출석하는 학생 수가 순식간에 줄어들더니 그의 교실은 만원이 되었다. 비참하고도 분한 경험으로 나의 교사 생활이 시작됐다.

대체 어떤 수업을 해야 학생들에게 도움이 되는 것일까?

시행 착오를 겪던 시절에 답답한 마음을 편지에 적어 고향 나고야의 고등학교 동창 SK에게 보냈다. 긍정적인 자세로 보아 학생들로부터 호평을 얻기 시작한 무렵에 썼던 것 같다.

릴 대학에 취직한 지 이제 4년째가 되어 가. 올해 석사 수업에서는 사회심리학의 틀에 얽매이지 않는 학제적인 주제를 많이 도입했어. 컬처쇼크가 주제야. 다른 세계관이 서로 충돌해 새로운 이론을 만들어낸다는 생각을 전개해보았는데, 케플러나 뉴턴이 빈번하게 나와서 학생들은 당황한 모양이야.

생각하는 것의 기쁨을 전하기 위해서는 책이나 모스코비치의 세미나에 감동을 받아가며 사상의 아름다움과 즐거움을 배웠던 내 과거의 경험을 재현하는 것이 가장 좋을 테지. 어떤 이야기를 해야 학생들이 흥미를 가질지는 아직 모르겠어. 하지만 나에게 재미있는 것, 내가 받은 감동을 전하는 것이 결국 내가 할 수 있는 최선의 일이며, 또 유일한 일이라고 생각해.

사상계를 휘젓는 젊은 야수를 길러내려면 우선 자신이 그들을 압도하는 맹수가 되어야만 하는 것 같아. 제자는 스승의 뒷모습을 보고 자라난다고 하지. 거기에는 여러 의미가 담겨 있겠지만 중요한 건 지식을 간결하게 정리해서 설명해주는, 일반적으로 생각하는 교사의 역할은 아닐 거야. 사상계라는 현장의 한복판에서 싸우는 전사의 모습을 보여주며 상식에 도전해서 저렇게 해도 괜찮은 거구나 하는 자신감을 제자에게 불어넣어주어야 하는 것 같아. 모스코비치로부터 받은 가장 소중한 선물은 이런 무언의 가르침이었어.

지금 다시 꺼내보니 얼굴이 붉어질 만큼 용감한 외침이었다. 하지만 교사라는 직업에 대한 나의 생각은 이 문장에 모두 드러나 있다.

학생들이 생각하는 것의 심연을 엿볼 수 있게 해주고 사색의 즐거움을 전달해야 한다. 사회심리학의 지식 따위 아무래도 좋다. 그런 것은 교과서에 적혀 있다. 모스코비치의 세미나에서 눈이 번쩍 뜨이는 느낌을 몇 번이나 받았다. 그러한 경험을 학생들에게 제공해주는 것이 교사의 일 중 하나다.

또 한 가지는 학생이 동경할 만한 연구자나 사상가가 되기 위해 교사가 노력해야 한다. 에베레스트 산을 등정하는 등산가를 키워내기 위해 편평한 곳에서 기술 지도를 하기만 할 것이 아니라 우선은 자신이 정상에 올라가 "자, 너희도 올라와보렴." 하고 말해주고 싶다.

스포츠나 예술 세계가 특히 그렇지만, 대학 교수에게도 카리스마는 중요하다. 야구의 명장인 나가시마, 왕, 노무라, 오치아이 등의 예를 보면 알 것이다. 그러한 스승들이라면 좌절할 것 같을 때에도 그들을 믿고 힘든 시기를 견딜 수 있게 된다.

이 사람처럼 되고 싶다. 이 사람을 따라가면 틀림 없어.

방대한 수의 논문과 저작물을 통해 모스코비치는 "책 출판 같은 것은 누구나 할 수 있다."라면서 제자들을 북돋웠다. 좋은 아이디어의 원고를 가지고 가면, "좋다, 이건 미국의 ○○라는 학회지에 보내봐." "이건 조금 더 보충해서 책으로 만드는 게 좋겠어."라고 조언해줬다.

책 내려면 아직 10년은 멀었어. 국제학회에 나가고 싶다고? 그런 것보다 착실하게 대학 간행물에 논문을 올리거라.

교사가 이렇게 학생들을 위축시키는 식으로 지도하는 것은 청년의 싹을 잘라버리는 것과 다를 바 없다. 하룻강아지 범 무서운 줄 몰라도 된다. 학생을 자유롭게 무럭무럭 크게 만드는 것이 교사의 의무다.

연작안지홍곡지지燕雀安知鴻鵠之志(제비나 참새가 어찌 기러기나 고니의 뜻을 알겠는가).

즉, 어른의 작은 그릇으로 젊음의 힘을 판단해서는 안 된다.

어떻게 해야 학생이 흥미를 가질 만한 수업을 만들 수 있을까?

교수가 되고서 처음 몇 년간은 방황과 시행착오의 연속이었다. 정확한 프랑스어로 수업하려고 꼼꼼하게 강의 노트를 만들었지만 미리 적어둔 문장을 기억해내려다 오히려 말문이 막히곤 했다. 그러다 강의 노트를 잘 읽기 위해 교단에 서기 전에 원고를 읽으며 연습해보았지만 그마저도 어려웠다. 단순히 원고를 읽는 수업은 지루한 데다 이해하기도 어렵다. 거기에 외국인의 어눌한 프랑스어까지 더해진다면 곧장 학생들에게 외면당할 것이다.

프랑스에는 언변이 좋은 지식인들이 많다. 그들은 강연에서 메모를 보지 않고도 막힘없이 청중을 사로잡는다. 마치 연극처럼 극적인 전개를 연출하는 사람도 있다. 마틴 루터 킹이나 오바마 전 대통령의 연설을 떠올려보면 그 모습이 상상될 것이다. 재능이 없을 뿐 아니라 말도 만족스럽게 하지 못하는 나는 그런 강연자를 눈앞에서 보면 우울해진다. 그들을 조금이라도 닮고자 여러 가지 궁리를 해보았지만 어느 것도 잘 되지 않았다. 그러는 사이, 정확한 프랑스어로 말하려고 하는 생각 자체가 애초에 잘못되었다는 것을 깨달았다. 결국 문법이나 발음 같은 것은 틀려도 되니 자신의 살아 있는 언어로 이야기하는 것이 가장 좋다. 하지만 그것을 깨닫기까지는 꽤 오랜 시간과 시행착오가 필요했다.

물론 지금도 강연이나 수업은 정성 들여 준비한다. 레토릭의 순서를 틀리지 않도록 요소의 조합을 상세하게 정해둔다. 상식을 무너뜨리는 데에 주안을 둔 나의 경우, 윤리관 등의 방어 반응을 우회할 수 있는 대책이 필요하다. 농담을 집어넣는 타이밍이 잘못되면 도중에 끊어지기 때문에 그런 것까지도 미리 계획해둔다. 어떤 의문이 떠오를지 예상해보고 예상 답지를 만들어보기도 한다.

　설득력 있는 수업을 해보려고 연기를 배운 적도 있다. 그런데 대사 암기가 강의 준비와 겹치면서 밀린 숙제들이 늘어가는 바람에 이 시도는 1년밖에 가지 못했다. 경험 자체는 재미있었지만 연기의 기술과 수업의 요령은 관계없는 것 같은 느낌이 들었다. 대본이 지루하면 아무리 연기를 잘하는 배우가 대사를 읊어도 관객은 감동받지 않는다. 학생을 사로잡기 위해 가장 중요한 것은 강의의 내용이다. 목소리가 잘 들리도록 보이스 트레이닝도 반년 정도 받았지만 비싼 수업료만 지불했을 뿐 도움은 되지 않았다. 음악이나 연기 세계에 비유한다면 우리의 일은 연주가나 연기자보다 작곡가나 각본가에 가깝다. 학생들로부터 평가가 좋지 못하다면 내용의 질을 향상시키는 것이 낫다. 말하는 방법에만 신경을 쓰는 것은 본말이 전도된 것이다.

　MOOC Massive Open Online Coruse라고 불리는 인터넷 공개 수업이 프랑스에서도 시작되어 지인 중 한 명이 담당하는 사회심리학 입문 강좌를 보았다. 그는 이야기를 참 잘한다. 메모 없이도 90분 동안 학생들을 사로잡았다. 말을 정정하지도 않고 쓸모없는 말도 없다. 녹음을 받아 적어 그대로 출판해도 될 것 같다. 그런데 내용은 솔직히 시시하다. 반면 달변가가 아닌 모스코비치는 세미나에서 원고를 읽는다. 하지만 그 내용이 굉장하다.

문제 설정부터 놀라게 만들고 예상도 못한 접근으로 다른 차원의 세계로 학생들을 이끌어 넣는다. 이것이 진짜다. 잔재주와 화술로는 맞설 수 없는 것이다.

대학 교직원의 실태

프랑스 대학에서는 교수도 준교수도 연간 192시간의 수업을 할당받는다. 아주 약간의 예외를 제외하면 프랑스의 대학은 모두 국립이며 전국이 일률적으로 같은 조건이다. 큰 강의실에서 하는 강의는 준비가 필요하기 때문에 50퍼센트 추가로 계산한다. 따라서 실제 수업 시간은 소인원이라 연습을 하지 않아도 되는 강의만 할 경우 128시간이면 된다. 보통은 양쪽을 섞어서 하기 때문에 평균을 구하면 150시간 정도다. 연간 52주 중에 반은 휴가. 나머지는 주 2일 출근하고 각각 3시간씩 수업하면 된다. 일본식으로 말하자면 일주일에 90분짜리 수업을 4교시 하는 것이다. 주5일 휴일제에 출근해도 한나절 있을 뿐이다. 유급휴가도 반년 가까이 주어진다. 일본의 대학처럼 회의로 바쁘지도 않다. 나는 1년에 2회 정도밖에 회의에 나가지 않는다. 꿈에 그리는 근무조건이라 할 수 있다.

단, 교수와 준교수는 교원으로만 채용되는 것이 아니라 연구의 임무도 가지게 된다. 따라서 논문이나 책을 쓸 의무가 있다. 하지만 이를 감독하는 장치는 없다. 그래서 연구 활동을 방기하는 동료도 적지 않다. 그럼에도 지금까지 어디로부터도 문책 받지 않았다. 준교수에서 교수로 승진하지 못할 뿐이다. 국가공무원이기 때문에 정년까지 고용이 보장되며 급여도 연공서열로 자동적으로 오른다. "너희들 농땡이나 피우고 있잖아."라는 말을 듣더라도 어쩔 수가 없다. "수업 준비가 힘들어서 연구까지 할 여유가 없어."라고 반론하는 동료도 있지만, 설득력 있는 설명은 아니다.

물론 신임 시절에는 강의 노트를 만드는 데 고생을 한다. 하지만 완성되면 그 후에는 같은 내용을 반복할 뿐이다. 매년 새로운 강의를 하는 교사는 없다. 단 심리학부에서도 변명할 거리가 있다. 박사 과정 세미나가 아닌 한 학부 단계에서는 개론이나 통계·방법론 등 기술 교육을 중심으로 운영된다. 마치 심리학이 이과 학문처럼 운영되는 것이다. 물리학이나 의학 학습과 같다고 생각하면 알기 쉬울 것이다. 기초 지식은 내용을 쇄신하려고 해도 그렇게 간단하지 않다. 매년 내용이 변한다면 애초에 기초 지식이 아니다. 따라서 같은 수업을 매년 반복하는 것은 게을러서 때문만은 아니다. 그렇긴 해도, "수업 준비가 힘들어서 연구를 할 수 없다."는 것은 거짓말이다. 무능이나 태만의 변명이다. 주말도 있고 긴 여름 방학도 있으니까 말이다.

논문·저서·자료를 읽고 실증 연구를 통해 지식을 생산하기 위해서는 자유롭게 풍족한 시간을 들여야 한다. 자산가가 아닌 한, 연구 활동에만 종사하는 국립과학연구센터나 근무 시간이 짧은 대학에 취직하는 수밖에 방법이 없다. 그런데 나이를 먹으면 먹을수록 대부분 스스로의 능력의 한계를 깨닫고는 "아인슈타인이나 프로이트 같은 천재에는 미치지 못하더라도 나름대로 학계나 세상에서 인정받는 연구를 하고 싶다."고 말한다.

하지만 이런 패기 있는 초심도 점차 줄어든다. 그러다 보면 이전에는 시간이 부족해서 곤란했지만 반대로 한가한 시간을 주체하지 못한다. 이렇게 되면 유감스러운 사태가 일어난다. 어떻게든 시간을 때워야만 한다. 이때 자주 등장하는 이유로 회의가 이용된다. 학내 정치도 시간 때우기의 상투적인 수단이다. 어느 나라에나 회의를 좋아하는 교원이 있기 마련이다. "쓸데없는 회의가 많아서 곤란하다."고 불평을 쏟으면서도 쓸데없는 회의를 솔선해 소집하는 신기한 동료도 있다. "잡무가 많아서 연구를 할 수 없다."고 말하는 사람은 많다. 하지만 실제로는 능력 없음을 감추기 위해 잡무에 에너지를 쏟아붓고 있다. 일본의 대학 사정은 다를까? "시간이 없어서 연구를 할 수 없다."라면서 본말이 전도된 논리화가 이뤄지고 자기 기만 체제가 만들어지고 있다. 하지만 이렇게 변명을 하면서도 자신의 무능을 마음 깊은 곳에서는 알고 있다. 그래서 술에 빠져들거나 항우울제의 신세를 지는 교원이 생긴다.

연구가 잘 되지 않으면 수업을 할 때에도 힘이 빠진다. 교원이 진지하게 수업에 임하지 않으면 학생은 민감하게 알아채고 강의를 외면한다. 그러면 결국 그 교원은 연구에서도 수업에서도 설 자리를 잃게 된다. 이건 괴로운 일이다. 동료와의 인간관계도 원만하게 유지하지 못한다.

내가 무작정 타인을 조롱하는 것은 아니다. 나조차도 능숙하지 못해 조금만 방심하면 학생들이 쉽게 반응한다. 몇 번이고 사담이 오가고 강의에 흥미가 없다는 것이 느껴지면 집에 가서도 계속 즐겁지 못하다. 다음에 잘해서 자신감을 되찾을 때까지 며칠이고 우울한 기분이 이어진다.

"나는 아무 쓸모도 없다."라고 느끼거나 "무엇을 위한 인생인가."라면서 의미를 잃는 것은 누구든 극복하기 힘들다. 대학인은 자유로운 시간이 풍부하게 있는 만큼, 지나치게 불안에 휩싸이기 쉽다. 스트레스나 우울증은 대학인의 흔한 직업병이다.

지식은 변혁하는 운동

공개 모집으로 채용된다고는 해도 교수가 뒤에서 밀어주거나 측근들과의 전략을 통해 선택을 받을 수 있다. 대학의 연구실에 소속되기 때문에 지도 교수와의 인간관계도 무시할 수 없다. 채용하는 측에서 본다면 같은 주제를 연구하고 방법론을 공유하는 사람을 우대하는 것이 당연하다. 그리고 공동연구에 참가하기를 기대한다.

그런데, 나는 혼자서 일한다. 공동 집필 논문도 일부 있지만, 대부분은 데이터 해석 단계에서 의견이 엇갈리기 때문이다. 근본적인 부분에서 타협하지 못하고 동료와의 골이 조금씩 깊어져가기도 했다. 무언의 압력을 느끼면서도 주의의 흐름에 휩쓸리지 않고 자신의 신념을 지키는 것은 쉽지 않다. 릴 대학의 사회심리학과는 작은 조직이었기 때문에 인간관계에서는 특히 더 고생했다. 대학에 막 취직했을 무렵에는 "획기적인 연구를 하자."면서 누구나 야심을 불태운다. 그렇지만 동시에 제도 내에서 성공하는 전략에도 신경을 쓴다. 프랑스 심리학계에서는 서적 출판을 업적으로 인정하지 않는다. 이과와 마찬가지로 학회지에 실리는 평가가 첨부되는 논문만 인정할 뿐이다. 그래서 학계가 인정하는 방법론·주제의 틀 안에서 논문을 양산하고 가능한 한 빨리 교수 승진을 노린다. 학회에 빈번하게 참가해서 얼굴을 알리고 인맥 만들기에 정성을 쏟는 사람도 있다. 교과서를 출판하는 것도 전술의 일환이다.

"최소한의 지위는 확보할 수 있도록 보험을 마련하라."는 식의 유혹의 목소리가 나를 덮쳤다. 하지만, "두 마리 토끼를 쫓는 자는 한 마리도 잡지 못한다". 자유롭게 무언가를 쓸 수 있는 환경이 갖춰졌을 때는 이미 열정을 잃어버렸거나 참신한 사상을 만들어낼 힘이 사라져 있다.

실험 연구만이 사회심리학의 올바른 접근이라고 믿는 동료는 사변적인 사색에 열중하는 나에게 냉담한 시선을 던진다. '정직한 길'로 데려오려는 동료의 성실함을 아는 만큼, 그들을 배반하는 나의 마음은 무겁다. 그렇다고 해서 본질적인 논의를 하면 바로, "아, 그건 철학 문제야. 우리들은 관계없어."라고 모른 체하며 사소한 것들만 문제시하는 기술자들과는 함께하기 힘들다.

철학자·문학자·사회학자·정신분석학자·인지과학자·경제학자·생물학자·천문학자·물리학자·화학자·수학자… 등 어떤 분야의 학자든 책을 출판한다. 또 전문연구가만 읽는 논문 외에 보다 넓은 지식인층을 대상으로 하는 학술서도 출판한다. 사회문제 토론에 참가하거나 협소한 전문 영역을 넘어 다른 분야의 학자와도 교류를 지향한다. 그런데 사회심리학자는 교과서 이외에는 거의 책을 내지 않는다. 어째서일까?

사회와 인간의 상호 관계를 고찰하는 사회심리학자가 틀 안에 처박혀서 지식의 옳고 그름을 밖으로는 따져보지 않는 것은 이상한 일이다. 전문논문이 아니면 업적으로 인정하지 않는 제도도 원인 중 한 가지다. 그러나 더 문제인 것은 실증주의에 빠져 기술에 편중된 자세다. 과학인 이상 실증 연구는 중요하다. 하지만 사소한 것들에만 빠져서 철학적 논의나 인식론의 고찰에 귀를 닫아서는 안 된다. 미국심리학계의 중진 제롬 브루너의 한탄을 들어보자. 1990년에 출판된 저서의 머리말에서 인용했는데 오늘날의 상황은 당시보다 더 악화되었다(J. Bruner, Acts of Meaning, Havard University Press, 1990).

> 심리학이 지금만큼 세분화된 시대는 없었다. … 심리학을 구성하는 각 분야 사이에서 교류가 있어야만 분업이 의미를 가지는 것인데, 심리학은 중심을 잃고 일관성도 사라지려 하고 있다. 각각의 분야마다 고유의 조직이 생겨나고 그 내부에서밖에 통용되지 않는 이론 틀에 얽매이고 있다. 연

구 발표도 안에서만 이루어진다. 전문분야가 각각 고립해서 외부로 유출할 수 있는 연구는 점점 줄어든다. … 정신이나 인간의 조건을 이해하려고 시도하는 다른 학문 영역으로부터 심리학은 격리되었다. … 넓은 의미의 지식인 공동체는 우리의 연구에 흥미를 가지지 않게 되었다. '외부' 지식인들에게 우리의 연구는 범위가 좁을 뿐 아니라 역사와 사회의 조건에서 유리된 것에 지나지 않게 됐다. … "다루는 영역은 빈약해도 엄밀함을 추구하자."라는 심리학의 뿌리 깊은 습관이나 고든 올포트가 방법론 숭배증methodolatry이라고 야유한 상황은 여전히 그대로다.

물리학·화학·생물학을 시작으로 모든 과학이 철학에서 독립해 전문화하며 성립·발전했다. 인문·사회과학도 마찬가지다. 그렇기 때문에 철학에 저항 의식을 가질 만하다. 자신들의 학문은 단순한 사변이 아니라 데이터를 토대로 하는 객관적 과학이라고 주장하는 사람은 많다. 하지만 대부분은 철학자의 난해한 논의를 따라갈 수 없어 나타나는 열등감과 강한 척에 지나지 않는다.

실험만이 지식의 올바른 생산 방법은 아니다. 수학이나 철학은 과학이 아니지만 그렇다고 해서 수학이나 철학이 만들어내는 지식을 엉터리라고 생각하는 사람은 없다. 수학자들과 철학자들은 인문·사회과학으로는 이룰 수 없는 엄밀한 고증을 하고 있다. 과학을 과학답게 하는 것은 데이터 자체가 아니다. 그것을 정합적으로 설명하는 이론이다. 푸앵카레의 유명한 말을 빌려보자. 20세기 초반에 쓴 『과학과 가설』에 나오는 경구다 (H. Poincaré, La science et l'hypothèse, Flammarion, 1968 [Ièré édition:1902]).

> 돌을 하나씩 모아서 집을 만들듯이 사실을 모아서 과학이 영위된다. 하지만 돌을 단순히 모은다고 집이 되는 것이 아니듯이 사실의 단순한 집합도 과학은 아니다.

노벨상을 받은 물리학자의 명단을 보면 이론물리학자가 많다. 아인슈타인·하이젠베르크·슈뢰딩거, 일본의 유카와 히데키나 도모나가 신이치로 등도 그들의 이론적 공헌을 인정받고 있다. 실증 이상으로 철학적 사색과 자유로운 상상력이 중요한 역할을 하고 있다는 것을 간과해서는 안 된다.

보통은 "이론의 정확함을 검증하기 위해 실험한다."고 믿고 있다. 일단 이러한 발상부터가 발전적이지 않다. 오히려 반대로 실험 결과가 이론의 부족함을 드러냄으로써 익숙했던 세계관을 파괴하고 그 충격으로부터 한발 나아가 참신한 이론이 생겨난다. 이것이 본래 실험에 기대하는 역할이다.

오스트리아 출신 과학철학자 칼 포퍼가 주장했듯이 과학의 본질은 반증 가능성에 있다. 과학적 진리는 정의에서부터 가설의 영역을 벗어나지 못한다. 명제를 충족시킬 모든 요소의 검토는 불가능하다.

A라는 종의 생물은 모든 개체가 하얀 색이다.

　이 명제를 증명하기 위해서는 세상에 현존하는 A를 찾아서 그것들이 모두 하얗다는 사실을 확인할 필요가 있다. 하지만 관찰한 개체 이외에 A가 존재하지 않는다고 보장할 수는 없다. 어디엔가 숨어 있는 개체가 검은 색일 수도 있다. 더 말해보자면 죽음으로 사라진 A 중에 검은 개체가 포함되어 있을 가능성도 부정할 수 없으며 미래에 태어날 A 중에 검은 개체가 없다고도 단정할 수 없다. 하지만 반대로 명제를 부정하는 것은 간단하다. 하얀색 이외의 A가 단 한 마리 발견되는 것만으로 명제의 오류가 증명된다.

　　실험은 발견을 가능하게 하는 기술이지, 증명하기 위한 도구가 아니다.

　모스코비치는 세계관 변혁의 가능성을 시아에서 빼놓은 실험은 단순한 수치 측정에 불과하다고 단언한다(S. Moxcovici, Social Representations, Explorations in Social Psychology, New York University Press, 2001). 자동차를 제작할 때 설계도를 빼놓고 부품을 조립한 뒤 차가 실제로 달리는지 확인하는 것과 다르지 않다.

　지식이란 고정된 내용이 아니다. 세계관을 끊임없이 재구축해나가는 운동이다. 충격을 가져오지 않는 지식 따위는 올바름이 증명된다고 해도 결국 뻔한 것들이다. 과학은 실증이기에 앞서 이론적 고찰이다.

대학에도 개혁이 필요하다

프랑스에 도입된 대학 개혁의 흐름을 살펴보자. 먼저 프랑스는 매년 학생 수가 늘어나고 또 고등 교육의 거의 대부분이 국립이며 무상에 가깝다. 반면 일본은 저출산으로 인해 학생 수가 감소하고 있고 대학의 대부분이 사립 경영에 의존한다. 하지만 두 나라의 기저에 흐르는 신자유주의 이데올로기는 비슷하며 거기에서 파생하는 문제도 공통된다.

2007년 당시, 사르코지 대통령의 방침에 따라 대학자치법("대학의 자유와 책임에 관한 법")이 제정되었다. 신체제 하의 대학 경영에서는 인건비 관리가 중요해진다. 일본의 국립대학 법인화와는 다르게 교원도 사무원도 국가공무원인 이상 임금 체계는 대학이 멋대로 정할 수 없다. 연구 업적에 따라 각 교원의 강의 할당을 조정하고 교무·인사·학년 주임 등의 관리 업무를 부과하는 개혁안이 제시되었다.

교수와 준교수에게는 연구와 교육의 임무가 있다. 박사 학위 없이 영어 등의 일반 교양을 담당하는 교원Professeur agrégé, PRAG은 연구자로 인정되지 않아 강의를 두 배로 할당 받는다. 이에 따라 "연구 발표를 하지 않는 교수·준교수는 급여를 반으로 줄이거나 강의 의무를 배로 한다."라는 논리가 성립한다. 또 업적이 충분치 못한 사람의 강의 시간을 조금 늘리는 것만으로도 인건비를 꽤 삭감할 수 있다. 그렇게 생긴 자금을 이용해서 우수한 사람의 수업 시수를 줄이고 좋은 연구를 할 수 있도록 하면 대학에도 많은 도움이 된다. 거기에 경쟁 원리 하에서 대우를 차별화하면 공무원의 지위에 안주하지 않고 더 진지하게 연구를 할 것이다.

강의 할당을 유동화할 구실은 있다. "연구자의 자질이 누구나 뛰어난 것도 아니고, 교육에 집중하고 싶은 사람에게 연구를 의무화하는 것은 납득할 수 없다."는 논리 자체로는 괜찮다. 그런데 교육 능력의 측정 방법을 찾을 수 없기 때문에 연구 업적을 기준으로 해서 연구와 교육 각각의 비중을 정할 수밖에 없다. 그렇게 하면 연구 능력이 부족하다고 판단된 사람이 보다 많은 수업을 할당 받아야 하는 결과가 된다. 연구를 어려워해도 교육에 뛰어난 사람은 있다. 하지만 연구 능력이 없으면 우수한 교육자라는 논리는 성립하지 않는다. 게다가 학생 입장에서는 연구하지 않는 교원의 수업이 늘어나고 최전선에 있는 연구자의 강의를 듣기는 힘들어진다.

업적 평가의 기준을 어떻게 정할 것인가. 어떤 영역에도 파벌이 존재한다. 방법론을 시작으로 무엇이 학문에 가치가 있는지, 어떠한 접근을 인정하는지에 따라 판단이 나뉘게 된다. 따라서 이질적인 일을 비교하는 공통의 잣대를 찾아내야 할 필요가 있다. 그런데 이것은 마치 질을 무시하고 양으로 판단하는 것과 다름없다. 평가는 그 논리부터가 필연적으로 동질화를 일으킨다. 일본의 TV를 보면 연예인의 의상·핸드백·보석 등을 소개할 때 종종 가격을 이야기한다. 이는 물건의 가치를 금액이라는 공통의 저울에 달아 서로 비교할 수 없는 것들 사이에서 서열을 매기는 수단에 불과하다. 반대로 다양성 유지란 비교 불가능한 가치들이 공존하는 상태를 의미한다. 따라서 '공평'하고 '객관적'인 평가는 개성이나 창조성과 원리적으로 양립할 수 없다.

프랑스에서는 모든 교원들의 업적을 4년마다 평가하는 안이 등장했다. 이는 방대한 작업이다. 서적은 학회지 같은 평가 제도가 없기 때문에 학술적 견지에서 가치가 있는지 없는지 판단할 수 없다. 그렇다고 해서 독립 기관을 만들어 저서의 내용을 검증할 여유도 없다. 따라서 평가를 거쳐 수리된 학회지 논문만을 업적으로 인정하고 그 수를 단순히 가산해 평가한다. 이것이 심리학부의 일반적인 입장이다. 70개 이상의 전문분과회로 구성된 대학위원회, 그리고 심리학위원회가 지침을 내놓았다. "영역마다 학회지를 A, B, C 3단계로 등급을 매기고 B급 이상의 학회지에 게재된 논문 수를 토대로 업적을 판정한다." 이에 따라 분명 C급 학회지에 기고하는 연구자가 줄어들어 가까운 시일 내에 폐간에 몰릴 것이라고 우려했다. 또 등급 매기기는 학계를 지배하는 파벌의 영향을 받아 그 이외의 접근은 도태된다.

대학인들이 맹렬히 반대하자 평가제도안은 일단 유보됐다. 하지만 향후 어떻게 될지는 알 수 없다. 최근 심리학 위원회에서는 영어로 발표된 저명한 학회지(논문 인용 횟수를 나타내는 '임팩트 팩터(피인용 지수)'가 높은 매체)에 게재된 논문이 없는 사람은 준교수와 교수 응모 자격을 인정하지 않는 방침을 내놓았다. 그리고 이 움직임을 견제하는 심리학자 단체가 비판 성명을 내고 5,000명 이상의 서명을 받아 대학 교육 담당 장관에게 직접 제출했다.

이러한 평가 제도가 정착되면 대학은 어떻게 될 것인가. 제각각이겠지만 교원은 정해진 기준에 따라 업적 만들기에 전념하기 시작할 것이다. 교육부에서는 "대학인은 연구뿐만 아니라 교육자로서의 역할도 다해야 한다."고 경고한다. 하지만 교육 능력을 직접 평가하지 않고 연구 업적에 따라 강의 할당을 정하는 이상, 위정자의 의도를 배반하고 학생의 교육을 소홀히 하는 교원이 반드시 늘어난다. 업적 만들기나 서류 정비에 공을 들이는 교원들로만 채워질 것이다. 박사 과정의 학생도 교원 시장의 동향을 주시하며 연구 주제와 접근을 선택할 수밖에 없다. 사회심리학에서는 20년 이상 전부터 실험 연구만을 인정하며 현장 조사로 학위를 취득해도 취직할 길이 없어졌다. 이 경향은 초급 학자의 학습 내용에도 영향을 미치고 학문의 저변에 파벌 구성을 이끈다.

지금까지는 주변적인 주제나 접근으로 연구하는 사람에게도 발표의 기회가 있었다. "버리는 신이 있으면 주워주는 신도 있다."는 식으로 소수파의 발상에 관심을 가지는 사람은 어딘가에 있다. 하지만 평가 기준이 일원화되면 상황은 일변한다.

일본으로 시선을 옮겨보자. 대학 입시 시험은 답을 마킹하는 방식으로 실시된다. 단순히 학생 수가 많아서 이런 방식을 쓰고 있는 것은 아니다. 프랑스에서도 매년 5월이 되면 전국에서 일제히 바칼로레아 시험이 실시되고 70만 명의 고등학생이 수험을 치른다. 일본의 대학 입시 시험 수험자 수를 웃도는 인원이다. 이틀로 끝나는 일본과 다르게 프랑스에서는 5일에 걸쳐 이뤄진다. 그래도 소논문 방식을 유지하고 있다. 일본에서는 현재의 입시 시험을 대체해 2020년도부터 실시되는 '대학입학 희망자 학력 평가 테스트'에 서술식 문제가 일부 도입될 예정이지만 4시간에 10문제 이상, 소논문 형식으로 답하는 프랑스의 방식과는 비교가 되지 않는다. 일본의 교육 일선 현장에서는 시작과 종료 시간을 초 단위로 재듯이 형식적인 객관성이나 평등에 이상할 정도로 주의를 기울인다. 이러한 '평등사회'를 위한 평가 정신이 연구의 획일화를 가속시키는 것은 자명하다.

경쟁이 개성을 죽인다

일본에서는 대학 교원의 평가 시스템이 정착해 경쟁 시대가 되었다. 대다수의 대학에서 의무적으로 강의 안내서를 공표하고 수업 내용을 학생이 평가한다. 인터넷에 검색하면 교원의 발표 논문이나 저서, 수상 경력 등을 한눈에 확인할 수 있다. 그리고 언론이나 정부가 경쟁을 부추긴다. "논문을 내라, 그렇지 않으면 떠나라! Publish or perish!" 이 말은 미국에서 등장한 표현이지만, 일본도 프랑스도 사정은 다르지 않다.

자신이 하기 싫은 연구에 어떤 의의가 있을까? 이력서 분량은 늘어날 것이다. 하지만 개성은 죽게 된다. '객관적'이고 '공평'한 평가 방법은 질보다 양을 중시해 상식을 의심하는 소수파의 자리를 잃게 만든다. 파벌 싸움은 지금까지도 있었다. 단지 이전에는 통일 기준이 없었기 때문에 대학위원회나 대학 내 인사위원회를 틀어쥐어도 소수파에 대한 억압은 완벽하지 못했다. 그러나 개혁으로 인해 국가 권력에 의한 관리가 이루어진다. 동시에 권력 구조에 편입되기 위한 투쟁도 격화된다. 서류 작업이 늘어나고 교원의 관료화가 진행된다. 이미 교수는 연구자에서 중간 관리직으로 변질됐다. 일본과 마찬가지로 프랑스에서도 대학인은 피폐해지고 연구 의욕을 잃을 것이다. 앞서 설명했듯이 프랑스 대학은 국립이며 교원 조건은 일률적이다. 말하자면 '프랑스 대학'이라는 조직이 하나 있고 그 분교가 전국에 퍼져 있다고 보면 된다. 따라서 평가의 획일화가 미칠 영향은 막대하다.

약육강식·적자생존을 부추기는 신자유주의가 세계를 지배한다. 그러나 허버트 스펜서의 사회진화론을 방불케하는 이데올로기는 진화론이 가진 본래의 의문과 크게 상이하다.

어떻게 이렇게나 다양한 생물이 존재하는가.

이러한 충격을 계기로 다윈이나 라마르크의 이론이 생겨났다. 강자와 같은 생활 환경에 서식하면 약자는 도태된다. 하지만 나무에 오르거나 수중 생활을 하거나 빛이 적은 환경에서 생육하는 식으로 약소 동식물은 살아남아 생명 환경을 다양화한다. 인간사회도 직업상 각자 떨어져 살아옴으로써 복잡함을 키워왔다(E. Durkheim, De la division du travail social, PUF, 1893). 주류파와 같은 무대에서 싸우면 소수파는 진다. 그래서 주류파와 비교되지 않는 분야로 특화한다. 이렇게 해서 새로운 접근이나 문제 설정이 나타난다.

> 시장과 마찬가지로 대학 및 교원 사이의 경쟁이 커지면 참신한 연구가 늘어난다.

이러한 교육부의 기대는 착각에 불과하다. 자본주의 시장에서 상품이 좋아지는 것은 일률적인 평가 기준이 없기 때문이다. 소비자라는 아마추어가 마음에 드는 상품을 산다. 수요에 따르기 위해 편리하거나 새로운 발상의 상품이 보다 싼 가격으로 만들어진다. 보다 훌륭한 물건이 제공되는 것은 가치 기준을 정하는 기관이 존재하지 않고 무질서한 자유 경쟁에 판단이 맡겨지기 때문이다.

학문의 세계에 신자유주의를 불어넣을 생각이라면 평가 기준을 정해두어서는 안 된다. 반대로 기준을 완전히 걷어내야 한다. 그리하면 연구자나 독자가 좋다고 판단하는 연구에 주목하게 되고 패러다임이 형성된다. 그리고 시간과 함께 변천해 간다. 프랑스 정부가 추진하는 개혁은 신자유주의보다도 오히려 소련 계획 경제와 닮아 있다. 공식 평가 기준 하에 경쟁이 격화되면 연구 논문의 수는 늘어난다. 하지만 스탈린이 고무시킨 스타하노프 운동 стахановец(노동 생산력 증대 운동)과 다르지 않다. 학계가 허용하는 틀 안에서 획일적인 연구가 양산될 뿐이다.

로마의 속담 중에 "동등한 사람 중 일인자Primus inter pares."라는 말이 있다. 예를 들어, 기독교 신도는 신봉하는 가치 체계를 다른 어떤 신자보다도 격렬하게 준수하는 덕에 '진정한 기독교 신도'로 인정받는다. 누구보다도 과격한 정치 이념을 실현하는 테러리스트에게는 '가장 용감한 혁명가'라는 칭호가 주어진다. 규범에 대한 동일화와 독자성 유지는 이렇게 동시에 이루어진다. 획일성과 경쟁심이 기묘하게 연결되어 역동적인 운동을 생성하는 전체주의와 같은 논리 구조다.

올바른 평가 기준을 만들어낸다고 해결되는 문제가 아니다. 현재 옳다고 하는 이론이나 데이터 해석 그리고 방법론이 미래에도 옳다는 보장은 없다. 지배적인 조류를 우대하는 근시안적인 정책은 새로운 발견의 싹을 밟아버릴 뿐이다. 진정으로 혁신적인 사상·가치관은 항상 사회 규범에 반해 태어났다. 주류파는 자신의 권위·권력에 의존해서 만들어진 기반을 흔들어가면서까지 패러다임을 변화시키지 않는다.

일상적이고 당연하다고 생각하는 것을 이상하다고 여기거나 반대로 기묘하게 생각한 현상에서 논리성을 발견한다. 낡은 인식 틀 안에서는 소음에 지나지 않는 무의미한 요소가 새로운 인식 틀에 들어갔을 때, 갑자기 중요성을 띤다. 이 패러다임 전환의 계기를 이탈자가 만들어낸다. 앞서 언급한 노자의 말을 떠올려보자.

정언약반(진리는 거짓처럼 들린다).

모순되는 두 가지 현상이 있다고 생각해보자. 그런데 거기에서 모순을 보는 것은 단순히 우리가 상식에 얽매여 있기 때문은 아닐까? 새로운 세계상은 이질적인 세계관이 충돌하고 기존의 학문 상황이 일단 유동화한 후, 새로운 형태로 재구성될 때 나타난다. 현재를 파괴하면서 재구축하는 힘은 이미 정해져 있는 평가 기준에 따르는 자세에서는 나오지 않는다.

보편적 가치라는 이데올로기

도움이 되지 않는 학문은 도태시키고 실용적인 교과만을 가르쳐라.

프랑스 정부는 산학협력 체제 강화를 꾀하고 있다. 일본에서도 대학의 전문학교화가 진행되고 있다. 하지만 의학·치의학·약학·공학 등 기술 계열을 제외하면 대학에서 배우는 지식이 졸업 후 그대로 도움이 되리라 생각하는 기업은 적다. 대학의 종적인 구조가 일본보다도 현저하고 전문교육이 특화된 프랑스에서도 인사 담당자는 "대학에서 배운 쓸데없는 지식을 버려야 한다. 기업에 도움이 되는 인재를 양성하는 것은 그 이후부터다."라고 말한다.

인문계 학문에 즉효성은 없다. 실용 학문으로서 유익한 것은 법률 정도일 것이다. 교육학·경영학·경제학도 실제 현장에서 도움이 될지 애매하다. 외국어는 대학에서 공부해도 몸에 익지 않는다. 철학·문학·역사·언어학·문화인류학·사회학·심리학에 존재 의의는 있는 것일까? 파리에 사는 번역가 WK씨가 좋은 의견을 주었다.

> 인문계 학문은 방법적 회의를 배우고 '진실', '상식', '정설'이라고 여겨지는 것을 항상 상대화해서 역사적인 문맥 속에 다시 집어넣어 생각해보는 사고 방법을 익히는 것에 의미나 유용성이 있다고 봅니다. 나는 이것을 넓은 의미의 '사학'과 '이야기(구조) 연구'라는 형식으로 파악해서 여러 가지 생각을 하고 있습니다.
>
> 일본에서는 '문학부'라고 해도 좁은 의미의 문학 공부를 하는 사람이 다수파가 아니라 역사학·심리학·사회학·언어학·철학 등을 공부하는 사람이 오히려 많을 수도 있습니다. 이들 각각의 학문에 대해서 나는 (연구자가 되는 것이 아닌) 일반 학생 입장에서 현재의 첨단적인 이론 달성이나 지식의 집적을 배우는 것 이상으로 학문으로서의 발생과 성립 흐름을 다시 더듬어보고 각 시대에 일어난 인식의 오류, 그 시대에는 간과해버린 이론적 모순 등의 원인을 추구하는 것이 중요하다고 생각합니다. 이는 우리들의 인식이나 사고 메커니즘의 왜곡을 배우는 것으로 이어지기 때문입니다.
>
> 과거의 작품들을 분석함으로써 그 시대에 사회를 지배하고 있던 세계관이나 신뢰 체계, 특징적 사고법, 이것들을 포괄

하는 공통된 커다란 이야기의 틀 구조를 탐구합니다. 훌륭한 작품은 이러한 커다란 이야기를 반영하고 구체적으로 표현하는 한편, 이야기의 변용을 촉진하는 힘(그것을 이탈이나 이탈의 힘으로 불러도 좋을 것이다)을 발휘하기도 합니다. 이러한 이야기와 작품의 역학을 연구하는 것이 문학사이며 문학연구의 즐거움일 것입니다. 그런 의미에서 넓은 의미의 사학이며 또한 에피스테메(학문적 지식) 연구나 '지식의 고고학' 중의 한 분야라고 생각하고 있습니다.

그리고 이것이 가장 핵심인데, 이러한 '사학'은 현재의 삶을 속박하고 있는 제도나 시스템, 상식이나 윤리에 대해 비판적인 거리를 두고 그 근거를 고쳐 물어(근거가 없음을 감지하고), 그로부터 자유로워지는 것을 가능하게 해줍니다. 인문학의 장점은 이 자유의 획득에 있다고 나는 생각합니다.

영국의 철학자 알프레드 화이트헤드는 말했다.

서양의 철학은 모두 플라톤의 각주에 지나지 않는다.

2500년 전에 이미 기본적인 질문이 제시되고 답도 거의 나와 있다면 학문의 진보라는 생각 자체가 의미를 잃는다. 어째서, 우리는 반복해서 고전을 배우고 선인들이 격렬하게 싸운 질문에 또 다시 맞서는 것일까? 생로병사·생존·시간·사랑·악 등 어떠한 주제에도 궁극적인 답은 없다. 그래도 계속해서 질문하는 것은 왜일까?

대학의 이상적인 모습을 논의할 때 종종 참조하는 자크 데리다의 『조건 없는 대학』(J. Derrida, Université sans condition, Galilée, 2001)이나 피에르 부르디외의 『파스칼적 성찰』(P. Bourdieu, Méditations pascaliennes, Seuil, 1997)의 주장도 슐라이어마허나 훔볼트 등 19세기 독일 계몽주의자의 논고와 마찬가지로 국가 권력이나 경제적 압력으로부터 벗어나 대학이 자유로운 사고의 장으로서 확보되어야 하는 중요성을 이야기한다. 대학이 유의미한 사상이나 가치를 만들어낸다는 암묵적인 전제가 거기에 있다. 그런데 이것은 낙관론에 지나지 않다.

보편적 진리를 목표로 노력한다.
노력하면 세계는 좋아진다.

이러한 상식이 애초에 잘못되었다. 보편적 가치란 무엇인가. 그것은 특정 시대나 사회·문화에 의존하지 않는, 즉 인간의 주관으로부터 독립해서 스스로 존재하는 가치다. 근대 이전에는 세계 질서의 근거를 신이나 자연에서 찾았다. 가톨릭이라는 형용사는 '보편적'을 의미하는 그리스어 카톨리코스Católicos에서 유래한다. 살인이 악인 것은 신이 그렇게 정했기 때문이다. 보편적 가치가 존재하고 거기에 반하기 때문이다.

하지만 개인이라는 자율적 인간상을 만들어낸 근대에는 인간을 초월하는 신이나 자연이라는 '외부'를 부정하고 공동체 내부에 머무른 채로 사회 질서를 정당화하려고 한다. 신이나 자연의 권위를 인정하지 않는다면 인간의 세계를 관장하는 도덕이나 법은 인간 자신이 제정해야 한다. 그런데 인간이 선악을 판단하는 이상, 어떠한 질서를 선택해도 그것이 올바르리란 보장은 없다. 과거보다 좋아지는 것인지 어떤지도 모른다.

보편적이라고 믿게 되는 가치는 어떤 시대에서든 생겨난다. 하지만 우리들의 눈에 확실한 답으로 보여도 시대와 함께 변천해가는 이상 보편적 가치는 있을 수 없다. 무엇을 해도 좋다는 말이 아니다. 각 사회·시대 속에서 악으로 비치는 행위에 우리들은 화내고 슬퍼하고 벌한다. 인식론으로서의 상대주의와 심판의 필요성은 전혀 모순되지 않는다. 인간은 사회적이며 역사적인 편견 속에서밖에 살아갈 수 없다. 사회가 전하는 언어·도덕·종교·상식·이데올로기 등을 모두 제거하면 인간의 정신은 소멸한다. 살아간다는 것, 생각한다는 것은 그런 것이다.

열린 사회의 의미

사회는 열린 시스템이다. 이탈자가 반드시 생겨나 사회를 바꾼다. 그리고 열린 사회라는 생각에는 모두가 찬성한다. 하지만, 그 의미를 모두 알고 있는 것일까?

궁극적인 진리나 보편적인 가치는 존재하지 않는다.

살인이나 강간이 나쁘다는 것은 보편적 진리로서 누구나 믿는다. 하지만 사회의 개방성과 보편적 가치는 논리적으로 양립하지 않는다. 열린 사회라는 것은 사회 내에 생겨나는 이탈자의 옳고 그름을 해당 사회의 논리로는 정할 수 없다는 의미다. 기독교나 간디는 올바르고, 히틀러나 스탈린은 잘못되었다는 인식은 후세가 내린 심판에 지나지 않는다. 당시에는 기독교도 간디도 사회 질서에 반항하는 이탈자였다. 그에 반해 히틀러나 스탈린은 당시 많은 국민들에게 지지를 받았다. 시간을 초월하는 가치는 존재하지 않는다. 사회의 논리에 저항하고 사회를 변혁하는 요소가 반드시 내부로부터 발생한다. 봉건사회에서 혁명을 거쳐 자본주의 사회가 탄생한 것처럼. 식민지의 학대 받던 사람들 중에서 압제를 쓰러뜨리는 투사가 나타나는 것처럼. 긴 억압에 괴로워하던 흑인 노예의 후예들이 마침내 평등의 길로 나오게 된 것처럼. 1960년대, 여성이라는 약자가 성별 관계를 바닥부터 흔들어 놓은 것처럼. 이것이 사회가 열리게 되었다는 의미며, 시간이 흐른다고 하는 것의 의미다.

사회 시스템의 개방성을 이해하기 위해 뒤르켐의 범죄론을 참고해보자. 악이란 무엇인가. 어떻게 우리들은 선악을 판단하는가(E. Durkheim, Sociologie et philosophie, PUF,1924).

> 살인하지 말라는 명령을 어겼을 때, 나의 행위를 아무리 분석해도 그 자체 속에 비난이나 죄를 만들어내는 요인은 찾을 수 없다. 행위와 그 결과인 비난이나 죄는 관계가 없다.

살인이라고 하는 관념에서 비난이나 치욕을 연역적으로 이끌어내는 것은 불가능하다. … 처벌은 행위 내용에서 결과지어지는 것이 아니라 기존의 규칙을 준수하지 않은 것에 대한 귀결이다. 즉 과거에 이미 정해져 있는 규칙이 존재하고, 행위가 이 규칙에 대한 반역이기 때문에 처벌을 야기하는 것이다. … 우리가 금지 행위를 하지 않도록 어쩔 수 없이 따르고 있는 것은 단순히 규칙이 우리들에게 해당 행위를 금하고 있기 때문이다.

범죄성은 행위의 내재적인 성질, '살인은 A라는 이유에서 나쁘다'는 기준에 따라 정해지지 않는다. 범죄는 단순히 사회 규범에서의 이탈이며, 규범과의 차이는 미리 정해진 내용이기에 정의할 수 없다. 그리고 사회 규범은 사람들의 상호 작용이 만들어내는 산물이며, 거기에 내재적인 근거나 이유는 없다.

행위가 올바른지 그른지는 사회적·역사적으로 정한다. 미인의 기준과 마찬가지다. 얼굴을 아무리 바라보고 있어도 여성이 가진 아름다움의 이유는 알 수 없다. 미의 근거는 외부, 즉 사회 규범에 있기 때문이다. 아름답기 때문에 미인이라고 불리는 것이 아니다. 사회의 미의식에 부합하는 사람이 미모를 지녔다고 인정받는다. 선악의 기준도 마찬가지다. 나쁜 행위기 때문에 비난 받는 것이 아니다. 우리가 비난하는 행위가 악으로 불리는 것이다.

공동체가 성립하면 규범이 생겨난다. 사회 전원이 같은 가치관을 가지는 것이 아닌 이상, 반드시 이탈이 일어난다. 이탈의 일부는 독창성으로서 긍정적인 평가를 받고, 다른 일부는 악으로 비쳐진다. 범죄와 창조는 모두 다양성의 동의어다. 음식물을 섭취하는 입장에서는 부패와 발효가 다른 두 가지 현상이지만 화학적으로는 같은 과정인 것과 닮아 있다. 사회에서 부여된 가치는 정반대지만, 기존 규범에서 벗어난 것이며 문화적 다양성의 결과라는 점은 다르지 않다.

> 자신이 살고 있는 시대의 가치관을 넘어서기 위해 꿈꾸는 이상주의자의 창조적인 개성이 출현하려면, 그 시대에서 가치가 없는 범죄자의 개성도 발현 가능해야 한다. 전자는 후자 없이는 있을 수 없다(E. Durkheim, Les regles de la methode sociologique, PUF, 1937).

이탈하는 소수파가 긍정적으로 받아들여지는지 혹은 부정적으로 거부되는지는 행위의 성질이나 주장하는 내용으로는 정해지지 않는다. 무엇이 옳은지는 결과론이다. 이탈자·소수파가 사회의 지배적 가치에 대해 반기를 든다. 안정된 환경에 균열을 내고 시스템을 불안정한 상태로 만든다. 소수파와 다수파 사이에 펼쳐지는 대립으로부터 다음의 안정 상태가 생겨나고 사회가 변천하게 된다. 열린 사회를 시스템으로서 이해하는 것이란 이런 의미다.

범죄가 없는 사회는 원리적으로 불가능하다. 아무리 시민이 노력해도, 그 어떤 정책이나 법 체계를 채택해도, 아무리 경찰력을 강화해도 범죄는 없어지지 않는다. 악이 존재하지 않는 사회란 모든 구성원이 같은 가치관에 물들어 똑같은 행동을 하는 전체주의 사회에 불과하다. 범죄가 존재하지 않는 사회란 이상향은커녕 조지 오웰의 작품 『1984』에 그려진 것처럼 인간의 정신이 완전히 압살된 세계와 다름없다. 일시적으로는 변화를 저지할 수 있다. 비밀 경찰의 감시 하에서 이탈자를 찾아내고 세뇌하거나 죽여버리면 사회에 악은 없어진다. 그러나 그러기 위해서는 방대한 에너지가 헛되이 소비된다. 밀고자를 배치할 뿐만 아니라 밀고자를 감시하기 위한 인원도 필요하다. 그리고 그 감시자 자신을 감시하는 인간도 필요해진다.

보편적 가치는 '닫힌 사회'에 나타나는 신기루다. 우리가 선호하느냐 마느냐와 상관없이 사회는 닫혀버리게 된다. 범죄는 공동체의 신진대사에서 필연적으로 생겨나는 폐기물이다. 사회가 유지되기 위해 규범이 성립되고 거기서 이탈, 즉 다양성이 생겨난다. 그리고 규범으로부터의 이탈 중 긍정적인 평가를 받는 요소는 창조적 가치로서 받아들여지는 한편, 부정적 각인이 새겨진 요소는 악으로서 배제된다. 생물이 음식물을 섭취한 뒤, 영양분만을 체내에 남기고 쓸모없는 요소를 배설하고, 신진대사 과정에서 생성되는 유독물을 체외 방출하는 구조와 닮아 있다 (범죄에 관한 보다 자세한 논의는 '책임이라는 허구'로 미루겠다).

'올바른 세상'과 싸우기 위해 질문하라

보편적 가치가 존재하지 않고, 인간 존재의 기저를 둘러싼 질문에 답이 없다면 생각을 해봤자 소용없는 것 아닐까? 교도소에 복역하는 범죄자, 정신병원에 수용된 사회부적응자, 또는 학교 교육을 받아본 적이 없는 육체노동자의 소박한 세계관보다 철학자나 사회학자의 고찰이 우월하다고는 할 수 없을 것이다. 인문학을 견지하는 의미는 어디에 있는 것일까? 나는 "올바른 답이 존재하지 않기 때문에, 올바른 세계의 모습은 절대로 알 수 없기 때문에, 바로 그렇기 때문에 인간 사회의 이상적인 상태에 대해 계속해서 질문해야만 한다."고 생각한다.

무리임을 알면서 이상과 목표를 향해 노력하라는 소리가 아니다. 진리는 과거에도 없었고 미래에도 없다. 인간의 타락으로 인해 지난날의 지혜들이 가려지는 것도 아니고 역사를 쌓아감에 따라 보편에 다가가는 것도 아니다. 만약 진리가 존재한다면 일단 찾아낸 진리를 소중히 다음 세대에게 전해가면 된다. 선악의 기준이나 정의가 보편성에 기대고 있다면 그것들을 잊지 않도록 노력하면 된다. 문명이 진보하고 언젠가 진리에 도달할 수 있다면 그것을 목표로 깊이 연구하면 된다. 하지만 진리는 어디에도 없다. 올바른 사회의 모습은 언제고 누구고 알 수가 없다.

법이나 도덕은 허구에 불과하다. 하지만 허구성이 동시에 은폐된다. 허구인 덕에 사회가 기능한다는 사실 자체가 인간의 의식에서 숨겨져 있다. 파스칼은 이에 대해 『팡세』에서 지적한다.

법의 근거를 검토하는 자는 법이 몹시도 허술하고 무책임하다는 것을 깨달을 것이다. … 국가를 등지고 국가를 뒤집어엎는 방법은 기성 습관의 기원을 거슬러 올라가 조사하고 습관이 권위나 정의로 지탱되지 않는다는 사실을 보여주고 습관을 뒤흔드는 것에 있다. … 법이 속임수라는 것은 민중에게 알려지면 안 된다. 법은 일찍이 근거 없이 도입되었지만 지금에서는 그것이 이치에 맞는 것으로 보인다. 법이 올바르고 영원한 존재인 것처럼 민중들이 생각하게 하고, 기원을 은폐해야만 한다. 그렇지 않으면 법은 단숨에 무너질 것이다.

그렇기 때문에 현재의 도덕·법·습관을 항상 의문시하고 이의 제기를 하는 사회 메커니즘 확보가 중요하다. 양식이라 불리는 가장 집요한 편견을 어떻게 하면 타파할 수 있을까? 고개를 끄덕거릴 만한 생각이나 배울 점이라고 납득할 만한 장점은 쉽게 받아들일 수 있다. 하지만 자신에게 중요한 가치관, 예를 들어 정의나 평등과 같은 관념 혹은 성적인 금기에 관해서 명확하게 잘못됐다고 생각하는 신념·습관에 대해 어디까지 마음을 비우고 진지하게 부딪칠 수 있을까? 자신의 정체성이 붕괴될 공포에 맞서가며 믿고 있는 세계관을 어디까지 상대화할 수 있을까?

인문학의 사명은 이질성에 대한 포용력을 높이고 세계의 다양성을 받아들이는 훈련을 다음 세대들에게 제공하는 것이다. 고전을 반복해서 배우는 것은 선인들의 사상이 올바르기 때문이 아니다. 상식으로부터 눈을 뜨기 위해 고전을 찾아 읽고 거기에서 새로운 자기 자신과 마주 대하는 것이다.

다양성의 중요함은 연구나 대학 교육의 장에 한하지 않는다. 민주주의 정신은 다수파의 폭력과는 다르다. 틀렸다고 생각되는 의견이나 사회에 있어 유해하다고 느껴지는 이탈자에 대해 얼마나 관용적일 수 있는가. 그것이 민주주의의 요체다. 소수파나 이탈자의 권리를 보호하라는 소리는 아니다. 그들의 존재가 전체주의로부터 세계를 구하는 것이다. 오늘날의 이탈자는 내일의 구세주일지도 모른다.

정의가 성취된 미래 사회에서의 재판 장면을 떠올려보자. 이론으로 무장한 검찰관이 피고인을 몰아세운다. 거침없이 전개되는 깊은 비판에 대해 몽매한 피고인은 한마디도 반박할 수 없다. 이 검찰관은 기독교인일 수도, 소크라테스일 수도, 칸트일 수도 있다. 그때, 피고인이 외친다. "하지만 어딘가 이상해. 정확하게 말할 수 없지만 그런 세상은 싫다고."

'정의의 소리'를 거부할 가능성을 어떻게 남길 수 있을까? 중세의 종교재판이나 마녀사냥, 나치스·독일, 소련, 중국의 문화대혁명, 캄보디아의 폴 포트가 이끈 크메르 루즈Khmer Rouge(캄보디아의 급진적인 좌익 무장단체), 그리고 대정익찬회大政翼贊会(일본 제국의 관제 국민통합 단일기구)나 특별고등경찰도 올바른 세계를 만들려고 했다는 사실을 잊어서는 안 된다. 올바른 세계의 구상을 잘못한 것이 아니다. 보편적 진리나 올바른 삶의 방식이 어딘가에 존재한다는 신념 자체가 위험한 것이다. 다시 한 번 말하지만, 왜 이탈자가 필요한 것인가. 그것은 답이 원리적으로 존재하지 않기 때문이다.

세상에 도움이 되는 인재를 대학에서 양성한다는 발상은 답의 존재를 전제로 한다. 이과 지식은 기초 연구지만 언젠가 어떤 식으로든 도움이 된다. 지금 당장 답을 찾지 못할 수도 있다. 실패를 연속할 것이다. 우여곡절이 있을 것이다. 하지만 조금씩 개량되고 만족할 수 있는 수준에 언젠가 도달할 것이 틀림없다. 해답은 어딘가에 반드시 존재한다.

그러나 인문학이 다루는 질문에는 원리적으로 답이 존재하지 않는다. 그것이 바로 인문학이 수행하는 역할과 관련이 있다. 사회를 보다 좋게 하기 위해서가 아니다. 무엇이 좋은지는 누구도 알지 못하기 때문이다. 언제가 되었든 절대로 알 수 없기 때문이다. 사회가 전체주의에 빠지지 않도록 다양성을 확보해야 한다. 사회의 폭주를 막아야 한다. 이를 위해 이탈자가 존재한다. 창조성 따위가 대단한 게 아니다. 답이 존재하지 않는다면 창조성 같은 것도 무의미하다. 기술과 동일한 의미에서 인문학의 의의를 측정해서는 안 된다. 인간은 정답이 없는 세상을 살아가고 있다. 거기에 이탈자의 존재 의의가 있다.

사회학·심리학·역사·철학·문학·언어학·인류학·경제학…, 무엇이든 좋다. 다양한 구체적 재료들을 출발점으로 해서 대학에서 가장 중요하게 배우는 것은 한 가지밖에 없다.

생각하는 것의 의미를 고쳐 묻다.

이것뿐이다. 어떤 학부를 선택하든 상관없다. 어떤 학부의 지식도 그 자체는 도움이 되지 않는다. 그것보다도 생각하는 것의 의미를 아는 것이 중요하다.

인간의 원리적인 한계를 깨닫는다.

이외의 것들은 중요하지 않다. 원리주의가 세계를 침식하고 있다. 전체주의의 광풍이 세상에 거칠게 불어대던 시대에서 벗어난 지 아직 100년도 되지 않았다. 그 광기에 휩싸인 동질성은 이미 과거의 유물이 되어버린 것일까? 이탈자들을 색출하던 광경은 역사에서나 일어난 우발적인 일이었을까?

일본은 약자에게 친절하지만 이탈자나 반항자에게는 살기 힘든 사회다. 미의식에 있어서도 윤리관에 있어서도 좋은 것의 기준이 사회적으로 강하게 규정되어 있다. 그래서 균질화하기 쉽다. 본래 바람직하게 여겨지는 향상심은 도리어 해가 되기 쉬운 법이다. 보다 나은 삶을 지향하는 시점에서 이미 우리들은 잘못된 길을 내딛고 있는 것은 아닐까?

일본사회의 균일성은 무엇에 기인하는 것일까? 일본인의 고유한 심성 같은 것을 끄집어내도 설명이 되지 않는다. 수험제도를 통해 선발되는 과정에서는 비슷한 학력, 같은 출신 계층의 아이들이 함께 모인다. 취직 후에도 균질한 사회 공간은 이어진다. 명문대학 졸업생들은 대기업으로, 그 이외의 학생들은 중소기업으로 나뉘어진다. 또 대다수의 청년들은 같은 나이에, 그것도

4월 초에 일제히 취직한다. 나아가 성별에 따라 승진에 차이가 생긴다. 그로 인해 같은 학력·능력·출신 계층·성별이라는 비슷한 환경의 동료들에 둘러싸여 선배나 후배는 제외하더라도, 같은 해에 입사한 사람들 사이에서는 항상 비교되고 치열한 경쟁에 내몰린다. 고등학생 단계에서 이미 비슷한 사람들끼리 모여 작은 우주를 형성한다. 그래서 1억 명의 사람들이 모두 자신은 중산층이라고 여기는 이상한 환상이 생겨나는 것이다.

균질한 인간 공간은 경쟁심을 부추긴다. 비교 대상이 되지 않을 정도로 타인과 자신의 능력이 다르면 질투는 생기지 않는다. 이때 생겨나는 것은 오로지 존경의 마음이다. 역사에 발자국을 남긴 위대한 예술가나 스포츠 선수 혹은 천재적 사상가와 비교해서 자신은 도저히 이길 수 없다고 인정하더라도 우리들의 가치를 깎아내리지는 않는다. 애초에 비교 대상이 되지 않기 때문에 상대에 대한 칭찬은 스스로에 대한 부정으로 이어지지 않는다. 카리스마가 있는 경영자를 따르더라도 자존심에 상처입지 않는다. 오히려 영예롭다고 느낀다. 하지만 능력이 비슷한 사람 앞에서 자신의 열등함을 받아들이는 것은 괴로워한다.

앞서 이야기한 "동등한 사람 중 일인자Primus inter pares."의 원리가 소우주 내부에서도 작동한다. 균질성을 유지하면서 타인과의 차별화를 꾀하기 위해 내용은 동일하고 같은 방향을 향하는 정보를 '새로운 아이디어'라는 이름으로 그럴 듯하게 포장해 가장 빠르게 손에 넣는 것만 신경을 쓴다. 그렇기 때문에 방법론의 책들이 넘쳐나고 노하우를 모두가 공유한다. 이탈이 순화되어 단순한 유행으로 변질된다.

'올바른 세계'와 싸우기 위해 대학은 어떤 것을 할 수 있을까? 다수파의 세계관을 뒤흔들고 전체주의에 빠지지 않기 위한 안전 장치가 될 수 있을까? 실제 사회의 굴레나 압력으로부터 청년들을 지켜내며 개성을 키우는 시공간으로서 기능할 수 있을까? 다양성을 만들어내고 만일의 경우에는 지배 체제를 뒤흔들고 저항하는 요새가 될 수 있을까?

대학인도 사람이다. 하지만 약한 인간이다. 무리를 형성하면 거기에 권력 구조가 생겨나고 학문의 이상과는 동떨어진 세속의 의도들이 소용돌이친다. 멀쩡한 겉모습 뒤에 기득권에 매달리는 소시민의 빈곤한 정신도 비쳐 보인다.

"대학 따위 없애버려도 된다." 솔직히 그렇게 생각하는 날도 적지 않다. 대학은 정말로 필요한 것일까? 이것은 대학인이나 학생만의 문제가 아니다. 시민사회 전체의 미래와 관련된 선택이다. 우리는 대학을, 그리고 사람을 어떻게 하고 싶은 것일까?

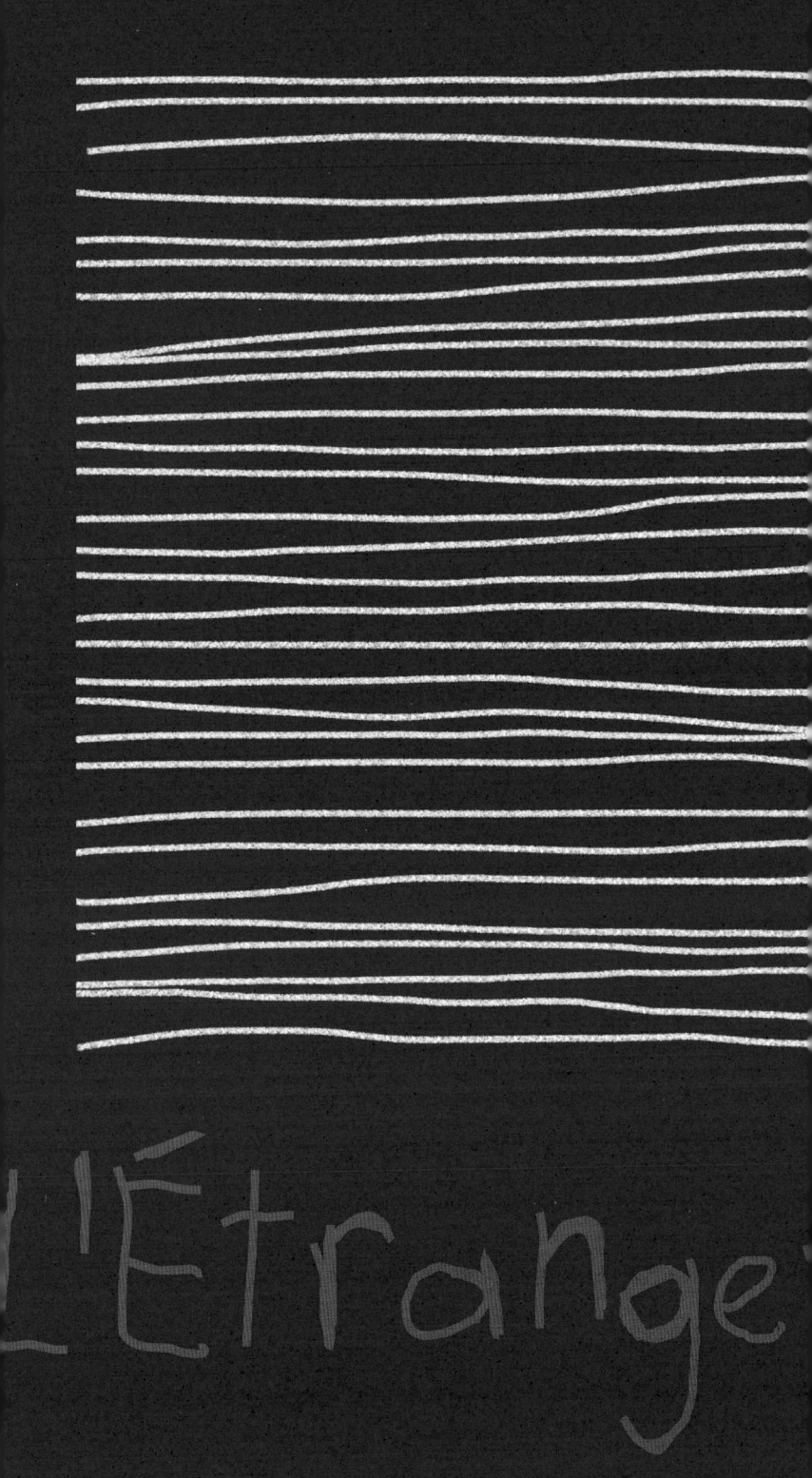

2부

/

학문과 이방인의 삶

4장

프랑스라는 새로운 세계로 떠나다

지금까지 논의해온 소수파·주변성이 가지는 의미에 대해 이 장에서는 다른 각도에서 초점을 맞출 것이다. '서론'에서 설명했듯이 학문 세계에서 나는 3중의 의미로 이방인 위치에 있다. 이러한 현실이 나의 접근법을 규정해왔다. 사고는 체험에 의해 지탱된다. 학문은 머리만으로 하는 것이 아니다. 평범한 청년이 여러 우연들을 거치며 일본을 떠나 외국에서 생활하게 된 경위를 적어보고 1부에서 주장한 학문에 대한 세계관에 이르게 된 배경을 설명하겠다.

일본을 떠난 계기

지금으로부터 40년 전인 1977년 어느 날, 하네다 공항에서의 일이다. 필드하키라는 스포츠에 빠져 있던 나는 호야시(현재는 니시도쿄시) 히가시후시미에 있는 와세다 대학 하키부 기숙사에서 지내고 있었다. 남쪽에는 마라톤에서 우수한 성적을 거둔 세코 도시히코 선수가 소속된 육상부 기숙사가 있었다. 동갑이었지만 세코 선수는 1년 재수를 하고 그 사이에 미국 유학을 했고, 나는 2년 재수해서 학년으로는 그가 선배였다. 동쪽에는 축구부, 북쪽에는 수영부 기숙사가 있고 유명 선수가 꽤 있었다. 나와 같은 방을 쓰는 골키퍼가 일본 대표로 유럽 원정을 가게 되어 나는 하네다 공항까지 배웅을 나갔다. 승리를 기원하며 보내는 인사가 끝나고 선수단은 탑승 게이트로 사라졌다. 목소리가 들리도록 작은 구멍이 몇 개 뚫려 있는 투명한 강화 플라스틱 판을 사이에 두고 떠나는 사람과 보내는 사람이 인사를 할 수 있는 장소가 있었다. 그 투명판은 그와 나의 세계를 가로막고 있는 보이지 않는 벽을 상징하고 있었다. 같은 방에서 자고 함께 밥을 만들어 먹고 매일 연습하는 동료가 일본 대표로 외국에 나간다. 그리고 나는 남겨진다. "언젠가 나도 외국에 갈 수 있을까? 아마 안 되지 않을까?"라고 생각하며 돌아오던 길을 기억하고 있다.

체력이나 재능은 없었지만 노력만은 열심히 해서 고등학교 3학년 때 겨우 인터하이(전국 고등학교 종합 체육대회)에 출전했다.

인터하이 출전이라고 하면 멋있어 보이지만, 당시 아이치현 전체에서 하키부가 있는 학교가 세 곳밖에 없어서 그중 1위만 되면 출전 자격을 얻을 수 있었다. 그러니까 조금만 노력하면 누구나 달성할 수 있는, 흔한 목표에 불과하다. 전국제패조차 야구나 축구의 지구 예선에서 우승하는 것보다 훨씬 쉬울 것이다.

그런데 아무리 그래도 우리들에게는 간단하지 않았다. 모처럼 출전권을 얻었지만 입시를 위한 학교였기에 합숙하고 싶어도 허가해주지 않았다. 사실 그것보다도 클럽 활동 인솔을 교원들이 꺼려했고 사고가 일어났을 때 책임을 지고 싶어 하지 않았다. 그래서 직원들이 합의해서 금지한 것이다.

내가 입학한 해까지 모교 팀은 전국에서 1,2위를 다투는 강호였으며 국민체전에서 3회, 고등학교 종합체육대회에서 2회 우승을 했었다. 합동 합숙에 참가한 학생들이 야반도주를 할 정도로 혹독한 연습으로 유명했다. 선수의 얼굴을 감독이 있는 힘껏 주먹으로 때려대던 시대의 이야기다. 올림픽 선수도 배출했었다. 하지만 우리들이 들어간 시절에는 이미 그 흔적조차 없다. 2008년에 노벨 물리학상을 수상한 마스카와 도시히데 씨의 모교지만 문무양도의 학교는 아니었던 것이 분명하다. 그렇다면 마스카와 씨는 갑작스런 변이의 산물인 것일까?

샐러리맨에 불과한 교사에게 의지해봤자 해결이 나지 않기에 선배에게 부탁해서 연습 장소와 기숙사를 빌리고 학교에서는 모르게 합숙했다. 또 당시 일본에서 1위였던 기후현의 강호 팀과 메이지 대학 하키부와의 합동 합숙에 함께 들어가기도 했다. 휴일이나 아침 연습을 싫어하는 부원을 몰아세우거나 어르고 달래면서 노력했다. 교사는 방해하기 일쑤고, 부원들은 금방 그만두려고 했다. 그런 상황 속에서 나 혼자 힘을 쏟아부어도 강한 팀이 되지 않는다. 어찌되었든 인터하이에 출전하기 위해 규슈에 갔을 때 와세다 대학 필드하키부 매니저에게 "우리 팀에 오지 않을래?"라는 이야기를 들었다. 그것을 계기로 진로가 정해졌다.

일류 선수가 될 만한 신체 능력도 근성도 없었지만 꿈만은 커서 언젠가 일본 대표로 올림픽에 출전하고 싶은 열망이 있었다. 물론 현실을 모르는 이야기에 불과했다. 하지만 대학 진학을 하자마자 전 일본 선발 강화 합숙에 불리기까지 해서 당치도 않은 꿈을 꾼 것이다. 합숙은 10일간 이뤄질 예정이었지만 5일째가 끝난 시점에 대부분의 신입부원들은 합숙에서 나가라는 명령을 받았다. 선발에서 빠지는 10명을 순서대로 제외시켰다.

신입부원의 가능성은 신체 능력을 보고 측정했다. 아침의 장거리 달리기에서는 첫날은 익숙지 않은 코스 때문에 페이스 조절을 하지 못해 25명 중에서 거의 꼴찌였지만 다음 날부터 서서히 컨디션을 되찾았다. 5일째에는 앞에서 일고여덟 번째로 따라붙어 "어쩌면 남겨질 수도 있다."라는 희미한 기대를 품었다. 열 명 중 아홉 번째까지 이름이 나오지 않아 안심했다. 그런데 아쉽게도 다음 열 번째가 나였다. 기술이나 체력 등 종합적으로 봐서 내가 남을 여지는 없었다. 당연한 결과다. 선발에서 떨어진 후에도 얼마간은 포기하지 못하고 연습에 임했다. 그러나 실력이 없다는 사실이 점점 확실해졌다.

　와세다 대학의 하키부는 자주적인 연습 방침을 취하는 아주 좋은 팀이었고 당시에는 강했다. 내가 성장하려면 이러한 자유로운 분위기가 아니면 안 되겠다고 생각해서 삼수 끝에 간신히 입학했다. 요즘에는 기합이 줄었지만 강호대학의 운동부에서는 상급생이 하급생을 때리거나 괴롭히는 것이 일상이었다. 화장실 슬리퍼로 피가 나올 때까지 후배를 때리는 선배도 있었다. 그런데 와세다 대학 하키부 합숙에 참가하고는 놀랐다. 반성회에서 상급생의 나쁜 점을 하급생이 아무렇지 않게 지적하는 것이었다. 내가 있었던 고등학교에서는 생각할 수도 없는 일이었다. 재수 중에도 연습을 계속해서 여름 합숙에 참가했다. 고등학교에 들어간 후로 오로지 하키만 생각했다. 하지만 그런 6년간의 선수 생활에 마침내 종지부를 찍는 날이 다가왔다.

　하키를 하기 위해 와세다에 입학한 것이기 때문에 하키를 그만두면 대학에 있을 의미가 없었다. 마침 그 무렵 5월병이라는 말이 유행했다. 입학하기까지는 먹고 자는 것도 잊고 공부에 매달리지만 합격 후에는 목표를 잃고 우울해지는 학생들이 부지기수다. 입학 후 얼마간 시간이 흐른 5월경에 증상이 나타나기 때문에 그러한 이름이 붙었을 것이다. 합격 발표 직후, 봄 합숙에 참가해서 입학식에도 출석하지 않았던 나는 5월병에 걸릴 새도 없었다. 하지만 하키 선수로 활약하는 꿈이 깨졌을 때, 목표를 잃고 무기력에 빠져버렸다.

　하키부 기숙사를 나와 작은 방에 하숙을 얻었다. 욕조도 없고 화장실도 공동인 좁은 방이었다. 책장을 두 개 두면 이불 한 장을 깔 공간밖에 없었다. 얼마간은 매일 그냥 멍하니 있을 뿐이었다. 아침 6시마다 일어나 연습을 했었기 때문에 습관처럼 눈이 떠졌다. "아, 오늘도 달리기 싫다."고 생각하면서 잠자리에서 일어나는 날이 많았다. 하지만 곧바로 "아, 맞다. 이제 안 달려도 되는구나."라고 깨달았다. 안도와 쓸쓸함의 섞인 기분으로 매일이 지나갔다.

그렇게 넋이 나간 생활을 계속하다간 나는 쓸모없어질 것이 분명했다. 다음 목표를 어떻게든 찾아야 했다. "홋카이도에 가서 소 방목이라도 도우면서 이제부터 무엇을 할지 천천히 생각해볼까?"라는 식의 막연한 마음은 있었지만 확실한 방향은 보이지 않았다. 어느 날, 시간이라도 때울 겸 오랜만에 대학에 나가 보았다. 프랑스어 수업이었다. "유럽의 청년들은 여름 방학에 배낭을 둘러매고 배낭 여행을 한다." 선생님이 여담으로 이야기한 것이 귀에 맴돌았다. 수업이 끝나자마자 선생님 곁으로 뛰어가서 물어보았다. "대체, 어느 정도 비용이 있으면 유럽 여행을 할 수 있을까요?" "글쎄, 하루에 3,000엔 정도 있으면 어떻게든 될 거야." 나는 홋카이도에 갈 생각이었지만 순식간에 유럽으로 목표가 변경되었다. 그렇게 꿈의 저편에 있었던 외국이 급격한 속도로 눈앞으로 다가왔다.

첫 해외에 첫발을 딛다

나는 한번 마음을 먹으면 빠르게 실행하는 편이다. 여행 경비를 벌기 위해 아르바이트를 찾으면서 여행 가이드북을 사서 구체적인 계획을 세우기 시작했다. 일주일에 두 번, 영어 과외를 하면서 밤 12시부터 아침 5시까지는 규동 가게인 요시노야에서 일했다. 절약하기 위해 목욕탕에 가지 않고 수돗물로 몸을 닦고 휴지는 공중 화장실에서 조달했다. 식비를 아끼기 위해 규동 가게에서 갈 때와 올 때 배가 터지도록 먹고 도시락을 꼭 두 개씩 가지고 돌아왔다. 그 외에는 먹지 않았다. 그런데 영양 불균형이 원인이 되어 구내염이 심해져서 와세다의 여학생에게 부탁해서 샐러드를 나눠 받았다. 규동 도시락과 맞바꾼 것이다. 야근을 끝내도 낮 동안에는 더워서 하숙집에선 잘 수 없었다. 커튼이 없어서 방을 어둡게 하려고 덧문을 닫으면 땀이 뿜어져 나왔다. 에어컨은커녕 선풍기도 없었다. 어쩔 수 없이 냉방이 잘 되는 야마노테선 전차를 타고 선잠을 잤다.

하지만 꿈은 커져서 시베리아 철도로 소련을 횡단해서 유럽으로 들어가는 방향으로 정했다. 단, 돌아오는 여정이 조금 곤란했다. 항공권을 편도만 사면 비쌀 뿐만 아니라 항공료가 지금보다 훨씬 비쌌다. 그렇다고 똑같이 소련을 경유해서 돌아오는 것은 지루하게 느껴졌다. 그래서 유럽을 여행한 후 그리스에서 터키를 거쳐 이란·아프가니스탄·파키스탄·인도 등 과거에 번창했던 실크로드의 흔적을 따라 일본으로 돌아올 계획을 세웠다.

기간은 반년 정도 생각했다.

1978년 여름, 일본을 떠나 처음으로 마주한 외국의 모습은 요코하마에서 2박3일간 배를 타고 도착한 소련의 항구 나홋카. 바다색마저 일본의 바다와는 다른 느낌이 들어 감격스러웠다. 나홋카에서 하바로프스크까지 기차로 약 20시간. 호텔에서 1박한 뒤 침대 열차를 타고 모스크바로 향했다. 하바로프스크에서 1주일간의 여행. 광대한 영토를 가진 소련은 표준 시간이 7개나 있어서 매일 1시간씩 시각을 늦춰갔다. 천천히 조절했기 때문에 시차로 고생하지는 않았다. 요코하마를 나올 때는 스물한 살이었지만 시베리아 열차에 타 있는 동안 스물두 살 생일을 맞게 되어서 동승한 유고슬라비아인·독일인·러시아인이 현지에서 조달한 와인으로 축하를 해주었다.

모스크바에 도착해서는 열차에서 알게 된 사람들과 헤어져 혼자가 되었다. 긴장이 커지고 이국에 있다는 느낌이 강해졌다. 뉴욕의 엠파이어 스테이트 빌딩을 러시아풍으로 개조한 우크라이나 호텔이라는 곳에서 묵었다. 그런데 종업원은 무뚝뚝하고 따뜻한 물도 만족스럽게 나오지 않았다. 모스크바 대학을 견학하기 위해 호텔 관계자에게 주소를 써달라고 한 뒤 산책을 나갔는데 도중에 길을 잃어버려서 지나가던 아주머니께 길을 여쭸다. 친절하게 알려줬지만 러시아어라서 무슨 말을 하는지 이해할 수가 없었다. 이해 못하는 표정을 하고 있으니 아주머니는 몇 번이고 천천히 설명해주었다. 하지만 여전히 러시아어라서 아무리 천천히 말해주어도 알 리가 없었다. 세상 사람들이 모두 같은 언어를 말한다고 믿고 있는 건지 전혀 굴하지 않았다. 미안한 마음에 마침내 알아들은 척하며 "쓰바시바."라고 인사만 러시아어로 말하고 그 자리를 떠났다. 모스크바 대학은 밖에서 바라봤을 뿐이지만 매우 웅장한 건물이었다. 동화 속 나라의 궁전같이 화려한 색채의 성 바실리 대성당이 있는 붉은 광장에도 감동했다.

시베리아를 열차로 횡단, 그리고 중근동이나 아시아 나라들을 마음 가는 대로 여행했다고 하면 마치 엄청난 모험을 한 것처럼 착각할 수도 있지만 특별히 그런 일은 없었다. 인투리스트라는 국영 여행사가 숙박·교통 수단·관광 안내까지 전부 맡아서 해주었다. 모스크바 시내를 혼자서 산책했던 것 외에는 어디서든 송영을 해주기 때문에 길을 헤매지도 않았다.

그처럼 쉬운 여행을 바랐던 것은 아니지만, 당시 소련 국내는 자유롭게 여행하는 것이 불가능해서 일정을 미리 보고하지 않으면 비자를 받을 수 없었다. 호텔도 A클래스인지 B클래스인지를 선택하는 것뿐이었다. ○월 ○일에 모스크바에 머물기로 정하고 싼 숙소를 희망하면 알아서 방을 지정해주는 식이다. 지정이라고 해도 숙박하는 호텔을 미리 알려주는 것도 아니다. 그래서 숙소에 도착할 때까지 어디로 데려가는지 알 수 없었다. 선글라스를 끼고 러시아어밖에 할 줄 모르는 남성이 내 이름이 적힌 종이를 들고 차 문을 열어줬다. "어디로 데려가는 거지. 타도 괜찮은 건가?"하고 걱정이 될 정도였다.

모스크바 구경 후에는 레닌그라드(현재의 상트페테르부르크)를 열차로 통과해서 핀란드의 수도 헬싱키에 도착. 그곳의 유스호스텔에서 우연히 와세다 학생을 만났다. 그가 수업료 인상에 반대하는 학생 모임에서 선동하는 것을 본 적이 있었다. 웅변을 펼치는 다른 학생들에 섞여 그때 나도 발언을 했었던 기억이 났다. 열기를 띤 분위기 속에서 "나도 무언가 해야만 해."라고 느꼈던 것일까? 아니면 "총장은 아카사카의 요정에서 게이샤들과 놀고 있다. 그럴 여유가 있는데 왜 수업료를 올리는 것인가?"라는 영문 모를 논리로 감정적인 연설을 하는 학생운동가에게 화가 났기 때문일까? 확실한 기억은 없지만 어쨌든 단상에 올랐다. 수업 거부를 제안하는 좌익 학생을 거들떠 보지도 않은 채, 나는 "그런 시답지 않은 이유밖에 없다면 수업 거부 따위 소용 없다."라고 외쳤었다. 운동부 부원이다 보니 스포츠 머리에 교복 차림으로 통학했어도 우익은 아니라 생각했지만 결과적으로는 그렇게 되어버렸다. 처음으로 1,000명 이상의 학생을 앞에 두고 발언한 것치고는 이상하게 떨리지 않았다. 아마도 흥분했기 때문일 것이다. 대학 생활에는 흥미를 잃었으면서 주변에 영향을 받아 무엇이든 쉽게 달려드는 나의 경박함이 여기서도 나타난다.

유스호스텔에서 만난 와세다 학생은 "프랑스의 투르라는 도시에서 어학 연수를 하고 있으니 놀러 와."라며 나를 초대했다. 그래서 나는 핀란드 뒤에 스웨덴, 그리고 덴마크를 경유해서 서유럽에 들어가 각지를 돌아다녔다. 독일에서는 가톨릭 신부와 의기투합해서 그의 집에 1주일간 머물렀다. 그 후 뮌헨의 유명한 맥주 축제 '옥토버페스트'에 따라가 잔뜩 취할 때까지 마시기도 했다. 구 유고슬라비아 북쪽의 마을 류블랴나(현재는 슬로베니아 공화국의 수도)에서는 펑크 그룹과 친해져 함께 콘서트를 다녔다. 트럭 짐칸에 타서 이동하는 도중 경찰의 검문에 걸리기도 했다. 여권을 휴대하지 않았던 나는 긴장했지만 함께 있던 매니저가 잘 수습한 것인지 아무 문제없이 넘어갔다.

인상이 나빴던 프랑스

스웨덴·독일·유고슬라비아에서는 모르는 사람이 집에 묵게 해준 친절에 더없이 고마웠다. 네덜란드에서는 암스테르담 역에 밤늦게 도착해 현지 돈이 없었기 때문에 그대로 역 대합실에서 밤을 보낼 생각이었다. 그런데 막차가 가버리고 셔터가 닫히며 승객들 모두 밖으로 내몰렸다. 아침까지 시간을 보낼 계획이 어긋났다. 그래서 지나가던 젊은 남성에게 밤새 문을 여는 바를 물어보니 영어로 장소를 가르쳐주기만 하는 게 아니라 "이걸로 뭐라도 마셔."라면서 호쾌하게 10길더 지폐 한 장을 내 가슴쪽 주머니에 찔러 넣어주었다. 그의 담담한 도회적 센스에 감탄했다.

그런데 프랑스만은 좋은 추억이 없다. 독일에서 야간 열차로 파리 동역에 도착해서 공중 화장실에서 양치를 하고 있었는데 무시무시한 얼굴을 한 청소 아주머니에게 혼났다. 내가 지불한 금액으로는 소변만 볼 수 있을 뿐, 양치하는 요금은 더 비쌌던 것이다. 하지만 나는 프랑스어를 모르기 때문에 왜 혼나고 있는지 바로 이해하지 못했다. "먼 타국에서 와서 말도 통하지 않는 여행자에게 이 무슨 태도냐."라고 화를 내면서 나머지 돈을 지불하지 않고 그녀의 거친 말들을 등지고 역을 나왔다.

파리에서 며칠 돌아다닌 뒤 헬싱키에서 알게 된 와세다 학생을 찾아가기 위해 100킬로미터 정도 남쪽으로 이동했다. 역대 왕들의 성이 많이 남아 있는 루아르 강변의 마을이었다. 이 지방은 와인 산지로도 유명하다. 그 학생에게 받은 주소로 찾아가 초인종을 누르니 집주인 아주머니가 얼굴을 내밀고 수상하다는 듯이 흘겨봤다. 내가 "일본인 친구를 만나러 왔다."고 서투르게 말하자 "지금, 학교에 갔다."고 대답했다. 내가 다시 "몇 시에 돌아옵니까?"라고 물어보자 "그런 건 나는 모른다."며 답하더니 "빨리 어디든 가버려."라고 말하는 듯한 표정을 지었다. 어쩔 수 없이 근처 찻집에서 시간을 보내기로 했다. 그런데 속으로는 화가 났다. "하숙하는 사람의 지인이 먼 나라에서 찾아왔는데 집에 들어오게 해서 커피 한 잔이라도 내주는 것이 예의 아닌가."라고 생각했다. 그러다 두 시간 정도 지나고 다시 집을 방문해 초인종을 누르니 집주인이 또 다시 뭐라고 계속 지껄여댔다. 아마도 "네 친구는 아직 돌아오지 않았어. 성가시니까 몇 번이나 오지 마."라고 하는 것 같았다. 찻집으로 다시 돌아가 또 두 시간 정도 시간을 보낸 후 다시 도전했지만, 결과는 같았다. 집주인의 심기는 더욱 나빠졌다. 결국 그날은 포기하고 유스호스텔에 묵기로 하고 관광 안내소에서 길을 물어보았다. "5번 버스를 타고 유스호스텔에서 내리고 싶다고 기사에게 말하면 된다. 도착하면 알려줄 것이다."라는 대답을 들었다. 버스에 올라 창밖을 바라보고 있으니 백팩을 맨 젊은 사람들이 점점 사라지면서 버스가 점점 시골을 향해 갔다. "어? 이상하다. 혹시 유스호스텔을 지나쳤나?"싶어서 옆자리 여성에게 물어보았다. 그 여성은 "어? 한참 전에 지났어요."라면서 기사에게 물어봐주었다. 기사는 버스를 세우고 나와 함께 내려서 도로변에 있는 찻집으로 안내했다. 그리고 웨이트리스에게 무언가 말을 건네고는 버스로 돌아가 떠나버렸다.

"자신이 실수를 한 탓에 내가 내릴 곳을 지나쳤으니 종점까지 갔다가 다시 되돌아와서 유스호스텔까지 데려다 주겠지. 그때까지 외국인인 나를 부탁한 것임에 틀림없다. 아니면 찻집의 누군가가 차로 데려다 주려나. 나를 위해 안쪽에서 커피를 준비하고 있는 모양이다. 친절한 사람들이구나."라고 생각하며 얌전히 기다리고 있었다. 그런데 30분이 지나도 내 커피는 나오지 않았다. "어, 생각과 다른데?"라고 걱정이 되어서 웨이트리스에게 "그 기사가 뭐라고 말했죠?"라고 물어봤다. 그랬더니 웨이트리스는 "당신이 내릴 곳을 지나쳤다고 했어요."라고 말할 뿐이었다. 내가 "버스는 다시 되돌아오나요?"라고 묻자 "아뇨, 오늘은 늦어서 버스는 오지 않아요. 우리 가게도 곧 문 닫을 거니까 나가주겠어요?"라고 답하는 것이었다. 정말 묘한 상황으로 흘러갔다. 어쩔 수 없이 가장 가까운 기차역을 물어보니 4킬로미터 정도 걸어야 한다고 했다. 지금 여기에 간단하게 적고 있지만 여기까지의 대화도 몇 번이나 되묻고 손짓 발짓을 섞어야 했던 고된 과정이었다. 게다가 시골역이라 전차가 좀처럼 오지 않았다. 두 시간 정도 기다려서 겨우 출발지였던 투르에 돌아왔다.

외국인이니까 친절하게 대해줄 거라 믿었던 나도 어리석었지만 그래도 다른 나라에서는 잘 해주었다. 어쩌면 프랑스에서는 운이 나빴던 것일지도 모른다. 하지만 그래 봤자 10일 정도의 체류 중에 3번이나 "진짜 다시는 이런 나라에 오나 봐라. 프랑스어 따위 배우나 봐라."라고 생각했었다.

아시아를 거닐다

무작정 유럽을 돌아다닌 후, 이탈리아 남단의 브린디시 항구에서 아드리아해를 건너 그리스 아테네로 가서 1주일 정도 머물렀다. 그리고 야간 버스로 터키 이스탄불에 갔다. 승차 시에 안내 방송이 나왔다. "버스는 신차기 때문에 담배 등으로 좌석을 더럽히지 않도록 주의 부탁 드립니다." 해 뜰 무렵에는 너무 추워서 눈이 떠지기도 했다. 뒷좌석 창문을 보니 창틀 자체가 떨어져 없는 상태였다. 신품이라더니 기가 막힐 노릇이었다. 역사와 문화의 교차점으로 불리는 이 도시에서 2주를 보낸 후 유럽에 안녕을 고하고 그 이후부터는 아시아에서 보냈다. 터키에서 인도의 캘커타까지는 배·철도·버스·합승 택시·트럭을 타며 이동했다. 방랑의 여행이었다.

말처럼 거창한 여행은 아니었다. 어디서나 유럽·미국·호주 등에서 온 청년들을 만날 수 있었기 때문에 그들에게 교통 수단에 대한 정보를 얻을 수 있었다. 영어가 통하지 않는 아프가니스탄의 벽촌 지역에서도 마을사람들에게 외국인이 "칸다하르."라고 말하면 칸다하르에 가고 싶은 거라고 여겨 버스 정류장까지 안내를 해줬다. 이스탄불에서 인도의 델리까지는 관광 버스가 있어서 120달러 정도 내면 한 달 동안 천천히 5,000킬로미터의 길을 달려 태워다줬다. 그런데 아무리 그래도 너무 지루하다 싶었다. 또 계산해보면 여러 가지 교통 수단을 이용하는 편이 더 저렴했다. 결국 이스탄불에서 배로 보스포루스 해협을 지나 터키의 동쪽, 이란 국경에 가까운 트라브존 항구까지 흑해를 건넌 뒤 다음 일은 적당히 그때 봐서 생각하기로 했다.

구약성서에 나오는 노아의 방주는 홍수가 빠진 뒤, 터키의 이란 국경 근처에 있는 아라라트 산에 닿았다고 한다. 나는 겨울에 야간 버스로 그곳을 지나갔다. 아침 일찍 눈이 떠졌을 때 옆에 앉아 있던 터키 사람이 아라라트 산을 알려주었다. 산에 눈이 덮여 있어 아름다웠다. 하지만 주변에 일본어는커녕 영어조차 모르는 사람들뿐이어서 감상을 나눌 상대가 없었다. 고독을 느끼면서 마치 산과 나만이 이 세상에서 대치하고 있는 듯한 신비한 기분에 휩싸였다. 여행 중에 일본 청년도 만났다. 나만큼 분투 중이었고 "인도에는 길에 시체가 뒹굴고 있었어."라거나 "아프가니스탄에서는 팔다리가 절단된 여성이 광장에서 구경 거리가 되어 있었어."라는 이야기들을 전해주었지만, 모두 과장된 거짓말에 지나지 않았다.

그래도 반년 동안 여행하는 사이에 여러 일들이 있었다. 공포스러운 경험도 있었고 유쾌한 추억도 있었다. 1978년 후반은 이미 이란과 아프가니스탄의 정세가 변동하고 있던 중이었기 때문에 흥미진진한 사건과도 조우했다. 어눌한 영어지만 다양한 나라의 사람들과 의견을 나누고 생각지도 못한 발견도 했다. 이란과 아프가니스탄의 국경 검문소에서는 파키스탄 사람의 여행 가방을 일일이 열어보며 갖고 싶은 것을 멋대로 몰수하는 세관 직원에게 "당신에게는 그럴 권리가 없어."라며 붉어진 얼굴로 항의하는 미국 여성을 보았다. 나는 그동안 세관 직원이 마구잡이로 자신의 짐을 끄집어내는 등의 권력의 두려움을 잘 알고 있어 비굴한 태도를 취하는 파키스탄인과 민주주의나 정의가 세계를 다스린다고 소박하게 믿고 있는 낙관적인 미국인의 대비를 흥미롭게 바라보았다.

검문소를 나온 후 헤라트로 향했다. 이 곳에서는 3일을 머물렀을 뿐이지만 마약을 목적으로 체류하는 서양 청년들과 나눈 대화가 인상적이었다. 당시 아프가니스탄이나 네팔에서는 아편이나 마리화나를 간단히 손에 넣을 수 있었다. 내가 머무른 곳은 여자도 남자도 한 방에서 새우잠을 자야 하는 저렴한 숙소였다. 1박에 1달러였던 걸로 기억한다. 그곳의 주인에게 "마리화나를 사려면 어떻게 해야 하나요?"라고 물어보자, "요즘 들어 마약 단속이 심해져서 쉽게 구할 수 없을 거야. 게다가 비싸."라는 대답을 들었다. "아까 산책하러 나갔더니 마리화나 필요하냐면서 어린 아이들이 따라 붙던데요."하고 고개를 갸우뚱거리자 아저씨는 나의 눈을 지그시 바라보며 "그렇게 사고 싶어? 꼭 사고 싶은 거라면 어떻게 방법이 없는 것도 아니야."라고 말하며 책상 서랍을 열었다. 안에는 마리화나 뭉치가 굴러다니고 있었다. "아무거나 집어. 한 개에 50달러면 돼."라고 말하며 미소를 짓는 그에게 돈을 지불하고 손바닥만 한 다갈색의 뭉치를 골라서 함께 있던 독일인들에게 피는 법을 배웠다. 일본의 마약 단속법을 몰라서 내가 실제로 마리화나를 피웠는지 어떤지는 확실히 말하지 않겠다. 만약 피웠다고 해도 어떤 기분을 느꼈는지에 대해서도 적지 않겠다. 아니, 나는 아무것도 하지 않았다.

좀처럼 갈색 덩어리가 줄어들지 않아서 비닐 봉지에 넣어 셔츠 안쪽 주머니에 넣어두었다. 헤라트에서 남쪽 칸다하르로 향하는 버스에 탔을 때, 자동 소총을 지닌 병사 몇 명이 올라타서 승객을 순서대로 조사하기 시작했다. 마리화나를 가슴 주머니에 찔러 넣어둔 나는 식은 땀을 흘리기 시작했다. 마약 소지로 체포된 미국인이 터키 감옥에서 반인륜적인 혹독한 일들을 겪는 영화 『미드나잇 익스프레스』의 장면이 떠올라 머릿속이 하얗게 되었다. 그런데 병사들은 중간 부분의 승객까지 조사하고 맨 뒤편에 앉아 있던 나에게까지는 오지 않았다. 검문이 끝나고 버스는 다시 달리기 시작했다. 아마도 게릴라를 찾고 있던 것일까?

마약 단속이라는 것은 애초에 이상하다. 마약을 그토록 간단하게 손에 넣을 수 있는데 마약 소지 외국인을 체포한다는 것은 국가와 국민이 한패가 되어 속이는 사기극이다. 어찌됐든 이 사건에 넌더리가 난 나는 칸다하르에 도착하자마자 화장실에 뛰어들어가 40달러어치는 될 것 같은 다갈색 뭉치를 버려버렸다.

아프가니스탄의 수도 카불에서 버스를 타고 파키스탄의 구 수도인 라왈핀디에 도착했다. 여기에서는 '프린스 호텔'이라는 이름만큼 근사한 데다 저렴하기까지 한 숙소에서 며칠간 숙박했는데 빈대에 다리와 배를 물려 힘들었다. 귀국할 때까지 계속 가려울 정도였다. 또 현지의 민족의상을 사서 바로 입은 뒤 거리를 걷고 있으니 지나가는 사람들이 나를 보고 웃었다. 외국인이 기모노를 입고 시부야를 걷는 느낌이었을까? 알고 보니 내가 입고 있던 옷은 여성용이었다. 바지로 되어 있어서 무작정 남성용이라고 지레짐작했던 것이다. 나는 버리기에는 아깝고 갈아입을 옷도 거의 없었기 때문에 외국인의 특권이라 생각하고 그 옷을 몇 번이나 입었다. 그런데 라왈핀디에서 인도와의 국경을 넘어 암리차르로 향하는 야간 열차 안에서 젊은 남성에게 구애를 받는 경험을 하고는 다시는 입지 않았다.

인도에서는 남부까지 가볼 생각이었다. 하지만 아시안게임이 태국에서 개최된다는 신문 기사를 보고 예정을 급히 변경했다. 여행을 떠나오기 전부터 하키 시합을 보려고 아시안게임을 염두에 두고 있었지만 인도에서 열린다고만 생각하고 있었다. 서둘러 인도를 횡단하기로 했다. 그런데 그날은 공교롭게 휴일이어서 은행이 문을 닫았다. 현지 통화로 환전하지 못해 표를 살 수 없었다. 자전거로 끄는 인력거 기사에게 부탁해서 문을 연 환전소를 겨우 한 곳 찾아내 환전했다. 하지만 안도하는 것도 잠시, 지폐를 보니 작은 구멍이 숭숭 뚫려 있었다. 필시 위조지폐일거라 생각하고 불만을 제기했다. "역에서 표를 살 때까지 인력거 요금은 지불할 수 없다."고 인력거 기사에게 말하고는 역 입구에서 기다리게 했다. 하지만 알고 보니 별일 아니었다. 일본과 달리 지폐를 다발로 묶어둘 때 핀을 찔러두는 습관이 있어서 구멍이 생겼던 것뿐이었다. 인력거 기사를 의심한 나는 스스로가 부끄러워 표를 사고 남은 루피를 모두 그에게 주었다. 그렇게 해서 열차에 오른 것은 좋았으나 밥 먹을 돈이 없었다. "어차피 수도 델리에 설 테니까 그때 다시 환전하면 되겠지."라고 쉽게 생각하고 있었다. 하지만 열차는 델리를 지나지 않았고 환전할 만한 큰 역도 없었다. 당황했다. 캘커타까지는 40시간 가까이 걸렸다. 그때까지 공복을 견딜 생각을 하니 괴로웠다. 같은 방에 있는 인도인에게 사정을 말하고 미국 달러와 환전하고 싶다고 말하니 "그런 짓 하면 경찰에게 잡혀간다."면서 대신에 10루피를 건네주었다. 당시 1달러 정도의 가치였는데 바나나나 현지의 과자를 사서 배를 채우기에는 충분했다. 영어가 통해서 돈을 준 이 젊은 남성 이외에 방에는 힌두어밖에 모르는 노인 승객이 한 명 더 있었다. 그는 자신의 도시락 절반을 나누어준 걸로도 모자라 역에 정차할 때마다 손짓으로 나를 플랫폼으로 불러서 우유가 가득 들어간 홍차를 몇 잔이고 사주었다. 파리가 잔뜩 모여들어 컵이 지저분했지만 홍차는 매우 맛있었다.

   캘커타에서 비행기를 타고 방콕으로 가 아시안게임에 참가하는 하키 일본 팀과 합류했다. 선수도 감독도 잘 알고 있었기 때문에 뜻밖의 재회에 모두들 기뻐해주었다. 그날부터 나는 팀 전속 트레이너처럼 경기장을 드나들었다. 선수단이 일본에 귀국할 때까지 함께 움직였고 그동안 계속 일본 팀의 운동복을 빌려 입었다. 선수로서는 한 번도 입을 수 없었던, 가슴에 일장기가 찬란히 빛나는 꿈에 그리던 유니폼이었다.

알제리로 떠나다

이 여행의 목적은 관광도 아니고 진귀한 체험을 해보는 것도 아니었다. 홋카이도에서 방목하는 소들과 어울려 노는 대신, 한 번도 가보지 못한 외국 땅을 거닐게 되었지만 목적은 어디까지나 다음 목표를 찾기 위함이었다. 가지고 있던 시계도 여행 도중에 만난 사람에게 줘버렸다. 더 이상 시간을 신경 쓰다가는 아무것도 찾을 수 없다고 느꼈기 때문이다. "계획 같은 걸 세워서는 안 돼. 마음 가는 대로 어슬렁거려 보자."는 이유로 토마스쿡 회사의 유럽 철도 시각표도 버렸다. 로마에서는 1주일 정도 유스호스텔에 묵었다. 산책에 질려서 그 후에는 트레비 분수에 매일 아침 찾아가 옆에 있는 바위 위에서 낮잠을 잤다. 스페인이나 그리스에서도 딱히 무언가를 구경하는 게 아니라 길을 걷거나 교회나 카페에 들어가 생각에 잠겼다.

그런데 귀국한 뒤에도 중요한 목표는 전혀 보이지 않았다. 그래서 시간도 때울 겸 프랑스어를 배우기로 했다. 영어는 조금이나마 알고 있으니 다른 외국어를 공부해보자는 정도의 가벼운 기분으로 프랑스어에 손을 댔다. 프랑스에서 불쾌한 경험을 하며 프랑스어 따위는 절대로 배우지 않겠다고 다짐해놓고는 중근동이나 아시아를 여행하면서 그러한 원망도 홀랑 까먹은 것이다. 도쿄의 어학교 아테네·프랑세에서 하루 7시간 집중 코스를 선택해 아침부터 밤까지 매일 프랑스어에 물든 생활을 시작했다. 와세다 수업에 나갈 여유는 없었다. 흥미를 잃어서 어차피 가지 않았을 테지만 말이다.

프랑스어를 배우는 사람들은 대부분 프랑스 문화에 빠져 있었다. 프랑스에 특별한 흥미를 가지지 않은 나와 마음이 맞는 사람은 거의 없었다. 프랑스를 동경하는 교사나 학생들에 대한 반발도 한몫해서 나도 모르게 서양과 대립해 제3세계를 지지하는 입장을 취했다. 그런 것들도 영향을 주었는지 프랑스의 식민지였던 알제리에 대한 관심이 점차 커져갔다. 3개월이 막 지났을 무렵, 아테네·프랑세 게시판에서 일불 기술 통역을 모집하는 벽보를 발견했다. 근무지는 알제리 동부에 있는 튀니지와의 국경에서 가까운 스킥다라는 도시였다. 임기는 1년, 월급은 36만 엔. 그 외에도 현지에서의 생활비가 지급되고 숙소와 식사가 포함된 조건이었다. 지금에야 찻집 웨이트리스 시급이 1,000엔을 넘고 대졸 초임 평균 월급도 20만 엔 이상이지만 당시에는 웨이트리스 아르바이트가 350엔 정도였고 1979년 대졸 초임은 현재의 절반인 10만 9,500엔이었다. 당시의 나에게는 깜짝 놀랄 정도의 높은 금액이었다. 실제로 부임지에 도착하니 힘든 일들도 많이 있었지만 그 이야기는 후에 하겠다.

  나는 당시에 유라시아 대륙 여행에서 다양한 나라의 사람들과 만나고 희귀한 광경들을 목격했다고 자부했다. 하지만 서로 어설픈 영어로밖에 이야기할 수 없었기 때문에 언제나 얕은 수준의 논의밖에 하지 못했다. 언젠가 한 곳에 정착해 살면서 타국의 사람과 찬찬히 이야기해보고 싶다고 바랐던 만큼 알제리 부임은 어떻게든 잡고 싶은 기회였다. 복습과 독서까지 포함하면 매일 15시간 가까이 프랑스어에 빠져 있었기 때문에 비교적 빠르게 습득할 수 있었다. 하지만 고작 3개월 학습으로 통역을 할 수 있을 리 만무했다. 이런 현실에 낙담하면서도 프랑스어 공부를 계속해 갔다.

  그런데 1개월도 지나지 않아 상황이 생각지도 못한 방향으로 전개되었다. 아테네·프랑세에서 이전에 조수를 했던 사람이 알제리에 통역으로 부임하고 그의 아내가 지금도 학교에서 근무하고 있다는 얘기를 듣게 되었다. 그의 아내를 만나 사정을 들어보니 "스킥다에 있는 남편도 프랑스어를 그렇게 잘하지는 못해요."라는 것이 아닌가. 월급 36만 엔이라면 좋은 조건이라고 생각할 수 있지만 1년간 계속 일본을 떠나 있어야 하고, 또 일본인 중에 프랑스어가 능숙한 사람은 그리 많지 않다. 게다가 단신부임으로 벽지에서 살아야 하는 사정을 더해보면 그렇게까지 좋은 조건은 아니었다. 그래서 젊은 학생 중에 아직 회사에 정착하지 않거나 정착하지 못한 사람들이 주로 응모한다고 했다.

  "그 조수가 프랑스어를 못한다고 해도 아무렴 초보자인 나와는 비교가 되지 않겠지. 그래도 열심히만 한다면 가까운 미래에 실현 가능한 꿈일 거야." 프랑스어를 시작한 지 10개월이 되어 갈 무렵, 밑져야 본전이라는 생각으로 인재파견회사의 통역 채용 시험에 응시해보았다. 합격점에 도달하면 주 3회 열리는 기술 프랑스어 공부 모임에 참가하고 업무에서 결원이 발생하면 알제리로 파견되는 구조였다. 시험 내용은 프랑스어로 일상 회화를 한 후, 신문 기사의 일본어를 프랑스어로 번역하고 기술문서의 프랑스어를 일본어로 번역, 그리고 마지막에는 일본어를 프랑스어로 통역하는 것이었다. 예를 들어 "이 공장에서는 TV를 조립하고 있습니다. 길이 10미터, 폭 1미터 50센티미터, 높이 1미터 정도의 벨트 컨베이어에 프린트 보드가 운반되어 옵니다."와 같은 간단한 문장을 구두로 번역하는 것이었다. 결과를 말하자면, 거의 통역하지 못했다. 겨우 10개월의 학습으로 통역원이 되려고 생각했던 것부터 잘못된 것이었다. 당연하다.

"프랑스어를 시작하고 얼마나 되었습니까?"라고 묻는 면접관에게 아무래도 솔직하게 대답할 수는 없었다. "2년 정도 된 것 같네요."라고 거짓말을 하자, "오, 2년치고는 잘 하시네요."라는 의외의 반응이 나왔다. 내가 읽고 쓰는 것은 못했지만 화제를 예상해서 친구와 프랑스어로 연습했던 것이 주효했다. 게다가 매일 15시간 가까이 프랑스어를 공부했으니 10개월이라고 해도 보통 사람이 몇 년간 훈련한 것에 상당하는 실력으로 성장한 것이었다. "솔직히 말하면 아직 프로로 통역할 수 있는 수준은 아니지만, 회사의 공부 모임에 참가해보겠어요? 일에 대한 보장은 할 수 없지만 그래도 괜찮다면요." 이런 제안에 조금의 고민도 없이 바로 승낙해 다음 주부터 기술 프랑스어 공부가 시작되었다. 하지만 수업은 어려웠다. 프랑스어를 모르는 것은 각오했었지만 전문용어가 계속 이어지자 일본어마저 이해할 수 없어졌다. 공부 모임에는 대개 대여섯 명이 출석하는데 나는 언제나 뛰어난 열등생이었다. 하지만 복습만큼은 착실히 하면서 전 시간에 배운 용어는 다음 공부 모임에 대비해 반드시 암기해두었다. 나는 공부 모임에 참가한 지 불과 3주 뒤에 알제리로 가게 되었다. "실력이 없는 대신 장래성은 있는 사람이다."라는 인상을 심어준 것이 틀림없었다.

부임 결정이 나게 된 사정에는 우연이 작용했다. 훈련을 시작하고 2주째, 1시간 반의 공부 뒤에 휴식 중이었는데 파견회사의 부장에게 불려갔다. "실은 이제 슬슬 알제리에 파견을 보낼까 생각하고 있어."라고 말하는 부장의 말에 나는 뛸 듯이 기뻤다. 하지만 경박한 모습을 보일 수는 없었다. 침착하게 부장의 설명을 들어보았다. "솔직히 말하자면 자네의 프랑스어 실력은 통역으로 일하기에는 아직 부족해. 하지만 성장이 눈에 띄게 빠르다는 선생님의 호평도 있었고 사실 회사로서도 다음주에 통역을 한 명 보내야 하거든." 이렇게 계속 잡담을 섞어가며 이야기한 후 결국에는 "그런데 역시 결단이 서지 않네. 아무리 급하다고 해도 실력이 부족한 사람을 보내면 나중에 문제가 될 테니까. 다른 사람이 없지는 않을 테니까 여러 가지 말해놓고 미안한데 이번 이야기는 그냥 없었던 걸로 해주세요."라는 답을 들였다. 눈앞에서 기회를 빼앗긴 나는 낙담해서 수업으로 돌아가려고 했다. 그런데 달력을 확인한 부장이 다시 나를 불러세웠다. "어, 다음주에 연휴가 있네. 시간이 없어. 어쩔 수 없다. 고자카이군, 여권 가지고 있나요? 그럼 다음주 출발해주세요."라고 얼렁뚱땅 정해져 버렸다. 충분히 내용을 확인하지도 못하고 바로 계약서에 사인하고 하숙집으로 뛰어갔다. 주변에 지나가는 사람들에게 큰 소리로 외치고 싶을 만큼 기뻤다. 희망에 가득 차 있지만 조금은 불안한 기분. 나는 자신의 생활이 급작스럽게 전개되어가는 느낌을 움켜쥐고 있었다.

이름뿐인 통역

파리를 경유해 스킥다에 무사히 도착했다. 그런데 거기서부터 문제였다. 석유화학 공장지대에서 알제리인 기술자와 일본인 파견자 사이를 중재해 통역하는 것이 내 임무였다. 부임하자마자 일본인 과장으로부터 알제리인 과장을 소개받았다. "통역이니까 자기 소개를 해보세요."라는 재촉에 입에서 프랑스어가 나오지 않았다. 머뭇거리고 있으니 알제리인 과장이 먼저 인사를 건넸다. "알제리 기후에 금방 적응하시기 바랍니다.(J'espère que vous allez vite vous habituer au climat de l'Agérie.)" 그런데 그가 말하는 'climat'라는 단어가 무엇인지 몰랐다. "크리마climat가 무엇입니까?"라고 일본인 과장에게 물어보니 "글쎄,

영어에서 'climate'라고 하니까 기후를 말하는 것 아닐까?"라는 말을 들었다. "뭐야, 그런 거였구나."하고 수긍은 했지만 "위, 무슈."라고 짤막한 대답을 하는 것이 고작이었다. 신입사원을 맞이한 두 과장은 상냥하게 대해주었지만, "골치 아픈 녀석을 보냈구먼."하고 내심 한숨을 쉬었을 것이다.

처음 3개월 정도는 매사 이런 식이었다. 공장은 24시간 쉬지 않고 가동되고 3교대로 돌아가고 있었다. 아침 7시부터 오후 2시까지의 근무를 3일간, 오후 2시부터 밤 10시까지의 근무를 또 3일간, 그리고 오후 10시부터 다음날 아침 7시까지의 야근을 3번 해내면 3일간의 휴가가 주어지는 사이클이었다. 각 팀에는 통역이 한 명씩 붙었다. 심야 근무는 교대 시에 하는 인수인계 통역을 제외하면 거의 일이 없었다. 알제리인 중에는 꾸벅꾸벅 조는 사람도 많았다.

하지만 아침 근무는 공포로 다가왔다. 종종 중요한 회의가 있었기 때문이다. 부임하고 얼마 되지 않아 내가 당번일 때 생산부장 회의가 잡히자 진심으로 죽고 싶었다. 일본인과 알제리인 모두 합쳐 참석자는 10명 정도였을 것이다. 직사각형의 테이블 한 쪽에 일본인들이 나란히 앉고 반대편에 알제리인이 자리 잡았다. 나는 테이블의 앞머리, 즉 회장님 자리에 앉혀졌다. 마흔이 되면 근사한 수염을 기르는 알제리인은 관록이 넘쳐 보였다. 스물세 살의 나는 정말 어린아이로밖에 보이지 않았다. 긴장한 탓에 프랑스어가 전혀 떠오르지 않았다. 어떻게든 잘 넘겨야만 했다. "어, 지난주부터, 어, 현안에 대해서, 어, 협력했지만, 하지만 문제가, 어, 아직까지 잘, 어…" 어떻게든 시간을 벌어보려 했다. 하지만 무슨 말을 했는지 전혀 모르니 어떻게 해볼 수가 없었다. 궁지에 몰린 걸 알아차린 일본인 부장이 격려해줬다. "자네는 아직 부임한 지 얼마 안됐으니 사정을 잘 모르는 것도 무리가 아니지. 차분하게 다시 한 번 들어보게."

알제리인 측에서는 의미가 전달됐다고 생각하고 다음 이야기로 넘어가려고 하는 순간, "죄송합니다. 잘 모르겠는데 한 번 더 말씀해주시겠어요?"라고 부탁하는 나의 말에 놀라기도 하고 어이없기도 했을 것이다. 친절하게 한 번 더 반복해준 것까지는 좋았다. 하지만 여전히 같은 속도로 쉬지 않고 말하는 바람에 두 번째도 의미를 알 수 없었다. 물론 천천히 말해주었어도 몰랐을 것이다. 어쩔 수 없이 일본인 측에게 "죄송합니다. 역시 모르겠어요."라고 솔직히 고백하니 일본인 부장은 "그래? 그럼 우리 쪽에서 물어봐. 아마 이런 용건일 테니까."라고 상냥하게 말해주었다. 나는 그 내용을 어설프게 통역하려고 했지만, 결국 "오늘은 중요한 문제이고 해결이 급하기 때문에 죄송하지만 영어로 해주십시오."라는 알제리인 부장의 결정으로 회의는 영어로 바뀌었다. 당시에는 영어를 조금 더 잘했기에 "뭐야, 그런 이야기였어?"라고 내심 안도했다.

이런 상태가 지속되니 3일간의 휴가가 끝나면 아침 당번에 대한 걱정이 시작되고 밤에도 잠들 수 없었다. 공장으로 가는 버스에 타는 순간부터 긴장으로 얼굴이 굳어지고 창백해져서 회사에 도착했다. 동료들은 무능한 나를 위로해주었지만 회의에 나가 궁지에 몰릴 때마다 풍채 좋은 알제리인이 쏘아보는 것은 참기 힘들었다. 매일 해고될지도 모른다는 생각에 불안했다. 그런 불안을 날려버리기 위해 일이 끝나면 조깅을 했다. 하키 연습으로 힘들었을 때를 떠올리면 힘이 솟아났다. "해고가 되면 어때. 일본에 돌아가게 되더라도 오늘까지 있었던 것만으로도 남는 장사다. 하루라도 더 있을 수 있다면 그만큼 이득이라고 생각하면 되지 않을까?"라며 스스로에게 용기를 불어넣었다. 그런데 3개월이 지나자 신기하게 통역이 좋아지기 시작했다. 처음에는 특수한 기술 용어로 고생했다. 인산나트륨·촉매·전기분해 정도라면 아직 괜찮은데 '양생', '열교(열교환기)', '증합(증가합계)' 등등 일본어라는 것도 의심이 드는 용어들에 입이 다물어지지 않았다. 하지만 기술 분야에서 사용되는 어휘의 범위는 좁기 때문에 어느 정도 학습하면 모르는 단어가 금세 해결된다. 그리고 이해를 방해하는 원인은 프랑스어 어휘 부족만이 아니라 기술에 관한 무지도 있었기 때문에 일의 내용만 파악하면 무슨 말을 하는지 감으로 추측할 수 있게 된다.

해고를 당하는 공포도 열심히 공부를 하게 만드는 원동력이었다. 현장에서 만나는 기술 용어를 외우면서 어린이를 대상으로 하는 프랑스어 책을 서점에서 잔뜩 사와서 하루에 한 권씩 반드시 읽었다. 『르몽드』지의 주간 다이제스트판을 프랑스에서 주문해서 사전을 찾아가며 분투했다. 읽는 것이 지겨워지면 알제리인을 붙잡고 회화 연습을 했다. 심야 근무일 때도 자지 않고 공부했고 휴일에 마작을 하자고 해도 거절하고 프랑스어 책을 읽었다. 술 마시러 가자고 해도 술을 못 마신다고 거짓말을 해가며 근무 기간이 끝나기 직전까지 금주를 했었다.

알제리는 오랫동안 프랑스의 식민지였다. 그 때문에 프랑스어를 잘하는 사람이 많다. 공용어는 아랍어지만 내가 체류한 당시에는 대부분의 대학 수업이 프랑스어로 이루어졌고, 외국 기업과의 계약·회의에 사용되는 언어도 프랑스어였다. 알제리인은 프랑스어가 모국어가 아니기 때문에 억양이 다르거나 문법적인 실수도 하지만 내 실력에 비하면 그들은 모두 우수한 선생님이었다.

나는 6개월 근무한 뒤 한 달의 유급휴가를 얻고, 그 후 6개월을 다시 근무하는 계약을 맺었다. 그래서 보수의 효율로 따져보면 휴가가 끝난 시점에 해고를 당하는 것이 가장 바람직했다. 12개월의 근무에 대해 한 달의 휴가를 받는 것처럼 반년 근무만으로 같은 유급휴가가 나오기 때문이다. 단 스스로 퇴직하면 계약위반이 되어 계약금을 돌려줘야 한다. 그러니 원만하게 해고를 당할 필요가 있었다. 그래서 언제 해고를 당하든 상관없으니 빨리 해고를 당하는 편이 이득이라는 식으로 마음의 여유가 생기기 시작했다. 모르는 단어가 있어도 전에는 부끄러워서 다시 물어보지 못했는데 반년이 지난 후부터는 회의 중에도 아무렇지 않게 "죄송한데 그 의미를 모르겠어요. 어떤 뜻인가요?" 하고 물어볼 수 있게 되었다. 아무리 통역이라고 해도 프랑스어는 모국어가 아니기에 모르는 단어가 있는 것이 이상하지 않았다. 하물며 전문 분야의 업무다 보니 이해할 수 없는 부분이 있는 것도 당연했다. 그럴 때는 다른 방식으로 이야기해주도록 부탁하는 게 좋다. 하지만 부임 당시에는 모르는 단어가 임계값이나 중합 같은 기술 용어인지 가위나 풀 같은 일상 용어인지 구별조차 되지 않아서 자칫 질문해놓고 "가위도 모르는 거야?"라고 비웃음 당할 것이 두려웠다. 그래서 이해하지 못해도 다시 물어보지 않고 아는 척하며 얼버무렸다. 나중에 대부분의 통역을 소화할 수 있게 되었을 때는 가끔 모르는 단어가 나와도 다들 너그럽게 이해해주었다. 그래서 모르면 모른다고 솔직하게 말할 수 있게 되었다. 설명을 덧붙이면 이해하기 쉽다. 통역도 잘할 수 있게 된다. 이렇게 1년간 해고라는 쓰라린 경험을 하지 않고 그럭저럭 근무를 완수했다.

도스토예프스키와의 만남

스킥다의 알제리인 거주 지역에서 어느 정도 떨어진 프리패브 주택에서 400명 이상의 일본인들이 살고 있었다. 밥도 맛이 없고 오락이라 할 만한 것은 헬스 기구와 탁구대 하나뿐. 회사의 명령으로 마지못해 벽지로 보내진 기술자들에게는 괴로운 날들이었다. 그들의 임기는 2년 6개월. 달력에 매일 'X'표를 치면서 가족과 재회할 날을 손꼽아 기다리는 사람들뿐이었다. 말은 통하지 않고 교통수단이 없어서 밖에 나가는 것도 마음처럼 되지 않았다. 마작을 하거나 술을 마시거나 책을 읽고 음악을 들으며 지낼 뿐이었다. 혹은 동료들과 수다 떠는 정도밖에 여가를 보낼 방법이 없었다. 내가 부임하기 반년 정도 전까지는 생활 조건이 더 열악했다고 한다. 도시락에 구더기가 들끓거나 일본에서 된장이 오지 않아 간장국으로 버텨야 하기도 했다. 한 달에 한 번 나오는 스테이크도 신발로 착각할 정도였다고 했다.

이 정도의 악조건 속에서 남자들만 대거 모여서 오랜 기간 생활하는데 문제가 생기지 않는 편이 더 이상하다. 내가 부임하기 1년 전에는 한 사람이 숲에서 목을 매달아 자살하고 또 한 명은 자기 방에서 칼로 자살하는 사건이 있었다고 한다. 자살 현장인 방은 자물쇠로 잠겨 있었다. 나는 그 옆방을 배정받아 처음에는 기분이 좋지 않았지만 조금 지나자 익숙해졌다. 그러는 사이 누군가가 소장과 교섭해서 닫아둔 방의 봉인을 풀어 통역원들이 모이는 장소가 되었다.

화학공장에는 사고가 늘 따라다녔는데 구급 체계가 완비되어 있지 않았다. 작업자가 수산화나트륨을 머리에 뒤집어 썼을 때 짓무른 피부에 물을 부어 식히는 것밖에는 다른 방법이 없을 정도였다. 당시의 동료는 "밤이 되어도 계속해서 흐르는 물 소리가 들려서 견딜 수 없었다."고 한다. 이토록 괴로운 생활 조건인 데다 마지못해 일을 하고 있는 일본인 종업원들의 불만이 커져 알제리인들과 마찰이 끊이지 않았다. 일본인의 인종 차별에 지긋지긋해진 나는 대부분 알제리인의 편을 들었다. 하지만 나중에 생각해보면 그런 힘든 환경 속에서 일하다 보면 불만의 배출구로 알제리인과 적대하는 것도 어쩔 수 없었을 것이다. 2주간의 연수를 받았을 뿐인데 알제리 측에 제출하는 이력서에는 '위험물 취급 책임자'로 꾸며내기도 했다. 전문가인 척하는 종업원의 마음은 복잡할 것이다. 그런가 하면 알제리의 경제 발전에 공헌하고 싶다고 진지하게 생각하는 사람일수록 괴로운 상황으로 내몰린다. 알제리인 동료에게 진상을 말하고 싶어도 회사에서 엄중한 함구령이 내려졌었다. 게다가 사실을 폭로해도 상황은 좋아지지 않는다. 아르바이트로 고용된 통역원들은 일본 회사가 망하든 말든 상관없기에 마음대로 발언을 했다. 하지만 임기가 끝난 후 자신의 회사로 복귀하는 기술자들의 마음은 무거웠다. 좋은지 나쁜지는 별개로 알제리인에 대한 그들의 반목은 당연했다.

내가 스킥다에 갔던 1979년 가을은 유고슬라비아 자주 노선이나 아랍 사회주의가 각광을 받고 있었다. 유럽형 자본주의와도 소련형 공산주의와도 다른 정치 체제가 모색되었다. 나는 서양을 동경하는 일본인에 대한 반발과 자기 자신이 서양에 물들어 있는 것을 인정하고 싶지 않아서 "남쪽 나라의 모든 인민과 연대하고 북쪽의 유복한 나라들에 의한 착취·지배를 규탄하라."고 반복했다. 하지만 어느 날, 도스토예프스키의 『지하실의 수기』(에가와 다쿠, 신쵸문고, 1969년)를 발견한 것을 계기로 권선징악주의의 어리석음, 천박함을 깨달았다. '올바른 세상'의 허구를 파헤치는 말들이 나의 마음에 울려 퍼졌다.

일반적으로 작정하면 움직이는 사람 내지는 활동가가 행동적인 것은 그들이 우둔하고 시야가 좁기 때문이다. … 그들은 시야가 좁기 때문에 가까이에 있는 부수적인 원인을 본원적인 원인과 오인해 다른 사람들보다 재빠르고고 간단하게 자신의 행동에 대한 절대 불변의 기초를 찾은 것처럼 믿어버리고 그렇게 안심해버리는 것이다. … 내가 기댈 수 있는 본원적 원인, 그 기초 같은 것은 어디에 있는 것인가? 어디에서 그것을 가져와야 하는가? 나 같은 경우는 끝까지 사색하는 훈련을 해왔기 때문에 어떤 본원적인 원인을 가져와도 금세 다른, 그보다 더 본원적인 원인이 끌려 나와서 이것이 무한하게 이어질 것이다.

개발도상국 인민을 착취하는 선진공업국 자본이라는 단순한 구도에 사로잡혀 있던 나는 도스토예프스키의 작품을 만나 의문을 품기 시작했다. 사회문제나 지배구조를 규탄하기보다 자신에게 더 중요한 질문이 있는 것은 아닌지, 생각하는 방식에서 근본적으로 큰 과오를 범하고 있는 것은 아닌지 의심하게 되었다.

당시에도 현재도 나는 소설을 별로 즐기지는 않지만 집중해서 소설을 읽은 시기가 지금까지 딱 세 번 있었다. 첫 번째는 대학 입학에 실패해서 재수 생활을 하며 나쓰메 소세키를 발견한 열아홉 살 시절. 어떻게 하면 좋을지 몰라서 고등학교 3학년 때 담임이었던 선생님께 상담을 요청했다. 그 선생님은 "진로를 모르겠으면 책을 읽어보면 좋아. 소세키는 어때. 『산시로』, 『그 후』, 『문』 3부작부터 시작해 봐."라고 조언해주었다. 수학 교사였던 그는 전쟁 중에 오른쪽 다리를 잃고는 "인생이 180도 바뀌었다."고 했다. 국어 수업은 낮잠을 자거나 부수적인 시간으로 여겨 교과서조차 읽지 않았던 나였기에 이때 처음으로 소설을 발견했다고 해도 좋을 것이다. 그때까지만 해도 나는 소설은 별 볼 일 없는 꾸며낸 이야기에 지나지 않다고 여기며 문학을 경멸하고 있었다. 하지만 놀랐다. 거기에는 인간이 그려져 있었다. 문학에 빠진 나는 소세키의 소설을 전부 읽었다.

두 번째는 대학에 들어간 후 하키의 길을 포기하고 철학이나 사회 문제에 흥미를 가지기 시작한 스물한 살 시절. 고등학교 동창생에게 추천을 받아 다카하시 가즈미의 작품을 접했다. 난해한 표현이 빈번히 나오는 장편은 어려웠지만 이내 논리와 감정이 뒤섞인 글 놀림에 빠져버렸다.『슬픔의 그릇』(신쵸문고, 1967년)이 대표적이다. 그중에서도 합리주의를 관철하려는 법학부 교수인 마사키에게 신부인 막내동생이 내뱉은 말은 아직도 기억에 남는다.

> 당신은 성실하게 살아왔다. 당신이 위선자인 편이 좋았을 거야. 당신이 단순히 정치가, 배신자, 위선자였다면 차라리 좋았을 거야. 그런데 당신은 자유로운 태도, 공정한 법 해석, 온건한 보수주의를 몸에 걸치고 지금까지 사람들의 신뢰를 얻고 지위를 차지하고 스스로에게 성실하게 살아왔어. 당신이 자신에게 성실하게 되는 것이 뭐 어떠냐고? 결과는 분명했어. 당신은 몇 명의 개입도 허락하지 않는 심판자가 되어

동정하는 사람에게 자비를 베푸는 절대자였어. 아니 그렇게 되어야만 했지. 당신은 신처럼 엷게 웃으며 지금까지 몇 명의 가난한 마음의 사람들을, 몇 명의 사도를, 몇 명의 이교도를 '시험'했는가? … 당신은 늘 사소한 것은 싫다고 말했었지. 당신에게 사소한 것이란 무엇이었을까? 당신이 말하지 않는다면 내가 대신해서 말해주지. 이렇게까지 파헤칠 일은 아니라고 생각해서 탄핵문에도 이것은 적지 않았어. 하지만 지금, 말해드리지. 당신에게 있어 사소한 것은, 그것은 … 인간이었어.

그리고 세 번째가 바로 알제리에서 발견한 도스토예프스키의 책이었다. 스물네 살이 되려고 하던 때였다. 『지하실의 수기』의 첫 부분을 읽으면서 이미 마음으로부터 끌림을 느꼈다. 그 후 온갖 질문들이 뇌리를 맴돌았다. "나는 무엇을 하고 있는가. 인종차별이나 제3세계의 빈곤은 정말 나의 문제인 것인가. 정의의 편인 척하고 있을 뿐인 건 아닌가. 타인을 비판하기 전에 자신의 존재를 더 깊이 파고들어라."

감수성이 유연했던 젊은 시기에 만난 세 명의 작가는 나의 정신에 깊은 의문을 던져주었다. 각각의 시기, 그들의 사상을 수용할 수 있거나 혹은 그것들을 필요로 하는 정신상태에 내가 있었던 것도 한몫했을 것이다. 천박한 사고에 사로잡혀 있던 나의 마음을 그들의 언어가 열어주었다. 차별에 관해 중학교 동창생에게 보낸 메일과 같은 글을 쓸 수 있게 된 것은 한참 후의 일이다.

'농아인'이라는 표현을 무심코 쓴 나도 나빴지만 차별 용어에 관해 조금 진지하게 의견을 적어보고 싶어. 나도 이전에는 언어의 사용에 민감했어. 하지만 말이지, 차별 용어를 배제하는 움직임에 그만큼 의미가 있다고는 생각하지 않게 되었어. 그에 대한 사정도 좀 적어보도록 하지.

예를 들어 일본에서는 조선인이 차별 받고 있지만, '조선'이라는 표현 자체가 차별 용어라고 착각해서 조선인이라고 하지 않고 한국인이라고 하는 사람이 많아. 저번에 '아이누 민족 출신 사람들이나 재일인들'이라고 문부과학성 대신이 발언했는데 이것도 마찬가지야. '재일'이라면 우간다인도 영국인도 일본에 살고 있는 사람은 모두 포함되는 것인데 재일 '조선인'이라는 표현을 피하고 싶었겠지. 재일 코리안이라는 표현도 있어. 문제는 같아.

조선인의 대부분, 특히 차별이라고 적극적으로 싸우는 사람의 경우, 이러한 '한국인'이라는 표현 방식을 쓰지 않아.

북한 국적인 사람, 한국 국적인 사람, 그리고 일본 패전 후 일본 국적을 박탈당했지만 한국에 돌아가지 못하고 북한·한국의 국적도 가지지 못한 사람들을 총칭해서 '조선인'이라고 불러. '조선'이 차별 용어라고 느끼는 것 자체가 차별이니까 나는 조선인이라고 표현해왔고, 논문이나 책에서도 그렇게 쓰고 있어.

흑인이라는 표현도 꽤 비슷해. 알고 있듯이 미합중국에서는 깜둥이Negro, 흑인Black, 아프리카계 미국인African-American

식으로 바뀌어 왔어. 깜둥이 같은 말을 했다간 지금은 혼이 날 테지만 원래는 라틴어에서 '검다'는 의미의 '니거niger'에서 파생된 말이니까 흑인과 다르지 않고 오히려 네그레nègre(남성), 네그레스négresse(여성)라고 표현하는 프랑스 흑인도 있어. "피부가 검은 사람을 흑인이라고 부르는 것이 뭐가 나쁜가"하는 이의 주장이고 네그리튀드(흑인 의식 운동)의 흐름이야. '검은 색은 아름답다Black is beautiful'도 마찬가지지.

'미합중국'이라는 표현에 관해서도 '아메리카 합중국United States of America'은 문자 그대로 합주국이지, 민중 모두가 일체화된 것은 아니야. 흑인은 이류시민으로 계속해서 차별을 받아왔어. 그렇기 때문에 '합중국合衆國'이 아니라 '합주국合州國'으로 써야 한다는 주장을 하는 학자가 있어서 나도 그에 따른 시기도 있어.

학교에서 배우는 것은 '국어'가 아니라 '일본어'라고 하는 사람도 있어. 조선어나 아이누어를 모국어로 하는 사람들도 일본에 있으니까. 미국에서는 대변인spokesman을 'spokesperson'으로 바꾸거나 'woman' 안에 'man'이 들어 있는 것이 애초에 당치도 않다고 비난하는 페미니스트도 있어.

이러한 것들에 나도 꽤 신경질적으로 반응해왔어. 20년 이상 차별에 관심을 가져왔고 글을 쓰는 것이 나의 일이니까. 그렇지만 본질적인 문제는 그런 것에 있는 게 아니지 않을까? 프랑스에서는 아무렇지 않게 '장님aveugle'이라던지 '귀머거리sourd'라는 표현을 사용해. '눈이 불편한 사람mal-voyant'이나 '귀가 불편한 사람mal-entendant'이라는 표현이 만들어졌지만 일반적이지는 않아. '장님aveugle'이나 '귀머거리sourd'는 차별하는 문맥에서도 사용돼. 하지만 예를 들어 대학 수업에서도 대신의 연설에서도 문제없이 사용해. 시각장애인이나 난청인 스스로도 '우리 장님aveugles은'이라거나 '귀머거리sourd로서 나는'이라고 평범하게 말하거든.

차별은 물론 나쁘지만 단어를 바꾼다고 어떻게 되는 것이 아니야. 조선인이 한국인이 된다고 해서 그걸로 차별이 줄어드는 것은 아니야. 월드컵의 영향이나 한국 드라마가 유행하면서 조선인에 대한 일본인의 이미지가 꽤 변했다고 하지만, 결혼이나 취직에서 차별이 없어진 건 아니고 표현을 바꿨다고 이미지가 바뀐 것도 아니야.

"신체에 장애를 가진 사람의 기분은 당사자밖에 모른다." 네가 말한 그대로야. 차별로 괴로워하는 사람에게, "이렇게 부르는 게 합리적이니까 당신이 싫다고 해도 이렇게 부르겠습니다."라고 말하는 것은 오만이고 용서될 수 없어. 단순히 표현을 바꾸는 것만으로 메울 수 있는 문제가 아니야.

남반구와 북반구의 문제를 생각하는 척은 해도 용감한 언사를 내뱉을 뿐이지, 세상을 실제로 바꿀 각오 같은 것은 나에게 없었다. 유라시아 대륙 여행에서 귀국했을 무렵의 일이 생각났다. 핀란드의 유스호스텔에서 만난 와세다 학생과 재회해 좌익인지 우익인지 알 수 없는 나의 애매한 태도를 비난받았다. 당시 그는 와세다 대학 웅변모임에 소속된 좌익 학생이었다. 함께 술을 마시고 돌아가는 길, 술에 취한 사람들의 싸움을 맞닥뜨렸다. 가랑비가 내리고 있었다. 가라데 자세로 싸우는 남자는 처음에는 우세했지만 상대가 우산으로 대응해오기 시작하자 맞기만 했다. 10명 정도의 구경꾼이 있었던 것 같다.

싸움을 말려야 할지, 말아야 할지 망설이고 있는데 순경이 한 명 다가와 싸움을 말리려고 했다. 방어 태세로 싸우던 남자를 끌어안은 순경이 방패가 되어 우산으로 맞고 있었다. 그 때 웅변모임의 학생이 "공무 집행 방해!"라고 외쳤다. 그 소리를 들었을 때, 그의 말뿐인 태도에 실망한 동시에 몸을 던져 싸움을 막으려고 한 순경이 빛나 보였다. 어디라도 다칠까 봐 무서워서 방관하고 있던 나는 스스로가 부끄러워졌다.

그렇다. 이렇게 한심한 모습은 이전에도 있었다. 고등학교 3학년 시절, 자습 시간에 교정에서 공을 가지고 놀던 핸드볼부의 한 학생이 체육 교사에게 걸려 머리를 맞고 있었다. 그 학생은 "자습 시간에 놀고 있던 내가 확실히 나쁘지만, 그렇다고 해서 폭력이 용서되는 것은 아닙니다."라고 외쳤다. 그 소란스러움을 듣고 우리들이 달려갔을 때, 체육 교사와 바로 달려온 생활지도 교사 몇 명이 저항하는 그 학생을 교무실로 데려가려 했다. 다른 학생들을 교실로 들여보내려는 험한 태도에 겁먹은 우리들은 마지못해 교실로 돌아갔다. 하지만 우리는 동급생을 지키기 위해 교무실에 함께 들어가 항의해야만 했다. 곧바로 상황은 종료되었지만, 교사들에게 태연하게 반항하는 그 학생의 배짱에 나는 고개를 들 수 없었고, 자신의 우유부단에 부끄러움을 느꼈다. "저 녀석에게 졌어. 나는 남자도 아니야." 지금 생각해보면 이런 모자란 인간이 정의를 입에 담아봤자 웃음거리밖에 되지 않는다.

통역의 추억

알제리에서의 근무를 끝마치고 1981년 초 프랑스에서 살기 시작했는데 그 이후에도 학자금 마련을 위해 알제리에 두 번 더 갔다. 한 번은 서부의 오랑 근처에 있는 석유화학 공장 지역(콤비나트)의 기술 교육 센터에서 반년, 또 한 번은 다목적 냉동창고 건설과 유지 보수 관련된 일로 수도 알제에서 1년을 보냈다. 2년 반의 체류 기간 동안 많은 경험을 하고 배우고 생각했다.

세 번째 체류를 끝낸 무렵부터 이 나라의 혼란이 시작됐다. 이슬람 원리주의자에 의한 무차별 테러와 이를 무력으로 억누르려는 국가 권력·군대의 폭력이 휘몰아쳤다. 나를 귀여워해주던 알제리인들은 어떻게 지내고 있을까? 스킥다에서 만나 사이좋게 지냈던 카비리아인 샤반드는 무사할까? 통역이 서투른 나를 항상 감싸주고 귀찮아하지 않고 프랑스어를 첨삭해준 그는 압도적 다수인 아랍인에 둘러싸인 소수민족의 괴로움이나 분함에 대해 이야기해주었다. 아랍화에 따라 금지된 언어나 문자로 시를 써서 작게나마 문화적 저항을 하고 있던 그는 아직 살아 있을까?

대학에 취직할 때까지 프랑스에서도 통역은 계속했다. 타인의 생각을 전달하기보다 자신의 생각을 주상하고 싶어 하는 나에게는 맞지 않는 일이었지만 통역 자체보다도 그에 따른 부수적인 경험들이 즐거웠다. 나중의 연구 생활에 있어서도 간접적으로 도움이 되고 있다. 기술 분야의 일을 주로 했기 때문에 다양한 첨단 기술을 접했다. 원자력 발전소나 로켓 개발 현장, 조폐공사의 내부 모습, 도버 해협 해저 터널의 굴삭 작업 등, 보통의 일이라면 접할 수 없는 세상을 엿볼 수 있었다.

엔지니어로부터 공업 제품의 개발 뒷이야기를 들었을 때는 수평적 사고의 중요함을 알게 되었다. 승객 운송을 위한 철도 공사에서는 탑승감을 좋게 하기 위해 소음 방지가 중요한데 소음을 다른 소리로 상쇄하는 아이디어에 감탄하기도 했다. 오늘날에는 노이즈 캔슬링 헤드폰처럼 일상 용품에도 이 기술이 이용되고 있다. 소리의 파형에는 봉우리와 골짜기가 있다. 소음의 파형과 반대가 되도록 소리를 내서 합성하면 소음이 들리지 않게 된다. 소음을 지우기 위해 또 다른 소음을 발생시켜 해결한다. 독을 써서 독을 없애는 굉장한 발상이다. 사회과학에 종사하는 우리들도 이러한 유연한 머리를 가져야만 한다. 스코틀랜드 출신 경제학자 애덤 스미스는 말했다.

사람들이 각자 멋대로 사욕을 추구함으로써 오히려 사회에 균형이 생겨난다. 그리고 국가의 부가 늘어나고 나아가 모두의 행복을 만들어낸다.

이기주의와 타인의 이익 옹호는 일반적으로 상반되는 모순으로 이해된다. 하지만 스미스는 이기주의를 덕으로 변환하는 연금술을 풀어냈다. 노이즈 캔슬링 헤드폰과 같은 형태의 아이디어다.

유명 정치가가 관계된 뇌물 사건의 증인 신문을 사법경찰국에서 통역하거나 국제 원조 명목 하에 진행되는 공금 횡령을 목격하기도 했다. 오직 글자로만 접했던 숨겨진 사정들을 접한 귀중한 체험이었다. 일본에서의 아르바이트나 알제리에서의 일을 제외하면 민간기업에 취직한 경험이 없는 나는 통역으로서 내부 사정을 알아가는 과정에서 인간관계의 복잡함이나 샐러리맨의 심정을 다소나마 알 수 있었다. 유해첨가물 사용을 얼버무리는 방법이나 수입품 가격 설정의 속사정도 알게 되었다. 골동품 매매나 계약 교섭에서는 "지금, 이 사람은 거짓말을 하고 있구나."라던가, "어설픈 교섭이네. 나라면 다르게 파고들 텐데." 따위의 말을 속으로 중얼거리며 통역한 적도 있다.

장관·의원·대사·시장·대기업 사장 등 높은 지위에 있는 사람이나 유명 작가·스포츠 선수·영화감독·배우·패션 모델 등의 통역을 할 기회가 있었던 것도 행운이었다. 통역이 익숙지 않았던 초반에는 상대가 유명인이나 지위가 높은 사람이면 긴장했지만 차차 그들을 자주 접하면서 그들도 서민과 다르지 않은 보통의 사람이란 것을 알게 되었다. 메이크업 교실 통역에서는 "파운데이션(프랑스어 fond de teint, 얼굴 색 기초)부터 시작할까요?"라고 하기에 그대로 '기초공사foundation'라는 말을 써서 "기초 공사를 시작합시다."로 통역해 웃음이 터져 나오거나 "일본인이란 이러한 인종으로…"라는 식의 고정관념에 빠져 있는 아마추어 연설을 통역하며 짜증이 난 적도 있었다. 후에 대학에 취직하고 좁은 세상에 갇히게 되니 젊은 시절 겪은 실제 사회의 경험은 커다란 재산이 되었다.

우연의 신비함

내가 와세다에 쉽게 들어간 것은 아니다. 수험에서 두 번 실패한 데다 유복하지 않은 가정 환경, 그리고 곧 다가올 동생의 수험을 생각하면 도쿄에서 하숙하며 사립대학에 다니는 것은 어려운 일이었다. 진학을 포기하고 하키팀이 있는 기업에 취직하는 선택도 한동안 머릿속에 떠올렸다. 나름대로 고민했지만 결국 1년 더 재수하는 것으로 부모님을 설득했다.

그런데 어떤 우연한 사건이 없었다면 아마도 또 수험에 실패하고 지금쯤 다른 인생을 살고 있었을 것이다. 나는 와세다 대학 밖에 접수하지 않았다. 시험은 정치경제학부부터 시작해서 상경·제1문학부·제2문학부·교육학부·사회과학부 순으로 진행된 것으로 기억하고 있는데 첫날 신기한 우연에 맞닥뜨렸다. 수많은 수험생을 수용하기 위해 수험교실은 막대한 수에 이른다. 수험번호를 따라 시험 볼 건물에 도착했는데, 고등학교 동창 중 1년 먼저 법학부에 입학한 SK가 시험 감독 아르바이트를 위해 그곳에 있었다. 신기한 일이라고 놀라며 지정된 교실에서 시험 시간을 기다리고 있는데 SK도 교실로 들어왔다. 몇 백 개나 되는 교실 중에서 고등학교 동창 두 명이 수험생과 시험감독으로 같은 교실에 배정되는 우연이라니. 놀라지 않을 수 없었다.

시험은 영어부터 시작됐다. 모든 문제를 가볍게 일독한 후에 정석대로 가장 쉬워 보이는 문제부터 풀기로 했다. 그런데 간단하다고 생각한 문제를 하나도 풀 수가 없었다. 시간은 점점 흘러갔다. 나는 차츰 초조해지기 시작했다. 이미 두 번 실패한 과거의 기억이 되살아났다. 나는 낙담한 나머지 고개를 들었는데, 마침 SK의 얼굴이 눈에 들어왔다. "힘내!" 그는 나를 바라보며 말없이 성원을 보내주고 있었다. 그의 웃는 얼굴을 본 나는 이내 침착함을 되찾았고 다시 문제를 살펴보니 모두 간단한 것들이었다. 그리고 가장 쉽다고 착각했던 문제로 다시 돌아가 답을 적기 시작했다.

충분히 예감이 좋았기 때문에 마음을 다시 다잡고 침착해질 수 있었다. 사회 대신에 선택한 수학은 쉬웠다. 사실 현역 때와 한 번 재수했을 때 이공학부를 지원했기 때문에 문과 시험에 나오는 수학은 문제도 아니었다. 국어도 무난하게 끝냈다. 시험장을 나오니 재수학원에서 작성한 해답 속보가 배부되고 있었다. 나의 답과 맞춰보는데 대부분 정답이었다. 시험 결과에 기분이 좋아져 다음날 이후의 시험에서는 여유를 가지고 임했다. 그때 SK가 나를 지켜봐주지 않았다면, 내가 아무 생각 없이 고개를 든 바로 그때 그가 거기에 없었거나 다른 방향에 시선이 향해 있었다면 첫 영어 시험에서 좌절하고 남은 과목도 좋은 결과를 낼 수 없었을 것이다. 그랬다면 다음 날부터 본 다른 학부의 시험도 망쳤을 것이다.

시험이 끝나고 나고야에 돌아가 결과를 기다리고 있는데 하키부 주장으로부터 "와세다 대학 정치경제학부 정치학과 합격. 축하한다."는 전화가 걸려 왔다. 정식 발표 3일 전이었다. 운동부에 들어가는 수험생은 내정 시점에 합격 여부가 통보된다. 철학, 특히 동양 사상에 관심을 가지기 시작해 문학부에 들어갈 생각이었기에 정치경제학부에 붙어 완전히 떨어지진 않았다는 안도감으로 문학부의 합격 발표를 기다렸다. 그런데 정식 발표 날짜가 지나도 아무런 연락이 없다. 하키부에 전화해서 물어보니 "어, 너 정치경제에 들어갈 거잖아. 문학부도 붙긴 했는데 그래서 연락 안 했어."라고 대답해주었다. "아뇨, 저, 문학부에 들어갈 거예요."라고 말하는 나에게 하키부 주장은 "무슨 말을 하는 거야. 정치경제에 붙어놓고 문학부에 들어가는 멍청이가 어디 있어."라며 핀잔을 주었다. 정치경제학부는 와세다의 간판이었다. 그래서 그가 지레짐작한 것이었다.

신념과 행동 사이

하키부의 부름을 받고 상경하니 기숙사에서 감독이 기다리고 있었다. 고분고분 말을 듣지 않는 나를 향해 설교가 이어졌다. 날이 어두워져 술집으로 장소를 옮겨 주장도 함께 설득의 제2라운드가 시작됐다. 술 기운도 더해져 으름장이 날아들었다. "너 같은 게 문학부에 들어가면 적군파한테 넘어가서 테러리스트가 될 뿐이야. 그만둬!" 처음에는 상대를 하지 않았지만 밤이 깊어지고 술이 돌자 걱정이 되기 시작했다.

사실 나에게는 전과가 있었다. 고등학교를 졸업하고 첫 번째 입시에 실패한 직후, 신흥종교에 빠져 가출한 적이 있다. 세계기독교통일신령협회, 이른바 통일교다. 통일교에서는 나고야의 큰 극장을 3일을 전세 내어 선교활동을 하고 있었다. 나는 영어를 할 수 있다는 것에 이끌려 이탈리아 여성의 권유에 못이겨 따라갔다. 극장에서의 축제가 끝난 후, 시간도 때울 겸 2박3일 수련회 같은 것에도 참가했다. 별 대단치 않은 호기심에서였다. 이틀째에 강사가 비통한 목소리로 말을 꺼냈다. "나는 너무 분해. 아무리 권유해도 지금까지 누구도 상대해주지 않았어. 그런데 이번에 외국인이 왔다고 이렇게 많은 사람이 모였어. 같은 일본인이 열심히 이야기할 때는 봐주지도 않았으면서 어째서 외국인이라면 쉽게 따라오는 거야. 너희들은 일본인으로서 부끄럽지도 않아?"

일본인이 서양인에게 약하다는 것을 잘 알고서 전략을 세운 것은 자신이면서 어쩌면 그는 그렇게 말하는 것도 계산에 들어가 있었을 것이다. 같은 날 저녁, 세면장에 가니 창 너머에서 우는 소리가 들려왔다. 오열보다는 비명에 가까웠다. 숲 속에서 누군가 괴한에게 당하고 있는 것은 아닌지 놀랐지만 바로 강사의 참회임을 알았다. 고뇌의 소리를 들을수록 점점 적당히 살아가는 내가 부끄러워져 변기 옆 타일 위에 정좌를 하고 잠시 반성했다. 아마 그래서 죄의식을 느끼고 입신한 것 같다. 이것 보란 듯한 참회는 참가자를 세뇌하는 덫이었지만 나는 감쪽같이 넘어가고 만 것이다. 수련회를 끝내고 일단 집에 돌아간 뒤, 부모님 앞으로 편지를 적어두고 가출했다.

통일교에 들어가 있던 시기는 한 달 반 정도에 지나지 않았지만 그 사이 나고야 외곽에 있는 쪽방촌에서 일용직 일을 찾았다. 얼마 지나지 않아 감기에 걸려 고열이 났지만 며칠간은 몸을 채찍질하며 공사 현장에서 일했다. 정신일도하사불성. 그것은 신이 준 시련임에 틀림없다고 스스로 타이르면서 일했다. 하지만 일주일이 지나니 걷는 것조차 힘겨운 상황이 되었고 통일교 지부에 몸져 누워버렸다.

얼마 지나지 않아 반대 운동 모임의 대표자와 함께 부모님이 나를 데려 가기 위해 찾아왔다. 일단은 부모님에게 설득을 당해 집으로 돌아왔지만 바로 아버지와 말싸움으로 번져 할아버지 댁에 가 있기로 했다. 그리고 도착하자마자 정신을 잃고 그대로 3일 밤낮을 잠만 잤다. 정신이 들었을 때, 할아버지의 편지를 베개 맡에서 발견했다. "더는 쉴 수 없어서 일하러 나가는데, 통일교에는 가지 말거라." 내가 눈을 뜬 뒤 도망가지 못하도록 할아버지와 할머니, 사촌 형제들이 교대로 감시했다고 한다. 통일교에 있는 동안은 신을 위해 죽자고 굳게 믿었는데 잠깐 홀렸던 정신이 다시 돌아오니 그곳으로 다시 갈 마음 따위는 완전히 사라져버렸다. 내가 그런 종교집단에 관심을 가졌다는 것조차 믿을 수 없었다. 결국 그대로 1년 동안 할아버지 댁에서 살며 재수학원에 다녔다.

내가 가출한 후 다시 돌아갈 때까지 어머니는 몇 주간 밥을 제대로 넘기지도 못하고 매일 울고 있었다고 한다. 아버지는 나를 포기했다고 말하셨지만, 어머니는 자식을 그렇게 쉽게 포기할 수 없다고 울면서 항의했다고 한다. 나를 데리러 왔을 때, 어머니는 초췌해지다 못해 걷는 것조차 겨우 가능한 상황이었다.

통일교뿐만 아니라 옴진리교 같은 신흥 종교에 빠져 인생을 망치는 사람들이 끊이지 않았었다. 어디에나 있는 흔한 이야기였다. 그런데 당사자와 가족에게는 커다란 시련이었다. 나는 세뇌에서 벗어났지만 탈출하지 못한 사람이 많았다. 수개월 후 나고야역 앞에서 선교활동을 하는 지인을 발견하기도 했다. 수련회에서 함께했던 남성이었다. 나의 경우와 그는 종이 한 장 차이였다고 생각한다.

아주 작은 계기로 보통 사람이 살인을 저질러버린다. 정신과 의사로 도쿄 구치소에서 근무한 경험이 있는 작가 가가 오토히코는 이를 '악마의 속삭임'이라고 표현했다. 아슬아슬한 고비에서 범죄 행위를 끝까지 참아내는 사람도 있는가 하면, 선을 넘어

범죄를 저지르고 투옥되는 사람도 있다. 같은 사회 환경 속에서 자라더라도 어떤 사람은 사람을 죽이고 어떤 사람은 그러지 않는다.

하지만 그것은 범죄자와 그렇지 않은 사람을 구분 짓는 무언가가 각자 마음 속 깊은 곳에 존재하기 때문이 아니다. 인과관계는 반대다. 우리는 결과만 놓고서 실제 행위를 저지른 사람에게 원래부터 살인자의 기질이 있었다고 단정짓고 또 그런 식으로 믿어버린다. 인간은 의지에 따라서 행동을 선택해 움직이는 것이 아니다. 반대로 행동에 따라 의식은 나중에 형성된다. 범행 동기도 경찰의 엄격한 신문 속에서 나중에 만들어진다. 교도소에 복역하면서 매일 반성하는 과정을 통해 기억이 하나의 이야기로 정리된다.

10년 정도 일찍 태어났더라면 나는 학생운동에 참가했을 것이 분명하다. 그리고 도쿄대 야스다 강당에서의 농성이 실패로 끝난 뒤, "국영 폭력단에 대항하기 위해서는 우리들도 무장하지 않으면 안 된다."라면서 팔레스타인 등에서 군사훈련을 받는 일본 적군에 지원했을 가능성도 부정할 수 없다. 혹은 전쟁 전에 태어났다면 육군사관학교의 길을 목표로 하며 "천황을 위해, 그리고 국민을 지키기 위한 방패가 되어 죽자."고 생각했을지도 모를 일이다.

"붉은 깃발을 흔들어도 검은 깃발을 흔들어도 일장기를 흔들어도 뭐든지 너한테는 어울려." 나의 동창생 SK는 공산주의·무정부주의·초국가주의, 좌익이건 우익이건 사상 내용에 관계없이 일단 믿기 시작하면 매진하고 만족하는 나의 단순함을 비웃었다. 하지만 나의 개성 탓은 아닐 것이다. 인간의 운명이란 정말로 사소한 계기로 변한다. 지금 있는 위치를 스스로 선택했다고 생각하는 것 자체가 건방진 태도다.

아무튼 간에 문학부에 들어가겠다고 끝까지 주장하는 나에게 화가 치밀어 오른 감독은 술집을 떠났지만 그 후에도 주장과 계속 이야기를 나눴다. 솔직히 말하면 이 무렵부터 문학부에 들어가는 것이 무서워지기 시작했다. 문학부에 입학하면 즉시 범죄자가 될 것 같은 착각에 사로잡혔다. 게다가 정치경제학부에 들어가는 편이 체면 차리기에도 좋기 때문에 학부를 바꿀 변명을 무의식적으로 만들기 시작하고 있었다. "지금껏 완고하게 말했지만 역시 감독님께서 말씀하신 대로라고 생각합니다. 정치경제학부에 들어가도 철학 공부는 할 수 있습니다. 그리고 중요한 건 하키니까 학부 선택에 고집부릴 필요는 없을 것 같습니다."라고 말하려고 한 순간, 생각지도 못한 말이 주장의 입에서 튀어나왔다. "나도 처음에는 감독님과 같은 생각이었어. 정치경제학부를 차버리고 문학부에 들어간다는 건 바보 같은 짓이라고 생각했어. 그런데 너의 완고함을 보니 반대로 엄청난 놈이구나 하는 생각이 들기 시작했어. 부모나 주위의 반대를 무시할 용기가 나한테는 없으니까, 내가 너의 입장이라면 정치경제학부에 들어갈 거야. 하지만 너는 자신이 믿고 있는 길로 나아가는 편이 좋지 않을까?" 나는 더 이상 말을 할 수 없게 되었다. 무의식 중에 자신을 속이고 학부를 바꾸려고 한 자기기만을 깨달아버렸다. 큰일이 난 것이다. 정말로, 큰일이다.

문학부에 들어가 적군파에 소속되어 괴멸하는 것도 무서웠다. 그렇다고 정치경제학부에 들어가서 자신을 계속해서 속이는 것도 불가능했다. 하키를 하기 위해서 2년 재수하며 노력한 사실도 잊고, 대학에 들어가는 것을 그만두는 것도 진심으로 생각했다. 이야기도 끝이 났기에 주장은 기숙사로 돌아갔다. 그런데 나는 그럴 때가 아니었다. 별이 떠 있는 운동장을 우리에 갇힌 짐승처럼 몇 번이고 왔다 갔다 돌아다녔다.

얼마나 시간이 지났을까? 사방팔방 꽉 막혀 괴로운 마음에 뻗어 있자니 나고야 재수학원에서 현대국어를 가르쳤던 KT씨의 목소리가 불현듯 머릿속에 울렸다. "많은 사람들이 철학에 목숨을 걸어왔지. 그만큼 철학은 굉장한 거야." 철학을 배우는 것이 어떤 의미를 가지는지는 알 수 없었다. 하지만, 인생을 한 번 걸어봐도 괜찮을 거라는 안도감이 마음속에 퍼져나갔다. 이런 단순한 한마디에 납득됐던 스스로가 지금은 믿어지지 않는다. 흔들리는 추를 붙잡아줄 구실만 있다면 어느 방향이든 상관없었던 것이다.

퇴로를 끊다

가만히 생각해보면 학부 선택을 그렇게 고민할 필요는 없었다. 어디든 마찬가지다. 실제로 하는 일을 말해보자면 운동장을 계속 뛰는 것뿐이고 수업에는 거의 출석하지 않았다. 게다가 철학서를 펼쳐보아도 의미를 모르겠고 몇 장 읽다 보면 잠이 왔다. 하지만 정치경제학부가 아닌 문학부로 진로를 정한 것은 훗날 걸어갈 궤적을 크게 바꿔놓았다. 이는 대학을 그만둔 사정과도 관련이 있다.

알제리행이 현실화되기 얼마 전의 일이었다. 일반적으로 일본 대학에서는 필수 과목 취득에 8년의 유예기간이 있다. 그런데 와세다 문학부는 전기 2년을 교양 과정, 후기 2년을 전문과정이라 칭해서 각각을 4년 이내로 수료해야만 한다. 나는 하키를 그만둔 후에도 외국을 방랑하거나 프랑스어 공부에 시간을 뺏겨 수업에 거의 출석하지 못했다. 그러니 3년이 경과했어도 아직 1년치의 과목밖에 이수하지 않은 상태였다. 거기에 알제리에서 1년간 체류하게 되면 자동적으로 제적 처분을 받게 되었다. 그때까지는 하키를 하기 위해 대학에 들어온 것이니 하키를 관둔 상황에서 대학에 있어봤자 별 수 없다고 생각하며 덤덤했었다. 그런데 중퇴가 현실로 다가오자 대학을 떠나는 것이 무서워졌다. 알제리행을 발판 삼아 새로운 생활에 한발 내딛고 싶었다. 하지만 대학을 그만두는 것도 불안했다.

그런 시기에 예기치 못한 일에서 해결책을 발견했다. 어떤 모임이 끝난 후, 당시 도쿄대 의학부에서 조수를 하고 있던 열 살 정도 나이가 많은 UY씨와 함께 돌아가게 됐다. 처음 만났지만 왠지 모르게 마음이 맞아 이야기하다 보니 알제리에 갈지 말지 고민이라는 얘기를 꺼냈다. 그는 나의 생각에 놀라며 "요즘에는 드문 자유로운 생각을 하고 있네."라고 말했다. 그러고는 꾸짖듯이 "고민할 게 뭐 있어. 일본 대학을 관둬도 다음에 알제리 대학에서 공부를 계속 이어가면 되잖아."라고 말하는 것이 아닌가. 당시에 나는 퇴학을 불안해했지만, 구체적으로 무엇을 두려워하고 있는지 알지 못했다. 대학 중퇴로는 원하는 직업을 가질 수 없다는 것이 걱정이라고 생각했었다. 그런데 그렇지 않았다. 그의 말을 들은 순간 깨달았다. 하키에서의 좌절을 받아들이고 외국 땅을 방랑하며, 정말로 무엇을 하고 싶은지를 고민하는 사이에 대학의 의미가 변해 있었다. 눈이 뜨인다는 것이 바로 그런 일이었다고 생각된다. 그러더니 시야가 갑자기 넓어졌다

"일본인은 대부분 미국이나 유럽에 가고 싶어 하지. 그런데 대세를 거슬러서 개발도상국에서 세상을 바라보는 건 좋은 생각이야." 이렇게 말하는 UY씨의 권유로 알제리로 떠날 결심을 했다. 와세다 대학을 실제로 그만둔 것은 1년간 스킥다에 체류하고서 귀국한 뒤였다. 정확하게는 수업료를 체납해서 제적되었다. 퇴학을 하려면 지금까지의 수업료를 납부해야 한다는 대학 행정실의 말에 퇴학 절차를 진행하지 않았다. 하지만 와세다를 떠나 외국 대학에서 계속 공부하려는 의지는 UY씨를 만났던 때에 이미 굳어졌다. 정치경제학부에 들어갔다면, 혹은 도쿄대에 들어갈 능력이라도 있었다면 중퇴하지 않았을 것이다. 하키 선수로서 활약하는 꿈이 깨진 후에도 젊은 시절의 환상은 끝났으니 이제부터는 현실적으로 생각하자고 스스로를 타일러 저널리스트나 상사 직원을 목표로 했을 것이다. 와세다 문학부

는 과거에 위대한 낙오자를 다수 만들어냈다고 한다.

인간은 성장하는 동물이다. 정신은 점점 변해간다. 미래의 가능성을 가능한 한 열어두라는 생각은 물론 맞다. 하지만 지금 이것밖에 없으니 더는 물러설 수 없다는 각오도 때로는 유용하다.

나중에 도쿄 대학에서 집중 강의를 담당했을 때, 학생 한 명이 상담을 청해왔다. "사실은 배우가 되고 싶은데 자신이 없어요. 대학원에 갈지 연기의 세계에 도전할지 고민 중이에요." 그의 고민을 지인인 피아니스트에게 이야기했더니 바로 답이 돌아왔다. "고민할 필요 같은 건 없어. 고민하는 사람은 애초에 배우 같은 거 절대로 될 수 없으니까."

부모나 주위에서 반대하더라도 하고 싶은 것은 해야 한다. 욕을 먹거나 두들겨 맞더라도 계속해야 한다. 재능 같은 건 상관없다. 정확한 이유는 모르겠지만 하지 않고는 견딜 수가 없기 때문이다. 달리 할 수 있는 일도 없다. 그런 사람이 배우가 되는 것 같다. 만담가, 댄서, 화가, 마술사, 운동선수도 다르지 않을 것이다.

어떤 의미로 그 학생은 불행하다고 생각한다. 중졸이나 고등학교 중퇴라면 미지의 세계에 망설임 없이 뛰어들어갈 용기가 생겼을 것이다. 하지만 도쿄대 졸업이라는 간판이 있는 만큼 그걸로 손에 쥘 수 있는 특권을 버리는 것이 아까워졌을 것이다. 기득권은 족쇄를 만들어 오히려 가능성을 가로막는다. 그만큼 인간은 약하다. 항상 변명을 하고 자신을 정당화한다. 그렇기 때문에 편한 길로 빠져나가지 않도록, 퇴로를 미리 차단하고 스스로를 몰아붙이는 것도 때로는 필요하다.

5장

대학의 이중적인 모습을 보다

프랑스에 살게 된 경위를 소개한 앞 장에 이어서 내가 대학에서 일을 구할 때까지의 사정을 이제부터 이야기하겠다. 내가 몸담았던 사회과학고등연구원이라는 학제적 환경은 일본의 대학 교육의 방향성을 재검토하는 데 일조할 수 있을 것이고 학위나 취직에 대한 사정도 일본과 무관하지 않을 것이다. 대학인의 옹색함도 포장해 가리지 않고 똑바로 바라보고 싶다. 이방인의 눈에 비친 대학의 모습을 적어내려 가겠다.

유학의 시작

1년간의 스킥다 근무를 끝냈을 때, 나의 예금통장에는 400만 엔 이상이 들어 있었다. 35년 전에 400만 엔이라면 스물네 살 학생에게는 상당한 금액이었다. 그 돈을 가지고 외국에서 몇 년간 살 생각이었지만 문제는 어떤 나라에서 살지를 정하는 것이었다. 처음부터 프랑스 유학을 생각했던 것은 아니다. 1지망은 알제리 대학. 남북문제나 식민지사를 공부하고 싶었다. 그런데 알제리 외교부에 문의해보니 제도 상의 벽에 부딪쳐 무리란 것을 알게 되었다. 알제리 주재 외국인 자녀거나 알제리 정부의 유학 장학생 또는 알제리에 파견된 외교관이 아니면 입학할 수 없었다. 프랑스어 외에는 영어밖에 모르기 때문에 미국·캐나다·영국도 생각했지만 그쪽은 수업료가 너무 비싸서 무리였다.

그래서 프랑스를 선택하게 됐다. 무엇보다 수업료가 저렴했다. 당시에는 연간 2만 엔 정도면 충분했다. 현재도 200유로 이하면 충분하다. 부모의 수입이 적다면 수업료가 더 저렴해진다. 최저 18유로, 연간 2,000엔밖에 들지 않는다. 자국민과 외국인의 학비에 크게 차이를 두는 영국이나 캐나다와 달리, 프랑스는 국적에 상관없이 학비가 일률적이다. 35년 전 기억을 거슬러 올라가보면 학생 기숙사에 살며 사치부리지 않고 학생식당을 이용하면 한 달에 4만 엔으로도 생활이 가능했다. 심지어 도쿄에 사는 것보다 돈이 적게 든다. 즉 적극적으로 선택한 것이 아니라 수업료가 저렴한 프랑스가 마지막에 남게 된 것이다.

경제 선진국이 아닌 제3세계인 알제리 대학에서 유학하기를 원한 것은 지배 받은 측에서 세상을 바라보고 싶었기 때문이다. 어디에서 배우는지에 따라 근대사의 해석에서 근본적인 차이가 생긴다. 나는 장기간에 걸쳐 식민지 지배를 받은 알제리인의 눈을 통해 서양세계의 현재를 파악하고 싶었다.

프랑스에 살기 시작하고 몇 년 후, 서아프리카의 세네갈에 있는 다카르 대학에서의 유학도 생각해보았다. 사미르 아민이라는 저명한 이집트인 경제학자가 교편을 잡고 있어서 그에게 가르침을 받아 신식민지주의 연구를 할 생각이었다. 그러나 준비를 게을리하는 사이에 그 선생님이 탄자니아의 다르에스살람 대학으로 자리를 옮겨버렸다.

젊어서 이상에 타오를 때는 현실이 보이지 않았다. 빈곤한 나라에서의 공부는 쉽지 않다. 몇 년 후에 다시 통역으로 수도 알제에 머물렀을 때, 국립도서관에 가보았다. 그곳에는 만족할 만한 장서가 없었다. 연구서들은 주로 프랑스에서 수입한 것들이었다. 외화 부족으로 인해 책을 충분히 사들이지 못한 것이다. 다른 기회로 다카르 대학을 방문했는데 연구 설비뿐 아니라 교수진도 갖춰져 있지 않았다. 냉정한 현실이다.

1980년 11월 말, 스킥다를 뒤로 하고 장기 비자 취득을 위해 일단 귀국한 후, 프랑스 서북부 노르망디 지방의 캉에서 살기 시작했다. 물가가 싼 데다 프랑스어를 익혀야 하는 것을 생각해서 일본인이 많은 파리를 피했다. 사실 차분하게 공부할 수 있는 환경이라면 어디든 좋았다. 어학교 안내자료를 가져와 남프랑스의 니스 대학이나 스위스 국경과 가까운 브장송 대학도 검토했지만 처음 갔던 캉의 조용한 분위기에 호감을 가졌기 때문에 다른 후보지를 볼 것도 없이 그대로 결정했다. 외국인에게 프랑스어를 가르치는 교실을 반년 다닌 뒤, 역사학부에 등록했다. 하지만 역사학부 수업에 출석한 강의는 근·현대사뿐이고 나머지는 마음 가는 대로 사회학·철학·심리학 등의 수업에 얼굴을 내밀었다.

일본의 대학은 공부하지 않아도 졸업할 수 있지만, 프랑스에서는 간단하게 진급할 수 없다. 대학 공통 입학시험인 바칼로레아에 합격하면 어느 대학이든 들어갈 수 있는 대신, 매년 꽤 많은 학생들이 떨어져나간다. 내가 입학했을 무렵에는 절반 정도의 학생이 도중에 그만두었다. 상황은 지금도 거의 비슷하다.

하물며 나는 프랑스어를 못하니 학위 취득이 훨씬 더 어려웠다. 시험은 모두 소논문 형식. 프랑스인 학생은 2시간 시험에서 A4 레포트 용지 8장 정도는 손쉽게 휘갈겨 적는다. 나는 그들이 써낸 레포트의 3분의 1도 적지 못했다. 게다가 철자나 문법은 실수투성이였다. 거기에 관심이 없는 수업에는 출석하지 않아 학점마저 부족했다. 1학년을 낙제해서 두 번 다녔는데 그래도 필요 학점의 반밖에 채우지 못했다. 그 상태로는 대학에서 쫓겨날 판이었다. 또 체류 허가를 갱신하지 못하고 귀국할 수밖에 없어진다. 큰일이었다.

사회과학고등연구원

곧 운 좋게 돌파구를 찾았다. 현대사 선생님께 사정을 말하고 상담을 청했다. 파리에 사회과학고등연구원Ecole des hautes etudes en sciences socials이라는 학교가 있는데 거기서는 하나의 주제를 선택해서 논문을 쓰고, 합격하면 그 후 박사 과정으로 들어간다고 했다. 보통 대학처럼 필수 과목은 없었다. 더 기다릴 이유가 없었다. 곧바로 연구계획서를 가지고 가 지도교수가 되어줄 사람을 찾았다.

사회심리학 교수에게 가게 되었는데 이것도 우연의 결과였던 것 같다. 나는 계획서를 세 개나 준비했다. 핵심적인 관점은 공통되지만 제도상으로는 다른 학문에 속하는 것들이었다. 첫 번째는 제3세계 나라에서 실업이 생겨나고 이민이 선진국으로 흐르는 과정에 대한 검토를 다루었다. 이미 언급한 사미르 아민 등이 마르크스주의의 입장에서 이론 전개를 하고 있는 것이었다. 제도상의 분류로 보면 경제학이나 사회학에 속하는 것이었다. 두 번째는 프랑스 사회에서 이민자가 살아가는 모습을 경제뿐만 아니라 사회관계나 심리적 움직임을 포함해서 다각적으로 살펴보는 연구를 생각했다. 이러한 접근을 시도하는 학부는 존재하지 않지만 어떤 측면을 강조하는지에 따라 사회학·사회심리학·정신병리학, 심지어는 문학으로 다룰 만한 것이었다. 마지막 세 번째는 "명예백인, 서양인에 대해 일본인이 가지는 열등감"이라는 명제로 메이지 시대 이후 일본이 미국과 유럽을 모델로 근대화를 이뤄낸 과정에서 생겨난 서양에 대한 동경이나 열등감에 대한 검토였다. 세 주제 모두 흥미가 있었지만 최종적으로 세 번째 주제로 정했다. 남은 두 가지에 대해서는 동창생 SK가 "다른 학자로부터 빌려온 말로 이야기할 뿐이지 너 자신은 어디에 있는 거야? 그런 영혼이 들어 있지 않은 연구에는 가치가 없다."고 질타를 했다. 나고야 재수학원에서 신세를 진 현대국어 교사 KT로부터는 "차별을 연구한다면 프랑스 문제보다도 일본에서의 조선인 차별에 부딪쳐야 하는 것 아니야?"라는 지적을 받았다. 그들의 비판은 지당하다. 세 번째 계획서만이 나 자신의 말로 적혀 있었다.

이렇게 주제를 정했지만, 어떤 분야의 전문가에게 가면 좋을지 알 수 없었다. 사회과학고등연구원의 접수처에 상담했더니 계획서의 타이틀을 언뜻 본 사무원이 간단히 사회심리학으로 결정해주었다. 당시에 나는 사회심리학이라는 학문을 들어본 적도 없었지만, 사회학과 심리학 양쪽 다 가능하다는 말에 깔끔하게 설득당했다. 그리고는 강의 안내를 검토하면서 내 주제에 흥미를 가질 것 같은 3명의 교수에게 편지를 썼다. 그중 한 명에게서 승낙의 답장이 왔다. 모스코비치도 관심을 보였지만 면접 날짜가 늦어 그 전에 입학이 결정되었다. 모스코비치 교수에게 개별 지도를 받은 것은 석사과정에 들어간 이후였다. 그땐 몰랐지만, 지도교수 선택은 매우 중요했다. 그 당시에는 입학을 허가받은 것만으로 만족스러워서 더 이상 깊게 생각할 수 없었다.

사회과학고등연구원에는 전기·후기 과정 합쳐서 10년간 재적했다. 학교의 자유로운 분위기는 나의 성격에도 잘 맞았다. 일본과 마찬가지로 프랑스에서도 일반적인 대학은 의무적인 과목을 이수해야 한다. 하지만 사회과학고등연구원에서는 필수 수업이 없었다. 각 교수들은 자유롭게 주제를 선택해서 세미나를 열기 때문에 마음에 드는 수업에 출석하면 된다. 하지만 의무는 아니다. 어떤 세미나에 몇 번을 참가해도 되고 전혀 참가하지 않아도 괜찮다. 시험도 없고 레포트 제출도 없다. 원하는 방식으로 공부하고 3년이나 4년에 걸쳐 논문을 쓰고 심사에 합격하면 학위가 주어진다. 박사과정의 방식도 마찬가지다.

이러한 학습 방식에도 단점은 있다. 박사과정에 들어갈 때까지는 보통 대학에 가서 체계적으로 공부하는 편이 대부분의 학생에게는 편하다. 마음대로 공부를 해도 되지만, 스스로 무언가를 생각해본 경험 없이 고등학교를 막 졸업한 학생에게는 혼란 그 자체기 때문이다. 또 사회과학고등연구원에서는 박사과정 학생이나 연구자를 대상으로 한 최첨단 세미나밖에 실시하지 않는다. 기초지식을 익히기 위해서는 스스로 참고서를 읽거나 대학에 숨어들어가 청강하는 수밖에 없다. 그래서 처음부터 사회과학고등연구원에서 공부하는 것은 일반적으로는 좋은 생각이 아니다.

하지만 프랑스어가 어설픈 나는 수업에 나가도 반도 이해하지 못하기 때문에 결국 책을 읽어서 독학하는 수밖에 없었다. 게다가 흥미가 없는 것은 무리를 해본들 머릿속에 들어오지 않기 때문에 필요하다고 생각하는 지식을 임기응변식으로 채울 수밖에 없었다. 따라서 대학에서 이해할 수 없는 수업에 출석하고 변변찮은 프랑스어로 고생하며 답지에 문장을 쥐어짜내서 급기야 낙제점을 받는 것보다는 사회과학고등연구원의 방식이 내게 맞았다.

형식상의 전문 분야는 나뉘어 있지만 대부분 이름뿐인 구분에 불과했다. 예를 들어 역사학 교수의 후임으로 철학·심리학·경제학·사회학 등 다른 분야의 학생들이나 교수가 뽑힌다. 전문영역을 한정하지 않고 모집해서 일등을 한 후보자가 자리를 차지하는 방식이다. 좁은 세계에 갇혀 있는 학자의 성향을 경계하고 자유를 존중하는 자세는 수직적인 구조에 얽매인 기존 대학 제도에 대한 비판·반발로부터 이 학교가 설립된 역사적 배경에 기인한다.

사회과학고등연구원 이외에도 학생의 자유재량에 맡기는 학교로 프랑스의 저명한 지식인을 배출한 고등사범학교École normale supérieure나, 철학자 자크 데리다 등이 설립한 국제철학컬리지Collège international de philosophie 등이 있다. 가시와쿠라 야스오의 『엘리트를 만드는 법』(지쿠마신서, 1996년)에서 그 모습을 인용해보겠다.

에꼴 노르말[고등사범학교]에서는 문과, 이과 관계없이 반드시 따라야 하는 커리큘럼이나 출석해야만 하는 필수 과목은 일절 없다. 물론 학교는 학생을 위한 수업을 충실히 준비하고 있으며 학생은 자유롭게 출석 가능한데, 이뿐만 아니라 그들은 다른 대학의 강의나 연구기관에도 자유로이 출입할 수 있다. 실제로 1층 복도에 있는 게시판에는 다른 대학을 포함한 각 전문 강의에 대한 정보가 붙어 있다. 무언가를 배우려고 하면 그 기회는 최대한 제공되는 것이다.

… 에꼴 노르말에는 다른 그랑제콜(엘리트 양성을 목적으로 한 고등 교육 기관)이나 대학과 다르게 졸업시험이라는 것이 없다. 그 대신에 학생은 주어진 특권을 최대한 활용해서 상급 교원 자격[아그레가시옹]을 취득하기 위한 국가 시험을 목표로 준비를 한다.

… 여기에 있을 수 있는 기간은 4년이며 학생은 그동안에 스스로 커리큘럼을 만들어 공부한다.

이에 비하면 보통 대학의 과목 제도는 일본 이상으로 경직되어 있다. 수직적 구조로 인해, 예를 들어 사회학 학사를 취득한 학생이 심리학부로 편입하고 싶으면 2학년부터 다시 새로 시작해야만 한다. 또한 교원의 학부 이동은 거의 불가능하다. 나는 사회심리학을 전공으로 했지만 실제 접근은 심리학보다도 사회학에 가깝다. 개인현상만 연구하는 심리학부에서 탈출해서 집단현상을 다루기 위해 10년쯤 전에 사회학부로의 전과를 계획했다. 사회학 교수의 응모자격만은 대학위원회에서 인정받았지만 파리 제7대학에 공석이 생겨 원서를 보냈을 때는 상대조차 해주지 않았다.

모스코비치의 세미나는 사회학·문화인류학·심리학·철학

등을 가로지르는 내용이었다. 그 덕에 학계에 만연한 수직적 구조에 얽매이지 않고 자유로운 발상을 배웠다. 교수는 사회심리학의 방대한 실험연구저작을 남겼을 뿐만 아니라 과학이나 사회학 분야에서 많은 저서를 남겼다. 어린 시절 그는 루마니아의 변두리 시골에서 태어난 유대인인 데다 고등학교에서 추방당하거나 강제노역에 동원되거나 하면서 고등교육을 받을 수 없었다. 전후 파리로 이주했지만 바칼로레아 시험에 합격하지 못해 대학에 들어갈 수 없었다. 그래서 일본의 대학검정시험에 상응하는 테스트에 응시했다. 그런데 프랑스적인 문장 형식을 몰라서 첫 해는 불합격이었다고 한다. 후에 소르본 대학에 들어가 심리학 공부를 시작했다. 이에 병행해 철학이나 자연과학에도 관심을 가지고 넓은 분야의 교양을 악착같이 익혀갔다.

모스코비치는 심리학 분야에서 획기적인 일을 계속해가면서 스승으로 삼았던 과학철학자 알렉상드르 쿠아레가 세상을 떠난 1964년까지 가르침을 받으며 사고 방식이나 발상의 비결을 전수받았다. 또한 사회심리학자로서 이름을 알리기 전에 미국의 프린스턴 고등연구소·하버드 대학·예일 대학 등으로부터 과학철학자로서 초대를 받았었다. 갈릴레이와 동시대에 활약한 이탈리아 제노바의 물리학자 장 바티스트 바리아니에 관한 저서도 있고(S. Moscovici, L'expérience du movement. Jean-Baptiste Baliani, disciple de Galilée, Hermann, 1967), 인간과 과학의 역사 변천을 분석한 저서의 작가로도 알려져 있다(S. Moscovici, Essai sur l'histoire humaine de la nature, Flammarion, 1977 [『자연의 인간적 역사』, 오츠 마코토 역, 상하권, 호

세대학 출판국, 1988년]).

사람들은 흔히 "넓고 얕게, 보다 좁고 깊게"라고 말한다. 하지만 그 어느 쪽도 옳다고 볼 수 없다. 스스로 의문스럽게 생각한 점은 그것이 해명될 때까지 어디까지든 밀어붙여야 한다. 그 과정에서 물리학이나 생리학을 배우거나 철학이나 역사를 접하거나 하는 것이다. 사회과학고등연구원의 학습 방법도 마찬가지였다. 나의 접근 방식을 학제적이라고 평하는 사람들이 적지 않다. 그런데 학문 분야라는 개념이 애초에 나에게는 없었다. 예를 들어 머리를 아프게 하는 질문이 있다고 하자. 답이 어딘가에 쓰여 있지 않을까, 하고 힌트만이라도 찾고 싶다는 생각에 이르게 된다. 그러면 선인들에게 도움을 받자. 진정한 공부란 이런 과정을 따라야 한다.

첫 번째 책

사회과학고등연구원에 들어갔을 당시, 학위를 받고 대학에 취직한다는 것은 상상도 하지 않았었다. 통역으로 하루 벌어 하루 먹고 살았음에도 안정적인 직장에 들어가고 싶다는 마음은 없었다. 달리 방법이 있다고는 생각하지 못했다. "명예백인, 서양인에 대해 일본인이 가지는 열등감"이라 이름 붙인 계획서를 제출하고 지도교수를 찾았을 때도 이 주제로 책을 내고 싶다고 생각했을 뿐이다. 어디든 학교에 등록하지 않으면 체류 허가가 나오지 않아 프랑스에서 쫓겨날 판이었다. 그래서 편의상의 조치로 자격도 필요했다. 그런데 이것은 어디까지나 임시방편에 불과했다. 이제 막 연구를 시작하려고 하는 나를 도와줄 상담 상대만 있다면 그걸로 충분했다. 나중에 박사과정을 갈 것이냐고 묻는 선생님에게 나는 그저 책을 쓰기 위한 조언만 얻을 수 있으면 된다고 건방지게 대답했다. 캉 대학에서는 1학년 학점조차 이수하지 못해 차선책으로 사회과학고등연구원에 들어온 낙오자 녀석이 갑자기 책을 낸다고 하니 가소롭게 보였을 것이다.

1991년 5월, 『일본인은 서양인인가? 자발적 이문화 수용의 사회학 Les Japonais sont-ils des Occidentaus? Sociologie d'une acculturation volontaire』이라는 제목으로 처음 책이 나왔다. 파리의 큰 서점인 프낙 FNAC에서 사인회를 겸한 강연을 하거나 내 사진과 함께 『르 피가로』지에 소개되는 등 시작은 운이 좋았다. 책은 그다지 팔리지 않았다. 그런데 생각지도 못하게 내 책이 프랑스에서 가장 권위 있는 백과사전 『앙시크로페디 위니베흐살리제 Encyclopoedia Universalis』의 '이문화 수용' 항목에 말리노프스키나 린톤 등 역사에 이름을 남긴 문화인류학자의 고전들과 나란히 참고문헌으로 올라갔다. 지금 다시 읽어보면 분석이 미비하거나 깊이가 얕고 어설픈 문장들이 눈에 들어온다. 체계적인 지식이 없는 아마추어가 써 내려간 책이기에 결점도 꽤 많다. 하지만 반대로 아마추어기 때문에 기성 방식의 사고에 사로잡히지 않은 것도 다행이었다.

집필 중에는 세 명의 전문가로부터 격려를 받았다. 한 명은 사회심리학자인 와가쓰마 히로시 씨. 와가쓰마 히로시/요네야마 도시나오의 『편견의 구조』(NHK출판, 1967년)에 관심을 가진 나는 파리에서 교수에게 편지를 써서 내가 생각하는 것들을 전했다. 그는 내게 "굉장히 좋은 부분에 주목하셨군요. 열심히 해서 수수께끼를 풀어주세요."라고 전해왔다. 도쿄 자택에서 만나 뵈었을 때, 그 분은 이미 말기 암 판정을 받은 상태였다.

와가쓰마 씨는 미국 버클리 대학에서 가르치던 당시에 모아둔 자료나 일본에서 차별 받고 실망해서 미국으로 귀국한 흑인 학생과 주고받은 편지를 나에게 건네주었다. 파리로 돌아온 뒤 한동안 나는 알제리에 나가 있어 그 곳에서 와가쓰마 씨의 부고를 들었다. 그 분께서 살아 계셨다면 나의 저서를 보고 어떻게 생각하셨을까?

일본인의 서양 콤플렉스에 관심을 가지고 독자적인 이론을 전개하는 사상가가 일본에 한 명 더 있다. 정신분석학의 입장에서 기시다 슈 씨는 일본 근대화의 일그러진 모습을 지적한다. 프랑스에 방문했을 때 만나 뵙고 논문을 보여드리니 바로 훑어 봐 주셨다. 몇 년 후, 책이 나왔을 때는 프랑스어로만 출판하기에는 아깝다면서 꼭 일본어로도 출판해보라고 격려해주셨다. 1996년에 출판한 『이문화 수용의 패러독스』가 그에 대한 대답이 되었다고 생각한다.

또 한 명 소중한 사람이 있다. 연구를 시작했을 무렵, 내가 나아가는 방향이 올바른 것인지, 무의미한 것은 아닌지 고민하고 있을 때, "너는 틀리지 않았어. 자신의 직관을 믿고 계속해. 반드시 참신한 연구가 될 거야."라고 등을 두드려준 유대계 이탈리아인 사회학자였다. 그를 처음 만난 것은 사회과학고등연구원 세미나에서였다. 그는 소수파의 정체성 문제 연구가로 알려져 있는 댄. V. 세그레 씨로 이탈리아 토리노 대학, 미국 스탠퍼드 대학, 이스라엘 하이파 대학에서 겸임하고 있었다. 특히 나의 연구계획서에 강하게 관심을 나타내며 조언을 해주셨다. 몇 년 지나 저서가 나왔을 때, 이탈리아의 자택에 보냈더니 "참 좋은 연구를 했구나. 지금 스탠퍼드 대학에 있어. 꼭 강연에 오렴."이라고 초대를 해주셨다. 그에게서 "너는 틀리지 않았어."라는 말을 들었을 때 나는 정말 많은 용기를 얻었다.

처음 쓴 논문이 저서의 형태로 세상에 나왔을 때 그것은 내가 걸어가는 방향을 정해줬던 것이리라. 그리고 3년 후인 1994년 2월 말, 박사 학위를 취득하고 그해 가을에 릴 제3대학 심리학부에 취직을 했다.

대학 취직의 속사정

프랑스의 대학 교원에는 준교수Maître de Conférences와 교수Professeur des Universités 제도가 있다. 둘 다 국가공무원이며 미국의 제도로 말하자면 테뉴어(종신재직권)를 가지는 교원에 상응한다. 준교수가 되기 위해서는 박사 학위 취득 후, 대학위원회로부터 업적인정을 받고 공석 자리에 응모해야 한다. 교수가 되기 위해서는 준교수로 취직한 뒤 박사과정연구지도자격Habilitation àdiriger des recherches을 취득하고 대학위원회에서 응모자격을 인정받아 공석 자리에 지원해야 한다. 준교수와 교수의 응모자격 인정률은 모두 60퍼센트 정도다(전 학부 평균). 한 번 인정받으면 4년간 유효하며 그 기간 내에 취직하지 못하면 응모자격을 다시 취득해야 한다. 매년 봄이 되면 모집 인원이 학과 및 전문 규정에 따라 발표된다. 응모자격취득자는 희망하는 자리를 찾아서 원서를 제출한다. 대학은 서류심사 단계에서 후보자를 3명 정도로 좁힌 후 면접에 불러 최종적으로 1명을 결정한다.

나는 베르사이유 대학·파리 제5대학·릴 제3대학·리옹 제2대학, 총 네 곳에 지원했다. 내가 살고 있는 파리에는 대학이 13개가 있지만 그중 사회심리학을 가르치는 곳은 세 곳뿐이며 응모한 해에는 제8대학과 제10대학에 공석이 나지 않았었다. 다행히 모든 응모 대학에서 최종선고까지 남아 면접을 보게 되었다. 첫 번째는 베르사이유 대학. 사회과학고등연구원에서 모스코비치 지도 하에 학위를 취득한 헝가리인 A와 파리 제10대학을 수료한 프랑스인 M, 그리고 나까지 총 세 명이 최종후보자였다. A는 이미 베르사이유 대학에서 수년 전부터 비상근 강사로 재직했기에 공모라고는 해도 사실상 그로 내정되어 있었다. 작은 대학이라 심사관이 세 명밖에 없었고 가벼운 느낌의 질의응답을 주고받았다. 예상대로 A가 뽑혔고 나는 떨어졌다.

다음 면접은 파리 제5대학. 여기는 엄숙한 분위기였다. 심사관이 30명 정도 원탁에 둘러앉았다. 나 외에 아동의 사회심리학을 전공으로 한 오스트리아인 여성 S와 그르노블 대학에서 공부한 젊은 프랑스인 F가 있었다. 나중에 알았지만, 이곳도 내정된 후보가 있어 F가 가장 유력했다고 한다. 그런데 예상 밖의 일이 일어났다. 첫 번째로 면접을 본 F 뒤에 다음 순서를 기다리는 S가 좀처럼 불리지 않았다. 무거운 분위기를 바꿔보려 했던 것인지, 과도한 긴장감에 실수를 한 것인지 F가 농담을 했고 그것이 많은 심사관들의 기분을 거슬렀던 것 같다. 그는 3등으로 강등되었고 S가 1등, 나는 결국 떨어졌다. 그렇지 않았다면 내가 3등이었으리라. 1등이 아니면 의미가 없기 때문에 결과는 마찬가지지만.

남은 것은 릴 제3대학과 리옹 제2대학이었는데 공교롭게 면접 날짜가 겹쳐버렸다. 전국에서 일제히 공모하기 때문에 이러한 불운이 종종 일어난다. 릴은 파리에서 북북동 방향으로 200킬로미터 떨어진 벨기에 국경과 20킬로미터 정도 거리에 위치한 마을이다. 한편 리옹은 파리에서 남동으로 400킬로미터 내려간 스위스의 제네바에서 그리 멀지 않은 위치에 있다. 두 대학 모두 교외에 있기 때문에 전차의 환승까지 포함하면 이동에 6시간 정도가 걸린다. 게다가 그날은 항공회사의 파업이 예정되어 있었다. 어떻게든 두 곳의 면접에 모두 갈 수 없을지 고민하다 소형 비행기나 헬리콥터를 빌리기로 생각했다. 그런데 문의해보니 100만 엔 정도 비용이 든다고 했다. 그만한 돈은 없기 때문에 결국 릴 대학의 면접만 가기로 했다. 파리에서 통근에 걸리는 시간 차이도 있지만 나는 전년부터 릴 대학에서 임시교원Attaché Temporaire d'Enseignement et de Recherches, ATER을 하고 있었기에 동료가 나를 우선해줄 거라 기대했기 때문이다.

릴 대학의 면접에 오른 후보자는 나 외에 파리 제5대학에서 만난 오스트리아인 S, 그리고 남프랑스의 대학에서 학위를 취득한 프랑스인이었다. S는 이미 파리에서 일을 구했기에 면접을 포기했다. 그리고 남은 라이벌은 나타나지 않았다. 다른 대학에 취직이 결정된 것이리라. 결국 내가 자동적으로 선출되었다. 하지만 외국인은 프랑스의 국가공무원이 될 수 없다. 대학 교원과 국립과학연구센터 등의 연구원만은 국가공무원이지만 예외적으로 프랑스 국적을 필요로 하지 않는다. 나는 일본 국적밖에 없기에 대학 교원은 될 수 있지만 사무원은 될 수 없었다. 또 초중고에서는 교원도 될 수가 없었다.

사회심리학이라는 특수성

릴 제3대학과 나의 인연은 우연히 시작되었다. 취직하기 3년 정도 전에 통계 소프트웨어의 사용 방법을 사회과학고등연구원 교원이 물어보았다. "릴 대학에 근무하는 벨기에인 교수가 고자카이 군과 같은 프로그램을 쓰고 있는데, 잘 작동되지 않아서 곤란한가 봐. 도와드리는 게 어때?" 이전에 읽어본 그 교수의 논문은 흥미로웠고 그가 통계에 강하다는 것도 알고 있었다. 검토 중인 데이터를 상담할 좋은 기회였다.

벨기에 남부의 작은 마을까지는 파리에서 철도로 세 시간 정도 걸렸다. 통계 소프트웨어 문제는 간단히 해결되어 남은 시간 동안 서로의 연구에 대해 이야기를 나눴다. 그 후에는 만날 일이 없어서 교수에 대해서 잊고 있었다. 그런데 2년 정도 지나고 뜻밖의 연락이 왔다. "1년만 하는 임시교원이긴 한데 그래도 괜찮다면 릴에 오지 않겠는가?" 컴퓨터 소프트웨어 문제를 도와드린 답례로 나를 택한 것은 아닐 테지만, 그 우연이 없었다면 연구 주제를 봐주실 가능성도 없었다.

가깝다고 해도 파리에서 릴 역까지 고속열차로 한 시간, 거기에서 또 지하철을 타기 때문에 집에서 대학까지는 두 시간이 걸린다. 게다가 국가공무원은 근무지 거주가 원칙이라 교통비가 지급되지 않는다. 매주 두 번 고속열차로 오고 가는 경비는 박봉인 나에게 감당하기 어려웠다. 기회만 있다면 파리의 대학으로 옮기고 싶다고 생각했는데 2002년에 공석이 생겨 파리 제8대학으로 이동하게 됐다. 결국 릴 제3대학에서는 9년간 근무했다.

그런데 어째서 나는 프랑스에서 교직을 맡게 되었을까? 매년 꽤 많은 수의 일본인 유학생이 유럽으로 간다. 외국어를 배울 목적이 반 이상이지만 학위를 취득해 교직으로 나아가려는 젊은 이들도 적지 않다. 하지만 압도적 다수는 박사 학위를 딴 뒤, 귀국한다. 유럽에 남아 대학이나 연구기관에 근무하는 사람은 거의 없다. 계속 남게 되는 경우도 일본어과에 취직하는 것이 일반적이고 일본과 무관한 학부에 들어가기는 어렵다. 지금부터 그 내막을 밝혀보겠다. 내가 심리학부에 취직할 수 있었던 데는 이유가 있었다.

　프랑스에 오는 유학생 중 대다수는 프랑스의 사회나 문화에 흥미를 가지고 불문학 혹은 프랑스의 사상이나 역사를 연구한다. 그런데 이들 분야에서 프랑스인과 경쟁하는 것은 여간 쉬운 일이 아니다. 프랑스에서는 중등교육의 단계에서부터 말하고 쓰는 능력이 중시된다. 명석하게 말하고 쓰지 못하면 교원이 될 수 없다. 하지만, 그들에게 프랑스인과 동등하게 표현하라고 요구하는 것은 무리다. 또 이러한 분야에 취직하기 위해서는 아그레가시옹이라는 자격이 필요하다. 원래 이것은 중학교와 고등학교 교원이 되기 위한 자격이고, 대학에 근무하는 경우 규칙상 필요 없다. 하지만 갖고 있지 않으면 취직할 때 불리해진다. 그리고 프랑스어가 모국어가 아닌 사람들에게 이 시험은 매우 어렵다.

　문학이나 철학은 물론이지만 법률이나 역사 등 오랜 전통을 지닌 학문에서는 말이 무게를 지닌다. 게다가 인문계 학부는 대체로 보수적이며 외국인 교원 채용을 꺼리는 경향이 있다. 영국인을 영문학에, 혹은 중국인을 중국근대사에 채용하는 경우는 있지만 모국어나 출신문화와 관계없는 외국인이 교원이 되기란 쉽지 않다.

　그에 반해 최근 들어 확립된 사회학이나 심리학에서는 외국인이 그렇게까지 불리하지는 않다. 오랜 전통을 가진 학부와 달리 형식보다도 내용을 중시하는 경향이 강하기도 해서 철자나 문법을 조금 틀리더라도 너그럽게 봐준다. 게다가 이들 학부에는 진보적인 교원이 많아 외국인에게 관대한 경향도 있다. 통계학 등 이공계 요소도 포함되어 언어의 무게가 상대적으로 줄어든다. 그리고 고등학교에서 이수하지 않은 사회학이나 심리학에는 아그레가시옹 시험이 없다. 단지 사회학부 응모자 중에 철학과에서 흘러 들어온 사람이 있어 아그레가시옹 취득자나 고등사범학교 졸업생도 있다. 하지만 그런 우수한 사람은 심리학부로 넘어오지 않는다.

그래서 프랑스 대학에 취직하고 싶다면 심리학부나 이공계를 노리는 것이 좋다. 그런데 심리학이나 이공계의 일본인 연구자는 애초에 프랑스에 오지 않는다. 대부분의 학생은 미국으로 유학을 간다. 즉 프랑스에 특별한 흥미가 없었기 때문에, 나는 취직이 가능했던 것이다. 만약 프랑스에 대한 동경이 있었다면 프랑스의 사상·불문학·프랑스사 등을 연구했을 것이다. 그랬다면 지금 열거한 겹겹의 장애들이 나를 가로막았을 것이다.

프랑스의 대학 제도

프랑스의 대학 제도는 일본과 크게 다르다. 가장 큰 차이는 엘리트가 다니는 그랑제콜grandes écoles(고등전문학교)과 일반 대학universities의 이중구조다. 전자는 바칼로레아 취득 후, 고등학교 재학 중에 우수한 성적을 받은 학생만이 입학을 허가 받는 예과를 거쳐 그보다 더 어려운 입학시험에 합격해야만 한다. 후자는 바칼로레아만 취득하면 어느 대학, 학부든 무시험으로 들어갈 수 있다. 일본에서는 잘 알려지지 않은 고등교육 제도이므로 소개해보겠다.

마르티니크·뉴칼레도니아·타히티·레위니옹 등 해외 지역이나 영토까지 포함하면 프랑스의 대학은 전 국토에 73개교가 있고 모두 국립이다. 학생 수는 적게는 2,500명(뉴칼레도니아 대학), 많게는 7만 명(엑스·마르세이유 대학) 정도다. 내가 근무하는 파리 제8대학은 2만 명 조금 넘는 수준이다. 파리에는 있는 13개교도 모두 비슷한 규모다.

많은 사람들이 오해하고 있는 것이 바로 소르본 대학(파리 대학)이다. 이 학교는 도쿄대나 교토대, 미국의 하버드나 스탠퍼드, 영국의 케임브리지나 옥스퍼드처럼 우등생들이 다니는 대학이 아니다. 소르본은 파리 제4대학의 별칭으로 고등학교를 졸업하고 바칼로레아를 취득하면 누구나 들어갈 수 있다. 입학시험은 없다. 파리 제13대학은 판테온·소르본, 파리 제3대학은 신 소르본이라는 별칭이 붙어 있다.

지원자가 정원을 넘는 경우에는 같은 구역 내의 거주자에게 우선권이 주어지고 그래도 많은 경우는 추첨으로 입학자를 정한다. 최근에는 추첨방식이 법률 위반이라는 판결이 나왔다. 바칼로레아가 대학공통자격시험인 이상, 합격자를 입학 거부할 수 없기 때문이다. 어느 대학, 학부든 지원자가 모두 들어갈 수 있도록 시설 및 교원·사무원을 충실하게 확충하는 것이 이상적이지만 국가예산에 한계가 있기 때문에 그것도 쉽지 않다. 그래서 추첨이나 선착순으로 입학을 허가하고 있다. 단, 의학부만은 진급 가능한 정원수가 정해져 있다. 1년차 마지막에 실시되는 진급 시험에 합격하는 것은 입학자의 20퍼센트, 3학년이 될 수 있는 학생은 또 그중 40퍼센트 정도에 불과하다. 의학부에 남지 못한 학생은 약사·간호사·엑스선 기사·마사지사 등이 되기 위한 학교로 옮기거나 생물학부나 공학부에 다시 들어가거나 한다.

프랑스에서는 바칼로레아에 90퍼센트가 합격하고 대학 시험도 없으며 수업료도 저렴해서 가벼운 마음으로 대학에 오는 학생이 많다. 그 때문에 1학년생은 어마어마하게 많다. 2008년도 기준으로 3년간 학사과정을 낙제하지 않고 수료한 학생 비율은 전국 평균 42.8퍼센트였다. 4년에 걸쳐 학점을 채우는 학생이 13.9퍼센트이므로 합계하면 60퍼센트 가까이 된다(프랑스 국민교육성 보고). 반대로 말하면 입학자의 40퍼센트가 중퇴한다.

내가 근무하는 파리 제8대학의 졸업률은 27.8퍼센트(전 학부 평균, 3년간 수료하는 비율)며 전국 수준보다도 꽤 낮다. 진급심사가 엄격하기 때문은 아니다. 이민출신자가 많아 가정환경이 좋지 못했기에 공부하는 습관을 들이지 못했거나 쓰는 능력이 낮은 학생이 많다. 또 이 대학은 전통적으로 진보적 경향이 강해 노동자의 편의를 꾀하기 위해 야간수업이나 통신교육을 실시하고 있다. 그런데 일과 공부를 병행하는 것이 어려워 근로학생의 대다수가 탈락하고 만다. 이러한 사정이 졸업률을 떨어뜨리고 있다.

세대가 교체되어 이곳 교원들도 최근에는 얌전해졌다. 이전에는 불법체류 중인 외국인 학생을 교내에 몰래 숨겨주어 교원과 학생이 기동대와 대치했었다. 1979년에 테러 용의로 이탈리아 감옥에 수용된 사상가 안토니오 네그리도 도망 중, 파리 제8대학에서 교편을 잡았었다. 그는 옥중에서 국회의원에 입후보해 당선되면서 의원특권으로 가석방되었다. 그러나 특권파기 결의가 국회에서 통과되어 네그리는 프랑스로 망명했다. 그 후, 테러 용의는 벗어났지만 결석 재판에서 다른 정치적 이유로 징역 30년의 유죄 판결이 내려졌다. 하지만 정치망명자 보호를 선언한 미테랑 대통령의 비호 하에 14년간 네그리는 고등사법학교·파리 제7대학·제8대학, 그리고 국제철학대학에서 학생들을 가르쳤다. 파리 제8대학의 철학 교수 질 들뢰즈, 정신분석가 펠릭스 가타리, 콜레주 드 프랑스의 철학 교수 미셸 푸코 등이 지원 활동을 했다. 그 후 1997년에 네그리는 이탈리아로 돌아가 복역했으나 6년 반이 지나 자유의 몸이 되었다.

몇 년 전에 이러한 사건도 있었다. 강제퇴거처분을 받은 불법체류 아프리카인이 파리 드골공항으로 이송되어 여객기 좌석에 묶여져 앉아 있었다. 이때 승객 십여 명이 경찰의 행동에 항의하며 안전벨트 착용을 거부했다. 그 때문에 비행기가 이륙할 수 없었다. 결국 항의한 사람들은 체포되고 경찰서로 연행되었다. 그중에는 파리 제8대학에서 공부하고 있던 말리 출신의 여학생도 있었다. 이를 알게 된 총장은 구명활동을 조직하도록 모든 교원에게 요청하고 경찰서로 학생을 인계하러 갔다. 일본이라면 반대로 학생을 질책하고 경찰에 사죄하는 총장이 많았을 것이다. 참고로 파리 제8대학의 총장은 당시 30대 중반의 젊은 나이였다.

지금까지 설명한 대학과는 다르게 그랑제콜이라 칭하는 엘리트 양성기관이 있다. 파리상공회의소가 설립한 비즈니스 스쿨 HEC경영대학원Ecole des hautes etudes commerciales de Paris 등의 예외를 제외하고 모두 국립이다. 전국의 수재가 모이는 고등사범학교나 최고 수준의 기술자·경영자를 배출하는 이공계 학교Ecole polytechnique, 고급관료를 양성하는 행정학원 등이 있다. 이들 엘리트 학교에 입학 허가를 받을 수 있는 학생은 많지 않다. 고등사범학교의 정원은 문과·이과 각각 약 100명. 철학·사학·경제·수학·물리·화학·생물학·의학 등을 전부 합진 숫자다. 의학부와 약학부에는 총 4명밖에 들어갈 수 없다. 행정학원도 지원자가 많은 해에 100명 정도다. 도쿄 대학은 문과1류 합격자(교양과정 2년 후 80퍼센트 이상이 법학부로 들어감)가 400명(문과 전체 학생 수는 1,200명), 의학부로 진학하는 이과 3류 합격자가 100명(이과 전체는 1,700명)이다. 그 외에 추천입학 전형으로 100명을 모집한다. 모두 합치면 3,000명이 된다. 이 숫자와 비교하면 그랑제콜의 난이도를 알 수 있을 것이다.

대통령이나 장관 대다수가 이들 엘리트 학교의 행정학원 졸업생들이다. 1974년부터 1981년까지 대통령을 역임한 발레리 지스카르 데스탱은 이공계 학교를 다닌 후 행정학원을 나왔다. 즉 이과와 문과 모두 최고의 과정을 마쳤다. 자크 시라크 전 대통령(1995~2007년 재임)은 파리정치학원과 행정학원 졸업생이고, 프랑수아 올랑드 전 대통령은 파리 제2대학에서 법학을 배운 뒤 HEC경영대학원과 파리정치학원을 거쳐 행정학원에서 공부했다. 미테랑 전 대통령 당시, 서른일곱 살의 젊은 나이로 수상에 취임한 레옹 파비우스, 그리고 시라크 전 대통령의 오른팔인 알랭 쥐페 전 수상은 둘 다 고등사범학교를 나온 후 파리정치학원을 거쳐 행정학원을 졸업한 수재다. 그리고 2017년 5월에 서른아홉 살의 젊은 나이로 대통령에 취임한 에마뉘엘 마크롱도 행정학원을 졸업했다. 그는 고등사범학교에 두 번 도전했지만 실패하고 파리 제10대학에서 철학을 배운 후 파리정치학원을 거쳐 행정학원에 들어갔다. 마흔여덟 살에 대통령에 취임한 지스카르 데스탱의 기록을 경신했다. 서른다섯 살에 황제가 된 나폴레옹 보나파르트를 제외하면 마크롱은 프랑스가 공화제가 된 이래로 가장 젊은 국가원수다.

비즈니스 세계도 마찬가지로 엘리트가 좌지우지한다. 일본에서도 잘 알려진 카를로스 곤은 이공계학교를 나온 후 역시나 들어가기 어려운 파리국립고등광업학교 Ecole nationale sup érieure des mines de Paris에서 공업경영을 배웠다. 자동차 제조사 르노에서 곤의 전임자로 사장을 역임한 루이 슈웨체르는 행정학원 출신이다. 참고로 그는 알자스 지방 출신으로 신학자·철학자·의사·오르간 연주자였던 알베르트 슈바이처와 왕년의 명지휘자였던 샤를 뮌슈의 증손자이고, 철학자 사르트르의 처조카다.

장 폴 사르트르, 시몬 드 보부아르, 모리스 메를로 퐁티, 미셸 푸코, 자크 데리다, 피에르 부르디외 등 프랑스를 대표하는 사상가들은 대부분 고등사범학교에서 학생 시절을 보냈다. 고등사범학교는 파리 외에 리옹이나 렌 등에도 만들어졌다. 그중 전통 있는 파리 고등사범학교는 입학자가 문과, 이과 각각 100명 정도에 불과하지만 노벨상을 수상한 졸업생이 13명이나 된다. 또한 수학의 노벨상이라 불리는 필즈상을 10명이나 받아 세계 최고를 자랑한다. 1936년에 발족해 4년에 1번 수여하는 필즈상의 수상자는 총 57명에 지나지 않는다. 그러니까 그중 20퍼센트에 가까운 수상자들이 이 학교 졸업생들로 채워졌다는 계산이 나온다. 조르주 퐁피두 전 대통령(1969~1974년 재임, 임기 중 병사)도 고등사범학교 출신이다. 프랑스 교육제도의 엘리트주의를 잘 알 수 있는 부분이다.

내가 공부한 사회과학고등연구원은 '특별고등교육기관 Grands établissements'중 하나로 대학이나 그랑제콜과도 다르다. 콜레주 드 프랑스나 고등사범학교와 어깨를 나란히 할 정도로 프랑스의 최고봉에 서 있는 사상가·연구자들이 이곳 교수진으로 모인다. 데리다나 부르디외도 여기에서 가르쳤고『21세기 자본』으로 각광을 받은 경제학자 토마 피케티도 교편을 잡았다.

하지만 학생이 되는 것은 간단하고 입학시험도 없다. 연구계획서를 써서 지도교수를 찾기만 하면 된다. 게다가 바칼로레아도 필요 없다. 즉 중학교나 고등학교를 졸업하지 않아도 무시험으로 입학할 수 있다. 교수진의 질과 학생의 우열은 관계가 없다. 그런데 이를 착각하고 우쭐하는 순진한 학생도 있다. 데리다, 부르디외, 피케티처럼 이곳에서 교수로 몸 담았던 사람들 중에는 고등사범학교 출신이 많다. 많은 이들이 사회과학고등연구원에서 학생시절을 보냈을 거라고 오해하고 있는 것이다.

학위의 이면

박사가 될 수 있는지 여부는 머리가 좋은지 나쁜지만으로 결정되지 않는다. 미국과 다르게 프랑스의 수업료는 연 2만 엔 정도에 지나지 않지만 반대로 장학금이나 학자금 대출이 잘 갖춰져 있지 않다. 그래서 논문을 완성할 때까지 어떻게 먹고 살아야 할지가 문제다. 스무 살 중반을 넘기고도 부모가 자식을 뒷바라지하는 일본 같은 관습도 없고 학원이나 과외처럼 효율적인 아르바이트도 없다. 박사를 목표로 하는 학생에게 생활비 마련은 절실할 수밖에 없다.

돈이 없으면 일을 해야만 한다. 그런데 아르바이트를 하면 사고가 중단된다. 일에서 해방되어도 뇌는 바로 돌아오지 않는다. 문장이 완성되기 전까지 아이디어는 막연한 상태로 직관이나 분위기 같이 머릿속 어딘가를 자극하고 있을 뿐이다. 그래서 잡념이 들어가면 뇌의 자극배치가 변화하고 원래의 아이디어를 다시 파악하는 데 고생한다. 새로운 발상을 얻기 위한 연구로부터 일시적으로 물러나거나 관계없는 활동을 하는 것도 때로는 효과가 있지만 그래도 최소한의 정신집중은 필요하다.

아르바이트를 계기로 연구의 허무함을 깨닫는 일도 있다. 사회심리학에서는 광고회사의 시장조사 등을 실시하는 경우가 종종 있다. 그러면 현실 세계에서 일하는 즐거움을 발견함과 동시에 도움이 되지 않는 탁상공론을 붙잡고 있는 어리석음에 대해 깨달아버린다.

나는 박사논문을 쓸 때 5년 정도가 걸렸다. 같은 주제를 계속 파고드는 것은 쉽지 않았다. 경주마에게 집중이 깨지지 않도록 시선을 차단한 가리개를 씌우는 것처럼 학문 세계도 비슷한 장치가 필요한 이유다. 논문을 쓰는 동안에는 자신의 주제가 어떤 도움이 될지 자문해서는 안 된다. 그런 소박한 의문을 가지기 시작하면 우울해진다. 표준점수의 의의를 믿어 의심치 않는 수험생과 마찬가지로, 내 노력에 의미가 있다고 맹신하지 않으면 하나의 주제를 계속해서 파고들 수 없다.

프랑스 전국에서 매년 1만 개 가까이 생산되는 박사논문 중에서 정말로 재미있는 연구는 극히 적다. 압도적으로 다수의 논문은 심사가 끝나면 먼지를 뒤집어쓰고 누구의 눈에도 띄지 않은 채로 조용히 잠들 운명에 처해진다. 정말 대단한 주제로 쓴 박사논문이라고 해봤자 결국은 학교 과제다. 밥을 벌어먹는 데 필요한 씨앗을 얻기 위한 자격에 불과하다고 딱 잘라 결론짓고 가능한 한 빨리 정리하는 편이 좋다. 그런데 이런 말을 아무렇지 않게 할 수 있는 것도 숙제가 모두 끝났기 때문이지, 한창 쓰고 있을 때는 자신의 연구에 의의가 있다고 믿지 않으면 인내심이 계속 가지 못한다.

최근에는 상황이 바뀌었지만 내가 박사과정에 있던 당시, 문과 논문은 분량이 많았다. 평균적으로 400~500항이었는데 2,000항이 넘어가는 것도 있다. 논문을 쓰는 데만도 시간이 걸린다. 자료부족으로 고생하거나 이론적 난제에 부딪쳐 쩔쩔 매기도 한다. 아르바이트를 통해 현실 세계의 풍요로움을 알게 되면 논문이 진척되지 않는 사태를 두고 도피의 길이 열린다. "애초에 내가 정말로 하고 싶은 일이 이런 것일까?"라고 반문하며 사라져가는 학생도 많다. 실제로 인문학 박사 과정에서는 60퍼센트 이상이 도중에 그만둔다.

지도교수와의 관계도 경시할 수 없다. 인간적으로 좋은 교수와 함께하는 학생은 행운이지만 연구자라는 인종은 세상의 상식에서 벗어나 있다. 어려운 성격이거나 갑질하는 자도 적지 않다. 성희롱이나 권력을 이용한 괴롭힘도 있다. 이미 몇 년이나 지난 시점에, "불만이면 다른 교수한테 가."라고 무책임하게 말하는 인간들도 있다. 그런 말을 듣더라도 지도교수를 바꾸는 일은 간단하지 않다. 방법론이나 주제가 바뀌고 연구의 대부분을 다시 시작해야 하는 처지에 놓이기 쉽다. 심한 경우에는 새로운 지도교수에게 전임자가 연락을 해 학생에게 도움을 주지 못하도록 방해하기도 한다.

학자도 사람이다. 무리를 만들고 제도를 만들면 학문과는 무관한 권력구조가 만연해진다. 무엇보다 세상과 격리된 폐쇄사회이기에 더욱 불합리한 일들이 횡행한다. 이렇게 자금이나 대인관계 등 많은 어려움을 이겨낸 자들이 무사히 학위를 손에 넣는 것이 현실이다.

사기극 같은 학위 심사

연구와 교육적인 면에서는 훌륭한 모스코비치도 사무 절차에 있어서는 허술했다. 논문심사를 두고 내가 고생한 에피소드를 적어보겠다.

논문이 완성되고 지도교수가 허가를 하면, 외부 교수가 두 명 선출되어 예비심사가 이루어진다. 이것을 통과하면 다음으로 구두시험의 일정을 정하고 심사관을 선정한다. 주로 3~5명 정도를 선정하는데 최근에는 늘고 있는 추세다. 내 경우는 4명이었다. 1993년 연말에 논문의 최종 수정이 끝나고 앞서 언급한 릴 제3대학의 벨기에인 교수와 함께 스위스의 제네바 대학 교수에게 예비심사를 의뢰했다. 다음 교원채용 마감에 맞추기 위해 다음 해 2월말까지는 구두시험을 끝내고 박사학위를 취득해야 했다. 그런데 예비심사를 통과하고 심사관들의 일정을 여쭤보니 전원이 모일 수 있는 날이 없었다. 다행히 스케줄을 재조정해주셔서 마감 며칠 전에 모두가 모일 가능성이 생겼다. 우선 안심하고 구두시험을 위한 장소를 예약하려고 사회과학고등연구원에 갔더니 한 곳만 비어 있었다. 단, "토요일이기 때문에 13시에는 반드시 나가야 한다."고 거듭 당부하는 말을 들었다. 결국 마지막 논의를 위해 모스코비치를 만나러 갔다. 구두시험은 이

제 4일 앞으로 다가왔다.

그런데, 그가 "출석 통지가 오지 않았으니 사무소에 가서 받아오게. 통지서가 없으면 구두시험은 볼 수 없네."라고 해서 서둘러 사정을 들으러 갔다. "2월 26일에 구두시험을 보는데 아직 통지서가 오지 않은 것 같습니다."라고 말하자 사무원으로부터 예상치 못한 답이 돌아왔다. "구두시험이라니 누구 거요? 당신 교수에게 신청서류를 보냈는데 답이 오지 않아서 학위심사는 불가능해요." 나는 깜짝 놀라 모스코비치 연구실로 곧장 돌아가 그에 대해 말하니, 그가 "뭐라고? 나는 받은 게 없다네. 신청서류를 다시 받아오게."라는 황당한 대답을 했다.

나는 별 수 없어 다시 사무소로 갔다. 그런데 거기서는 "이미 교수에게 보냈어요. 두 번이나 서류를 줄 수는 없습니다. 제대로 찾아보세요."라는 말만 반복했다. 아무리 해도 서류를 주지 않았다. "아, 이럴 때 공무원 근성은 좀 버려라."라고 마음속으로 외치며 망연자실했지만 애원해봤자 해결되지 않기에 연구실로 다시 돌아가 비서에게 부탁했다. "혹시 선생님 책상 위에 그런 서류가 있을지도 모릅니다. 확인해주시겠어요?" 그러자 고작 2,3분 만에 열어보지 않은 봉투를 발견했고 그 속에서 신청서류가 나왔다. 정말이지 화도 나고 한심하기도 했다. 곧바로 필요한 항목을 기입해서 모스코비치의 서명을 받아 서류를 사무소에 가져갔다. 사무소에서 "외국 심사관에 대한 연락은 이미 늦었어요. 총장 허가도 받아야 하고."라는 싫은 소리를 들었지만 애원해서 수리를 하게 되었다. 아무튼 이것으로 수속은 끝났다.

"이제 구두시험에서 실수만 하지 않으면 괜찮을 거야."라고 애써 위로하며 집으로 돌아와 안심하고 있으니 모스코비치에게서 전화가 왔다. 수화기를 들자 곧장 욕설이 쏟아졌다. "지금 깨달은 건데 외국에서 두 명이나 심사관을 부르면 교통비는 어쩔 셈이냐? 대체 무슨 생각인 거냐?" 이제 와서 내가 무슨 말을 하겠는가. 심사관은 함께 선정해놓고서 딴소리를 하니 열이 받았다. 하지만 자칫 반박했다간 고집스런 영감이 심통을 부려 구두시험을 중지한다고 해버릴 수도 있을 터였다. 그러니 입으로는 얌전히 사과해둘 수밖에 없었다.

구두시험의 날이 되었다. 긴장하며 나섰지만 시간에 맞춰 심사관이 올 수 있을지가 더 걱정되었다. 대학인은 연구에 대해서는 뛰어나지만 일상적인 규칙을 지키는 능력은 종종 부족하다. 외국에서 부른 심사관이 늦지 않도록 하기 위해 시험장 바로 앞의 호텔을 예약하고 전날 파리에 올 수 있도록 수배해두었다. 그런데 벨기에인 교수로부터 전화가 왔다. "나는 그냥 차로 가겠어. 호텔은 필요 없네. 아침 4시경에 집을 나설 테니 괜찮아." 그렇게 말은 하지만 벨기에에서 몇 백 킬로미터를 운전해서 오는 것이기에 기다리는 입장에선 안절부절할 수밖에 없었다. 지각도 걱정이지만 도중에 사고라도 당하면 돌이킬 수 없지 않은가.

사소한 것들로 전날까지 걱정을 했지만 결국 예정 시각에 모두 모여 심사가 시작되었다. 프랑스 학위심사는 사기극이다. 구두시험에서 심사관의 눈 밖에 나지만 않으면 '우優(très honorable)'를 받는다. 예비심사 제도는 당일에 가서 사람들 앞에서 불합격을 주지 않으려는 것이 주된 목적이다. 즉, 예비심사를 통과하면 자동적으로 박사학위를 받을 수 있다. 지도교수의 체면을 생각해서 다른 심사관들도 신경 써서 일을 크게 만들지 않는다. 애초에 지도교수와 학생 당사자가 상담해 심사관을 선정하는 것이라 반대학파에 속하거나 트집을 잡을 것 같은 사람은 배제할 수 있다. 즉 자기편이거나 친구만 모여서 진행하는 약속된 형식인 것이다. '양良(honorable)'도 있지만 이것은 "박사학위는 수여하지만 이 학생은 대학에 취직시키지 마세요."라는 동업자 사이의 암호와 같다. 지도교수와 싸울 때나 일어날 수 있는, 매우 드문 경우다. 딱 한 번 목격하고 "소문으로만 들었는데 진짜로 있구나."하고 놀랐었다.

공개심사이기에 청중도 있다. 학생에게는 영광스러운 자리기도 하며 심사관에게는 자신의 존재를 알릴 기회다. 그렇기에 센스 있는 코멘트를 준비하고 청중을 웃기기 위한 농담에도 신경을 쓴다. 계획대로 연설이 성공하면 기분 좋게 채점도 너그러워진다. 논문 평가는 제쳐두고 자신의 연기가 어떤지를 심사하는 것이다.

결국 나의 심사는 별 탈 없이 진행됐다. 처음에는 긴장했지만 질의응답이 시작되자마자 이상하게 차분해졌다. 답하는 내용뿐만 아니라 13시까지 심사가 끝나도록 어떻게 하면 간단하게 답할 수 있을까를 주의하며 새로운 질문이 나오지 않도록 말을 고르는 여유까지 있었다. 비판도 나올 만큼 나오고 남들처럼 '심사관 전원 일치의 상찬에 따라 우優(très honorable àl'unanimitéavec les felicitations du jury)'라는 평가를 받고 사기극은 무사히 종료됐다. '심사관 전원 일치의 상찬'은 학교의 관습에 따라 붙이기도 하고 붙이지 않기도 하는 그다지 의미 없는 장식에 불과하다. 예외적으로 우수한 연구에만 붙인다는 규칙이 있는 대학도 있지만 내가 학생인 당시에는 남발되고 있었다.

프랑스의 박사학위 사정을 보여주는 상징적인 에피소드를 하나 더 이야기해보겠다. 2001년 TV 등에서 인기였던 점성술사가 박사학위를 취득해 세상을 떠들썩하게 했다. 일본어 번역서로도 몇 권이 소개가 된 미셸 마페졸리라는 저명한 사회학자의 지도 하에 엘리자벳 테시에가 '포스트모던 사회에서 점성술에 대한 매혹과 거절 양의적 반응을 통해 보는 인식론적 상황'이라는 어마어마한 타이틀로 900항에 이르는 논문을 제출하고 소르본 대학의 대강당에서 구두시험에 임했다. 그런데 그 심사위원장을 맡은 것이 나의 스승 모스코비치였다. 마페졸리의 친구라서 부탁 받은 것이리라. 두 명의 심사관이 하는 예비심사를 이미 통과했기에 관습대로 '우優(très honorable)'성적으로 박사학위가 수여되었다.

이 구두시험은 언론이 앞다투어 보도하며 저널리스트뿐만 아니라 노벨물리학상 수상자인 조르주 샤르파크 등 사이비과학을 감시하는 학자들이 방청하는 일대 이벤트가 되었다. 테시에는 샤넬의 패션 모델이었으며 점성술사로 전향한 후에도 성공해 별점을 믿는 미테랑 전 대통령의 조언자가 되었을 정도다. 그녀의 논문 주제는 미신의 사회학적 분석이 아니었다. "점성술은 주체를 다루는 유일한 객관적 과학이며 대학 교과에 넣어야 할 필요가 있다." 이것이 그녀가 말하는 주장이었다. 방청하는 사람들이나 언론이 격렬하게 반발했고 철학자나 사회학자가 후일 "박사학위를 등록하지 말고 무효로 해야 한다."고 대학 당국과 교육부에 촉구하기도 했다. 일간지 『르몽드』 등이 특집을 꾸려 각계의 전문가가 의견을 내놓기도 했다. 대부분은 테시에와 지도교수 마페졸리, 그리고 심사관을 비난하는 입장이었는데, "대학의 박사학위라는 게 그런 거지. 이제와 새삼 욕하는 것도 이상하다."고 달관하는 저명한 문화인류학자도 있었다.

일본으로 이야기를 옮겨가 보자. 일본에서는 종종 학력 위조가 발각되어 소동을 일으킨다. 그러면 당사자는 언론으로부터 비난 받고 사직하고 만다. 이러한 사건이 일어날 때마다 "더 엄격하게 확인하라."면서 방송국이나 대학을 질책하는 사람들도 등장한다. 그런데 오로지 한 번의 시험 결과로 입학이 결정되고 거의 자동적으로 졸업할 수 있는 일본에서 어떻게 학력이 득세하는 것일까? 스포츠 세계에서는 과거에 아무리 위대한 성적을 남긴 선수라도 지금 도움이 되지 않는다면 시합에 내보내지 않는다. 연봉도 줄어든다. 스모에서는 오제키(2위)까지 올라가더라도 두 대회 연속으로 이긴 것보다 패한 횟수가 많아지면 세키와케(3위)로 강등된다. 음악가도 마찬가지다. 쇼팽 콩쿨에서 입상하더라도 그 후 평범한 연주밖에 하지 못한다면 과거의 영광은 그저 추억일 뿐이다. 연예계는 더 가혹하다.

고학력이어도 실력이 없는 사람은 도태되는 것이 당연한 수

순이다. 반대로 학력이 부족해도 우수한 사람은 두각을 나타낸다. 나는 학력 사기가 세상에서 더 횡행해 간판이 무의미해지면 좋겠다고 생각한다. 사칭을 단속하기보다 학력이나 간판에 기대지 않는 편이 건전하지 않겠는가.

흔히 천재와 보통 사람은 종이 한 장 차이라고 말한다. 모스코비치가 지도하는 데에는 뛰어나 얼마나 감사한지 모른다. 그런데 시간을 무시하거나 사무 상의 수속을 놓치는 일이 빈번했다. 한번은 이런 일도 있었다. 지인의 학위심사가 스위스의 로잔느 대학에서 있었는데 심사관으로 모스코비치도 가게 되었다. 그런데 약속한 시간이 되어도 역에 나타나지 않았다. 안달복달하고 있으니 두 시간 정도 늦게 도착하고서 그가 아무렇지도 않게 말했다. "열차를 잘못 타서 독일 방면으로 가버렸어. 거 참, 번거롭네". 또 한번은 남프랑스에서 개최된 학회에서 기조강연에 초빙되었는데 예정시간이 되어도 모스코비치는 나타나지 않았다. 나는 학회에 참가하지 않고 파리 연구소에서 통신 영상을 기다리고 있었다. 사회자는 당황해서 어찌할 바를 모르고 있었다. "사고라도 당한 걸까, 나이도 나이라 어디에선가 쓰러져 있는 건 아닐까."라며 우리들은 걱정했지만 다음날 진상을 알게 되었다. 아무 일도 아니었다. 그저 호텔에서 자느라 일어나지 못한 것뿐이었다.

대학과 학자들의 편협함

학제적 접근을 탐구하는 나의 일을 사회심리학이라고 인정하는 사람은 일본에도 프랑스에도 거의 없다. 단, 부정적인 의미에서 나를 사회심리학에 밀어넣으려는 사람은 있다. "당신이 하고 있는 것은 사회심리학에 불과하다."라며 비웃는 사회학자나 철학자를 몇 명이나 만났으며 인권을 전문으로 하는 스위스 제네바 대학의 철학교수와 파리 유네스코의 심포지엄에서 동석했을 때 "사회심리학자는 자유나 책임 등에 대해 논의하지 않아도 됩니다. 그것은 월권행위지요."라고 비난을 받은 적도 있다.

파리대학 13개교 중에서 사회심리학을 가르치는 것은 제5·제8·제10대학뿐이다. 10년 정도 전에 이 3개교가 '사회심리학 파리 네트워크'를 결성했다. 자연 소멸해 지금은 없다. 나도 첫 회의에만 출석했다. 당시에 "학제적 접근을 발전시키자."는 제안이 나왔기에 기대하며 회의 진행을 지켜보았다. 하지만 들을수록 그들이 사용하는 학제적이라는 말의 의미를 알고 놀랐다. 철학·생물학·사회학·경제학·언어학 등과의 협력 체제를 만들자는 것이 아니라 "인지심리학·발달심리학·임상심리학 등 심리학 내에서 더 활발한 정보 교환을 하자."는 것이었다. 처음에 나는 그들이 농담하는 줄 알았다. 웃음이 나오는 제안이지 않은가.

나는 "심리학 내부에서 관계를 강화해봤자 의미가 없다. 사회심리학이란 심리학과 사회학의 분열을 지양하려는 시도 아니었던가? 사회학이나 철학과의 교류가 더 중요하다."고 발언했지만, "사회심리학의 정의를 다시 끄집어내도 소용이 없다. 심리학 안에서의 지위를 구축하는 것이 급선무다."라고 일축하고서 그 자리엔 차가운 공기가 흘렀다. 개인주의와 실증주의에 편중된 심리학자는 사회학이나 철학에 근접하는 움직임을 경계한다. 호랑이의 꼬리를 밟고 싶지 않을 것이다.

나중에 신뢰할 수 있는 지인에게 이 이야기를 했더니 "그런 걸 심리학부에서 말하는 녀석이 어디 있냐? 우리에게 철학이 부족하다고 말하는 건 금기 중에 금기야. 심리학자는 철학에 열등감을 가지고 있으니까."라고 못을 박았다.

또 릴 제3대학에서 파리 제8대학으로 이적했을 때의 일이다. 프랑스에서의 대학 이동은 신임 교원과 같은 방식으로 모집한다. 박사학위를 취득한 지 얼마 안된 학생도 다른 대학에서 이미 일하고 있는 교원도 동시에 응모해 1등을 차지한 사람이 자리를 꿰찬다. 내가 이동한 해에는 제8대학과 제10대학에 공석이 하나씩 있었다. 두 곳 모두 원서를 내었는데 제10대학의 인사위원회가 열리기 전날 위원 중 한 명이 전화를 걸어왔다. "실은 우리 대학의 비상근강사를 채용하기로 이미 내정이 되어 있습니다. 하지만 내년에 다른 자리가 생길 예정이라 당신의 연구주제와 접근에 대해 들어보고 싶습니다." 내년에 생기는 자리라면 올해 인사위원회 개최 전날에 연락해오지 않아도 되지 않을까? 이상하게 생각하면서도 설명을 듣고 있었는데 "학제적 접근을 연구하는 공동연구자가 필요합니다."라고 말했다. 나는 그

말에 용기를 얻어 대답했다. "철학, 사회학, 그리고 뇌과학에도 관심이 있습니다. 사회심리학은 좀 더 다른 분야와의 연계가 중요하다고 생각합니다." 그러자 당황한 듯한 목소리가 돌아왔다. "아니, 내가 말하려 했던 건 심리학 내부에서의 학제적인 것인데…." 실망스럽기도 하고 한심하기도 한 기분이 들지 않을 수 없었다.

사회심리학 파리 네트워크의 회의에서는 젊은이들을 육성하는 법이라던가, 통계학 수업을 함께 한다던가 하는 식의 아무 소용없는 것들만 의제로 올라왔다. 학생을 걱정할 여유가 있단 말인가? 우리들 자신의 무능을 바라보는 것이 더 급한 것 아닌가? 모스코비치가 말했다. "칸트나 뉴턴 같은 위대한 사상가가 사회심리학에선 한 명도 나오지 않았어. 그런 사람을 백 년 후에 배출하려면 어떻게 해야 하는가." 기술적인 디테일에 정신을 빼앗겨 천박한 이론밖에 없는 현 상황을 타파하기 위해서는 학제적 접근이 유효하다. 그런데 그런 야심은 아무도 갖지 않는 것 같다. "천재는 대학 밖에서 태어나니까 대학 교육이 할 일이 아니다. 대학은 범인凡人을 만들어내는 곳이다."라는 것이었다. 나는 깊이 빠져 돌아왔다. 그 이후, 두 번 다시 회의에는 가지 않았다.

6장

무엇을 하고 싶가, 무엇을 할 수 있는가, 무엇을 해야 하는가

이 장에서는 이방인의 정체성 문제를 다룰 것이다. 여기서 분석하는 이방인의 불안은 나 개인의 상황을 넘어서 보다 일반적인 의미를 가지게 될 것이다. 인간은 머리로만 배우지 않는다. 생각한다는 것은 방황한다는 것이고 신체운동이다. 그렇기 때문에 연구대상에 빠지지 않으면 혼이 담긴 분석은 불가능하다. 하지만 동시에 대상과 거리를 두는 냉정한 시선을 가지지 않으면 상식의 베일을 벗겨낼 수 없다. 그 딜레마를 어떻게 극복할 것인가.

이해나 평가의 배경에는 이미지가 있다. 행복하다고 느끼거나 불행하다고 슬퍼하거나 하는 것도 사고의 틀이 영향을 미친다. 1장에서 설명한 형식의 역할과 비유의 효과가 인생의 의미를 찾는 데도 작동하고 있다.

국제인과 이방인

보잘것없지만 지금까지 나는 프랑스어와 일본어로 글을 써 왔다. 두 가지 언어로 표현하는 것은 에너지 낭비라고 생각한 시기도 있었다. 스무 살이 지나고서 프랑스어를 배운 나는 이제 일본어는 잘 쓰지 않고 있다. 그러나 논리를 치밀하게 전개하는 문장은 프랑스어로 쓸 수 있어도 민감한 감정을 표현하는 묘사는 불가능하다. 그렇다면 아예 일본어만 사용한다면 어떨까?

하지만 파리에 사는 이상, 프랑스인에게 인정받는 일을 하지 않으면 대학 동료나 학생들 앞에서 괴로운 처지에 몰릴 것이다. 학계가 평가하는 실증연구, 나쁘게 말하면 사소한 것을 따지고 드는 일들은 이제 하지 않는다. 사회심리학을 시작으로 인지과학이나 정치철학으로 시야를 넓혀 자유·평등·책임·주체 등 인간 존재의 근본적 문제를 생각하고 싶다. 사람의 유대감은 어디에서 발생하는 것인지 찾고 싶다. 근대의 함정을 파헤치고 싶다. 사회심리학의 좁은 세계에서는 한직으로 전락하더라도 책을 내서 인류학·철학·정치·경제·역사 같은 다른 분야 사람들에게 읽히면 문제될 것이 없다고도 생각한다. 그런데 대학이나 학회라는 전문가 세계에서도 밖으로 열려 있는 사상계에서도 자신의 설 곳이 없다면 괴로울 것이다. 그렇기 때문에 프랑스어로도 계속해서 써야 한다. 얼마 전까지 그렇게 생각했었다.

일본에서는 국문학·일본사·민속학 등 일부 분야를 제외하면 지식의 대부분이 서양으로부터 유입된 것이다. 그래서 일본으로 돌아갔을 때 서양에서의 유학 경험이 유리하게 작용한다. 겉으로 내세우는 이력 외에도 이들 분야에서 성공하기 위해서는 서양 언어를 이해하는 능력이 필요하다. 유럽과 미국의 문헌을 소개하거나 번역하거나 비판하면서 자신의 생각을 덧붙이는 것만으로도 일로서 인정받을 수 있다.

파리에서 생활하는 나에게 이는 일본사회나 문화에 관한 책을 프랑스어로 쓰는 것에 상응한다. 하지만 일본에 대해 프랑스어로 쓰거나 프랑스에 대해 일본어로 쓰는 단순 지식전달자가 되고 싶지는 않다. 일본에 대한 것을 전문으로 한다면 자료도 풍부한 일본으로 돌아가는 편이 좋다.

하지만 이렇게 강한 척 말해도 프랑스어를 읽고 쓰는 것이 서투른 내가 일본과 무관한 주제로 프랑스인에게 대항할 수 있을 것인가? 하지만 프랑스 주재 일본인 연구자가 적은 탓에 TV나 라디오에서 일본사회 해설을 요청하는 의뢰가 오곤 한다. 옴진리교 사건 때에는 특히 더욱 심했다. 그때마다 나 자신은 종교 전문가가 아니기 때문에 해설은 무리라고 거절했더니 "종교에 관해서는 다른 선생님을 모셔두었어요. 당신은 일본인으로서 감상을 말해주기만 하면 됩니다."라는 대답이 돌아왔다. 이렇게 무례한 이야기를 늘어놓는 것은 내가 실력이 없기 때문이다.

아무리 그래도 일본인이라는 이유만으로 일본사회에 대해 잘 알고 있다고 생각하는 것은 무리가 아닐까? 프랑스혁명의 역사에 대해 질문한다면 프랑스인 수학자에게 물어볼 것이 아니라 세네갈인이든 노르웨이인이든 역사가에게 이야기를 요청하는 것이 순서다. 프랑스인이라고 꼭 프랑스어 문법을 숙지하고 있는 것은 아니지 않은가. 마찬가지로 일본인이라고 일본사회 현상을 분석할 수 있다고 생각하는 것은 섣부른 판단이다. 프랑스인 중에도 분명 일본연구가가 많이 있고, 아마추어인 내가 아는 척하며 끼어들어서는 안 된다.

이렇게 모스코비치에게 불평을 했더니, 그는 "너는 네 얼굴을 거울로 본 적이 없는 거냐?"라면서 웃었다. 또 언젠가 이런 일도 있었다. 선생님과 함께 너댓 명이 잡담을 하고 있을 때 프랑스사회의 개방성이 화제에 올랐다. 나는 일본과 비교해서 프랑스사회는 훨씬 밖을 향해 열려 있다고 말했고, 나를 가만히 응시하면서 선생님이 조용히 툭 한마디 던졌다. "아무리 시간이 지나도 외지 사람은 외지 사람이야. 그건 프랑스도 마찬가지지." 루마니아에서 온 유대인 학자가 50년 이상 프랑스에 살았어도 그렇게 말할 수밖에 없는 사정이 있었으리라.

어찌됐든 일본인이니까 일본에 대해 잘 알 것이라는 소박한 편견을 이용할 생각이라면 일본사회 연구자로 나서면 된다. 그것이 싫다면 프랑스인에게 지지 않을 실력을 쌓아야만 한다. 단순히 "외국인치고는 잘한다. 프랑스어가 모국어가 아닌데도 대학 교수가 되었다."는 정도로는 의미가 없다. 일본인 중에는 나의 외국경험을 높이 사는 사람이 있을 것이다. 하지만 일본과 무관한 일을 프랑스 안에서 하면서 이방인이라는 것에 어떤 가치가 있는 것일까? 일본인이라는 것, 일본어를 모국어로 한다는 것이 마이너스로만 작용한다면 그러한 환경 속에 왜 스스로를 두는 것인가? 이방인밖에 만들어내지 못하는 새로운 시점을 제안할 수 있을 때 비로소 일본인인 내가 프랑스에서 연구하는 의의가 있다. 하지만 그런 일이 가능할 것이라고는 도무지 생각하지 못했다.

파리에서 릴로 향하는 고속 열차에서 차창으로 바깥을 바라보면서 문득 일본 풍경을 떠올렸다. 그때가 마흔을 앞둔 무렵이었다. "내가 하고 있는 일은 잘못된 것이 아닐까? 좀 더 소박한 것에 살아가는 의의가 있는 것은 아닐까?" 연구뿐만 아니라 프랑스에서의 생활 자체에 의문을 느끼기 시작했다. 분명 이방인은 주위로부터 간섭 받지 않으므로 마음이 편한 것은 좋다. 그런데 이를 뒤집어 생각하면 생활의 깊이가 없다는 의미기도 하다. 언제나 여행을 하고 있는 덕에 일상생활의 진부함으로부터 벗어나 있다. 늘 바빠 뛰어다니고 있기에 중요한 질문을 회피하고 있는 것이다. 그런 불안을 지울 수 없었다. 풍요로운 문화를 만끽하고 있는 것 같아도 때때로 바람이 온 몸을 통과하는 듯한 쓸쓸함을 느꼈다.

한번은 친구가 학위 심사를 받아 축하하기 위해 피아노 바에 갔다. 반주에 맞춰 모두 합창을 했다. 온통 유명한 곡들뿐이었다. 그런데 술과 노래에 한껏 젖어 드는 프랑스인 동료들과는 달리, 나에게는 그 곡들에 깃든 기억이 없었다. 에디트 피아프나 이브 몽땅의 선율을 들어도 청춘의 추억이 되살아나지 않는다. 파리에 살기 시작하고 고독을 느끼는 일은 꽤 있었지만, 이국에서 살아가는 외로움을 이때도 깊이 느꼈다.

프랑스에 남겠다고 결심한 것은 체념 때문이었다. 마흔다섯 살쯤이었을까? "일본으로 돌아가 다시 시작하기에는 너무 늦었다. 이제 도망칠 곳이 없다."고 생각하게 되었다. 대학생일 때 일본을 떠나 외국생활을 더 길게 이어가게 된 나는 어린 시절을 외국에서 보내고 돌아온 사람들과 크게 다르지 않은 상태가 되어 있었다. 일본사회에서 살아가기 위한 유연함이나 인내심도 이제는 없다. 그래도 그때까지는 "아직 일본에 돌아갈 수 있어. 귀국하면 분명 다음 목표가 생길 거야."라고 생각했었다. 하지만 결국 도망치려는 자세로는 아무 것도 생기지 않는다는 것을 깨달았다. 프랑스어 표현 중에 "어쩔 수 없다면 포기한다se faire une raison."라는 말이 있다. 영어로는 "도망칠 수 없는 사태를 받아들인다. 하찮은 일이라도 최선을 다한다to accept the inevitable, to make the best of a bad job." 정도로 옮길 수 있을 것이다. 이처럼 언어에 따라 뉘앙스가 다르다. 이를 다시 프랑스어식으로 옮기면 "스스로에 대해 자의적인 논리를 무언가 하나 만들어내서 납득한다."라는 의미가 된다. 인생은 결국 무엇이든 납득하는 수밖에 없는 것이다.

"일본으로 돌아가 다시 시작하기에는 너무 늦었다."는 선고를 받아들인 후에는 이상할 정도로 마음이 편해졌다. 그러자 동시에 일본인이라는 것, 그리고 프랑스에 살고 있는 것에 얽매여 있는 나 자신을 깨달았다. 프랑스인에게 이야기할 것인지 일본인에게 이야기할 것인지 고민하는 것은 정체성의 불안 때문이다. "나는 누구인가?"라는 질문을 만드는 방식 자체가 틀린 것이다. "어느 사회에 대해서든 이방인으로 살아가면 된다."는 것이 문제 해결의 열쇠였다. 프랑스와 일본을 개별적으로 파악하는 것이 아니라 양쪽 관계 혹은 차이로 관점을 옮기면 된다.

대학 수업에서는 "다른 가치관의 충돌에서 새로운 가치가 생겨난다."고 가르친다. 나 스스로 지금 고민하던 문제의 답은 이미 나와 있었다. 하지만 타인에게 설교하면서 어리석게도 눈치채지 못했던 것이다. 머리가 생각하기 전에 입이 멋대로 이야기하고 있던 것이다. 결국 무의식이 과녁을 제대로 맞췄다.

국제인이라는 말이 있다. 자국과 외국의 문화에 정통하고 어디에 있든 그 지역의 사람들과 똑같이 어울릴 수 있는 사람을 말한다. 국경에 얽매이지 않고 보편적인 가치관으로 살아가는 사람을 의미하기도 한다. 글로벌 인재나 글로벌 리더라는 신자유주의의 주문도 마찬가지다.

내가 목표로 한 것은 그 반대였다. 프랑스에서도 일본에서도 자연스레 살아갈 수 있는 국제인이 아닌, 어디에 있어도 주위에 항상 위화감을 느끼는 이방인. 글로벌 인재의 반대에 위치하는 사회부적응자, 비상식인인 것이다. 중요한 것은 일본인의 정보를 살리는 것도 아니고 프랑스문화에서 지식을 흡수하는 것도 아니다. 동양사상과 서양사상을 통합한다던가 양쪽의 단점을 없애고 장점을 취사 선택하는 것도 아니다. "물고기의 눈에는 물이 보이지 않는다." 즉, 상식이 눈을 흐리게 한다. 그러므로 상식의 부조리를 깨닫게 해주는 이문화 환경에서 살아가는 것 자체에 의의가 있다. 사색의 첫 걸음은 거기서부터 시작된다.

40대의 불안과 초조

 시간을 조금 뒤로 돌려보자. 프랑스에 와서 15년 정도 지났을 때였다. 교직에 들어서고 경제적으로 안정됐을 무렵, 혼란이 시작됐다. "이대로 프랑스에 계속 살아도 좋을 것인가?" 그때까지 앞뒤 생각 없이 달려온 나는 격렬했던 변화의 시간을 끝내고 매일 반복되는 생활에 지루해지기 시작했다. 여러 나라를 여행할 때나 알제리에 갔던 시기에는 당연한 일이었지만, 파리에 살던 초기에는 언제 다른 곳으로 자리를 옮길지 알 수 없었다. 게다가 학생이던 시절에는 논문에 집중하느라 앞으로 무엇을 할지 결정하지 않아도 됐기 때문에 정체성에 대한 문제가 심각하지 않았다. 하지만 릴 대학의 교원이라는 새로운 환경에 익숙해질 무렵, 나는 40대에 들어섰고 불안이 닥쳐왔다. "나는 이런 인생을 보내고 싶었던 것인가?" 그때 처음으로 시간의 무게를 느끼고 놀랐다.

 나의 방황은 두 가지 원인에서 유래한 것 같았다. 젊은 시절에 누구나 품었을 법한 "어떤 일을 하고 싶은가? 무엇을 하고 싶은가?" 하는 질문. 또 한 가지는 외국에서 오래 산 사람이라면 반드시 언젠가 맞닥뜨리는 "일본인인 내가 왜 프랑스에서 살고 있는가. 이것은 인생의 목적과 부합하는가?" 하는 의문이었다. 그렇다면 왜, 이 시기에 문제가 발생한 것이었을까?

 박사 논문을 쓰게 되면 에너지를 소모한다. 그래서 논문을 쓰고 난 후, 사람들은 종종 불안에 잠식당한다. 프랑스어에는 '박사 취득 후의 우울증dépression post-doctorale'이라는 표현이 있을 정도다. 일본 대학 신입생들이 걸리는 오월병과 같은 것이다. 마흔 넘어서 청춘들의 병에 걸리다니 바보 같은 얘기지만, 이국의 고독한 환경에서 생활하다 보니 시간이 흐르는 것을 잊고 모라토리움 상태가 오래 지속되었다. 그리고 놀이가 끝났을 때 노는 것이 지겨워진 어린 아이가 짜증을 내는 것처럼 나 역시 불안에 빠진 것이다.

그때까지는 다른 것을 할 수 있는 가능성이 많다고 생각했다. 그래서 학위를 받은 뒤, "나는 정말로 무엇을 하고 싶은가, 무엇을 해야 하는가"라고 되물었다. 하지만, "앞으로 할 수 있는 것이 남아 있지 않다."라는 것을 깨닫고 경악했다. 어린 아이도 아니고 마흔이 된 인간이 이런 말을 하면 누가 들어도 어이없을 테지만, "이제 올림픽에도 못 나간다, 복서도 될 수 없고, 피아니스트도 될 수 없다. 출세해서 유복하게 생활하는 길에서도 멀어졌다. 그뿐만이 아니라 연구의 세계에서도 분야를 바꿔서 수학자나 물리학자가 되기에는 너무 늦었다. 모르는 새에 모든 것이 때를 놓쳤다."라는 생각이 머릿속에서 떠나질 않았다. 매우 충격적이었다. 피아니스트나 복서가 될 수 없는 것이나 올림픽에 나갈 수 없는 것은 재능이 없기 때문이고 연령과는 관계없다. 너무나 잘 알고 있는 것이다. 하지만 이것이 현실의 무게와 함께 덮쳐온 것은 처음이었다. 대학에 취직하고 몇 해 지났을 무렵, 나의 쓰린 속내를 고향 친구인 SK에게 적어 보냈다.

건강하더라도 뇌가 활발하게 움직이는 것은 앞으로 20년 정도일까? 그건 어느 정도의 시간일까? 내가 걸어온 길을 돌아보면 첫 외국 여행을 계기로 일본을 떠나 알제리 등을 돌고 돌아 파리에서 사회심리학을 시작하던 초반 10년은 <u>스스로도 잘했다고 느끼는 자부심이 있었어</u>. 하지만 성실하게 공부해서 사회적인 직함을 가지게 된 후반 10년은 솔직히 별 볼 일 없는 인생이었어. 앞으로의 20년을 이런 타성으로 살아도 되는 것일까?

학위를 준비하면서 여러 가지를 배웠어. '연금생활자'가 되어 좋아하는 것을 매일 생각하며 자유롭게 살 수 있게 되었지. 이상만을 좇아서는 살아갈 수 없고 달리 대단한 것도 없었을 거야. 그래서 결과적으로는 이 선택이 옳았다고 생각해. 하지만 점점 좁아지는 선택지 속에서도 가능성이 조금이나마 남아 있다면 그것을 살펴보는 것이 중요하지 않을까? 그렇지 않으면 반드시 후회하게 될 거야.

'연금 생활자'라는 표현은 프랑스 교원들이 국가공무원 신분을 자조적으로 일컬으며 종종 사용하는 말이다. 정확히는 '금리 생활자'라고 부른다. 젊을 때 공부해서 받은 학위를 자산으로 사회적으로 통하는 직함을 가지고, 매달 입금되는 돈으로 유복하지는 않아도 평범한 생활에 어려움 없이 살아가는 것을 두고 대학인들이 야유하고 있는 것이다. 당시에 내가 "해야 할 일은 이미 끝났다."라고 느꼈던 것이 이 표현에 고스란히 드러나 있다.

이류 인간

박사논문을 끝내고 대학에 취직하는 것은 도착점이 아니라 연구자로서의 출발점이었다. 해야 할 일이 끝났다는 건 잘못된 생각이었다. SK에게 보낸 편지를 이어가보자. 나의 초라함과 함께 문제의 뿌리가 드러나 있다.

내 목표는 '일류'가 되는 것 같아. 그렇다고 뭐든지 좋은 것은 아니고 단순히 주변에서 추어올리는 것만도 아닌 것 같아. 그렇다면 '대학교 선생님'에 괴로워할 필요는 없겠지. '쓸모 있는 사람'이라는 표현이 있어. 오히려 그쪽에 가까울지 모르겠다. 문제는 "무엇을 해야 나는 쓸모 있다고 느낄 것인가." 같아. 저 세상에 가서 사카모토 료마를 만나 "자네, 속세에서는 무엇을 했는가?"라고 질문 받았을 때, "음, 국가공무원을 살짝 했어요."라고는 도저히 부끄러워서 답할 수 없어.
나는 초등학생 때 마술을 좋아했었어. TV에서 인기를 끌었던 미스터 마릭은 기후현 출신으로 어렸을 때부터 마술에 미쳐 있었지. 당시에는 아직 마쓰오 아키라라는 본명으로 나고야의 백화점에 설치된 마술 코너에서 일하고 있었는데 매주 일요일, 개점부터 폐점할 때까지 눌러앉아 그의 손기술을 바라보는 나를 귀여워해주었어. 마쓰오 씨의 고향집에 묵으며 마술을 배우거나 고등학생 때 적어둔 기술일기를 보여주기도 했어. 기후의 마술클럽에 함께 가거나 쇼를 도와준 일도 있었지. 오로지 마술에 대해서만 매일 생각해 마침내 성공한 것이라고 생각해. 마쓰오 씨라면 료마 앞에 가서도 부끄럽지 않을 거야. "온통 이상한 일만 해왔구먼." 하고 웃으면서도 "그래도 열심히 살아왔구나."라고 칭찬해줄 것이 분명해.

인생에서 성공한다는 것은 어떤 것일까? 자신이 정말로 하고 싶은 일을 하며 사는 것이 아닐까? 그러니까 쓸모 있는 사람이 되지 못하고 성공하지 않았다고 느끼는 것은 자신이 하고 싶은 것을 하지 못하고 있다는 뜻이겠지. 하키도 잘 되지 않았어. 재능이 없을 뿐만 아니라 힘닿는 데까지 노력할 성의와 용기마저도 없었거든. 너는 스포츠맨이 아니었으니까 이런 감각을 알지 모르겠지만, 동경하는 일본대표선수와 함께 차를 마시고 말을 나눌 때의 감격이라는 게 있어. 단순히 유명인과 친해졌다는 것과는 달라. "앞으로 나도 저 세계에 들어갈 거야, 들어가고 싶어." 그렇게 동경하던 세계에서 성공한 사람들과 지금 현실에서 함께하고 있다는 기쁨이지. "언젠가 저 사람처럼 되어야지."라고 생각하며 몇 년간 노력했어. 그런데 나는 그런 사람이 되지 못했어. 그 후 20년이 흘렀지. 내가 하고 싶은 일은 아직도 모르겠어. 이제 올림픽에도 나갈 수 없고 피아니스트도 될 수 없는 나에게 유일한 가능성이라면 연구자 혹은 사상가가 되는 것이겠지. 하지만 이건 하키의 경우와 마찬가지로 이 분야에서 성공한 사람의 이름을 듣고 언젠가 이 사람들처럼 되고 싶다고 꿈꾸기만 할 뿐이야.

언제까지 애 같은 소리나 하고 있을 거냐고 너는 기가 막혀 하겠지. 하지만 실제 내 상황이 이런 거니까 어쩔 수 없어….

나를 일본대표 합숙에 불러준 KS감독이 치바에서 합숙한 뒤에 히로시마에 돌아갈 때 나도 나고야까지 열차에 동석한 적이 있다. 그때 그가 해줬던 말을 떠올렸다. "일장기가 그려진 유니폼을 입는 건 그렇게 어려운 일이 아니야. 열매가 눈앞에 매달려 있어. 이제 조금만 발돋움하면 열매에 손이 닿을 수 있어. 그런데 너희들은 어째서 그 조금의 노력을 하지 않는 거야?" 정말로 한 발짝 남았던 것인지, 혹은 넘을 수 없는 커다란 산이 우뚝 솟아 있었던 것인지는 알 수 없다. 하지만 어느 쪽이든 내가 진 것이다.

하지만 당시에 직면했던 고민들 앞에서 "이류가 뭐가 나빠. 공무원인 게 왜 나빠. 일류니 이류니 하는 발상 자체가 잘못된 거야."라는 반론을 할 수 없었다. 머리로는 분명 "인생에 이류는 없어."라는 것을 알았지만 그 사실을 납득하기에 나는 좀 먼 곳에 있었다.

어린 시절부터 나는 눈에 띄고 싶어 하는 아이였다. 그리고 자라는 동안 주목 받으려는 방식이 변해 있었다. 고등학교 2학년이 끝날 무렵, HR시간에 아이들이 순서대로 장래 포부를 이야기했다. 한 여자 아이가 말했다. "평범한 인생이어도 좋으니 타인에게 피해 끼치지 않고 약한 사람에게 상냥하게, 시민으로서 부끄럽지 않은 사람이 되고 싶어." 나는 그 말을 듣고 큰소리로 외쳤다. "내 생각은 달라. 타인의 눈 같은 걸 의식해서는 안 돼. 범죄자가 되어도 상관없어. 주위에 얼마든 폐를 끼쳐도 돼. 그런 건 문제가 아니야. 그것보다도 세상에 한 명밖에 없는 개성 있는 인간이 되어서 무언가 큰일을 하고 죽고 싶어." 그 당시 나는 무엇이든 상관없이 쓸모 있는 인간이 되고 싶다는 마음이 꽤 강한 아이였다.

또 이런 추억도 있다. 고등학교 3학년 때, 같은 반에 술 가게의 둘째 아들이 있었다. 럭비부 선수로 고릴라처럼 튼튼한 녀석이었다. 언젠가 친구 몇 명이 그의 집에 놀러 갔을 때 방에서 밴조를 발견했다. "뭐야, 너 이걸로 뭐 하는 거야?"라고 물어보는 나에게 그는 조금 부끄러워하며 "내가 연주하는 거야."라고 말했다. 럭비부의 고릴라가 정말 음악을 할 수 있을 리가 없다고 생각했다. "그럼 한번 해봐." 나는 놀릴 생각으로 그에게 연주를 시켜보았다. 그러자 그의 손에서 컨트리의 경쾌한 음률이 흘러나왔다. 문화와는 담을 쌓았을 것 같은 촌뜨기 녀석이 실은 나 따위는 닿지도 못할 높은 곳에 있었던 것이다. 순식간에 그 아이는 다른 세계 사람이 되었다. 나는 재능을 가진 사람 앞에서 아무것도 할 수 없는 목각 인형 같이 우두커니 한동안 서 있었다.

내가 걸어온 길은 모두 다 어딘가 비틀어져 있다. 마술이라는 색다른 기예에 흥미를 가진 것도, 아무도 하지 않는 필드하키라는 스포츠를 고른 것도 그렇다. 아테네·프랑세 어학교에 다녔을 때, 남들과 반대로 알제리에 관심을 가진 것도 같은 마음의 작용이 아닐까? 초등학생 시절에 소림사권법을 배운 적이 있었다. 이것도 보통의 아이들이 하는 취미는 아니다. 프랑스에 살기 시작했을 때, 고독감을 달래기 위해 음악을 하려고 배웠던 것도 오보에라는 흔치 않은 악기였다.

나는 항상 다른 사람과 다른 것에 관심을 가져왔다. 그런데 그건 내가 독창적이기 때문이 아니었다. "경쟁률이 낮은 활동에 열중하면 나도 1등이 될 수 있을지 몰라."라는 속보이는 생각에서 비롯된 것 같다. "언젠가 사람들이 다시 보게 만들 거야." 나는 기회가 있을 때마다 색다른 것들에 계속해서 도전했다. 그리고 쓸모 있을 만큼 되지 않는다는 것을 깨달으면 무엇이든 급속하게 흥미를 잃고 포기해왔다.

와세다의 정치경제학부를 나와 유명기업에 취직하는 길을 택하지 않고 알제리를 거쳐 대학을 중퇴하고 프랑스에 정착한 배경에도 이류에 대한 자각을 지닌 내가 언젠가는 일류가 되기 위해 이류로서의 삶을 중도 포기한, 그런 동기가 숨겨져 있었던 것은 아닐까? 친척 중에도 나 이전에는 대학에 진학한 사람이 한 명도 없었다. 어머니의 사촌 중에 대학은커녕 걸핏하면 싸움질이라 부모도 감당 못해 소년원에 들어간 중졸인 사람이 있고, 아버지의 형은 교도소에 다녀온 적이 있는 전과자였다. 또 아버지 사촌 중 한 명은 문신을 뒤집어쓴 전 조직폭력배였다. 그 사람의 아버지도 왼쪽 새끼손가락의 첫 번째 관절이 없었다. 소목장이였기에 일하다 다친 것이라고 생각했었는데 2대에 걸쳐 야쿠자였던 건지도 모른다. "동대(東京大, 도쿄대)에 가고 싶어."라고 말하면, "동대라니, 무로토 곶에 있는 등대 말이냐?"라는 식의 말장난밖에 돌아오지 않는 가정환경에서 자라온 내가 정공법으로는 이길 수 없기에 샛길로 일단 빠져나가 패자부활전을 노린 것일지도 모른다.

대학교원이 된 지금의 나만 아는 사람은 어린 시절에 우등생이었고 공부를 좋아했을 것이라고 오해한다. 파리에서 알게 된 일본인 유학생 대부분은 어린 시절부터 성적이 우수해 연구자·교원의 길로 일찍이 진로를 정해둔 사람들이었다. 하지만 나는 공부로는 그저 평범한 아이였다. 중학교 시절, 나는 불량 학생이었다. 대단한 사건을 몰고 다니는 건 아니다. 어느 학급에나 서너 명 있는 반항아 정도였다. 담배를 배우고 자전거를 훔치거나 물건을 슬쩍하며 놀았다. 무리를 지어 싸움을 걸고 허세를 부렸다. 하지만 나쁜 짓이 발각되고 부모님의 호출로 이어지면서 "이런 짓을 계속 해서는 안 되겠다."고 반성할 기회가 있었다. 2학년 가을, 체육대회 직전이었다. 어떻게 마음을 고쳐먹은 것인지는 지금도 잘 모르겠다. 아버지가 나를 불러 앉혀놓고는 "덕德이라는 한자는 人과 人을 합쳐서 14개의 마음心이라고 쓰지. 너도 열네 살이 되었으니 이제 나쁜 짓은 그만두는 것이 어떻겠니?"라고 타이르신 것을 기억하고 있다. 어머니의 눈물에도 마음이 움직여 "부모님께 면목이 없다."고 생각했었기 때문일지도 모른다. 그 이후로는 성실히 공부하게 되었고 성적도 올라갔다. 나의 변화는 학교에서 화제가 되어 전과자의 성공담처럼 HR시간에 나에 대한 이야기를 하는 선생님도 있었다.

고등학교에 입학한 후에는 하키에 열중해 공부는 하지 않았다. 성적은 나빠져서 중학교 때 불량했던 시절보다도 못 미쳤다. 3학년 가을, 전국고교경기와 전국체전 예선이 끝난 후에는 공부를 시작했는데 물론 꼴찌였다. 하지만 하키가 강한 대학에 추천으로 들어갈 셈이었기에 낙제만 하지 않으면 충분했다. 지구력을 떨어뜨리는 담배를 끊었고 술도 마시지 않았다. 잠깐 조는 것 외에는 수업시간도 헛되이 보내지 않고 연습계획이나 시합 작전을 짜기 위해 유효하게 사용했다. 공부에 관한 것만 제외하면 훌륭한 우등생이었다.

열등감을 가지는 것과 열등한 것은 다르다. 무엇을 할 때든 나보다 아래인 사람이 존재했다. 그러나 스스로 정한 목표에서 바라보면 나는 한참 먼 곳에 있었다. 이상과 현실의 사이에서 고민했다. 이것이 열등감의 정체다. 열등감과 야심은 표리일체의 관계에 있다. 열등감이 있기에 열심히 한다. 그런데 야심이 있기 때문에 그로 인해 자신에게 불만을 가진다. 이상적인 모습과 비교해 자신의 부족함을 자각하기 때문에 열등감으로 괴로워하는 것이다.

'철학'자와 철'학자'

마술의 세계에는 "능숙한 사람은 연기를 하고 능숙하지 못한 사람은 패를 보여준다."는 잠언이 있다. 연기에 실패하면 비밀이 드러나버린다. 그때, 멋쩍음을 감추려는 마음에 관객이 부탁하지도 않았는데 자신의 수법을 공개하는 아마추어 마술사를 야유하는 말이다. 대학인은 다르다고 할 수 있을까?

가치를 스스로 만들어내는 사상가나 작가의 이미지와 남의 샅바로 씨름을 하는 교사나 평론가의 이미지가 자아형성을 거치는 과정에서 괴리되어 갔다. 가르치는 것은 스스로의 공부로 이어지고, 축적된 지식을 사회에 환원하는 역할에는 의의가 있다. 그런 차원의 이야기에서는 사상가와 교사가 겹쳐진다. 하지만 여기서 말하고 싶은 것은 다른 성격의 것들이다.

파리에서 본 영화에 이런 장면이 있었다. 주인공은 고등사범학교에서 철학을 전공한 수재. 사르트르나 푸코 등 세계적으로 유명한 지식인을 키워낸 엘리트 학교를 졸업한 그에게는 야심이 있어서 일개 교사가 되는 것만으로는 만족할 수 없었다. 그는 파리 제10대학에서 근무하고 있었다. 학부는 다르지만 나도 그 대학에서 강사로 2년간 일했다. 주인공에게는 내세울 만한 논문도 저서도 없다. 그런데 어떤 젊은 사상가의 논문이 유명해지고 주인공의 제자도 흥미를 가지게 되었다. 수업이 끝나고 제자가 "선생님, 이 저자를 알고 계신가요?"라고 묻는다. "잘 알지. 고등사범학교에서 같은 반이었으니까." 그가 이렇게 답하자, "어? 선생님이 이런 대단한 사람이랑 아는 사이예요? 굉장하네요."라고 감탄했다. 또 주인공은 집으로 돌아가서는 사귀고 있는 여자친구와의 대화에서도 신경을 곤두세운다. "너, 그래 봤자 그냥 교사잖아."라고 조롱하는 여자친구를 향해 "아니, 나는 비평가야."라고 반박한다. 그때, 내레이션이 나온다.

사실은 작가라고 스스로를 말하고 싶지만 공교롭게 책을 한 권도 쓰지 않았기에 작가라고 말할 배짱은 없다. 하지만 유명하지 않은 잡지에 논문이 실린 적이 있으니 비평가라면 괜찮다고 생각한 것이었다.

"고작 논문 두 편 썼을 뿐이잖아. 그것도 아무도 주목하지 않았고. 너는 그냥 교사야."라고 말하는 여자친구에게 짜증이 남과 동시에 열등감으로 괴로워하는 주인공. 나의 모습과 겹쳐지며 마음이 아팠다. 당시 친구 SK에게 보낸 편지에 이렇게 적혀 있다.

유명대학 교수가 되는 일이 가능하다고 해도 그런 걸로는 '이류인간'이나 '재능 없음'의 낙인은 나에게서 지워지지 않아. 복서라면 다짜고짜 상대를 때려눕히고 링에 드러눕겠지. 음악가라면 관객들의 반응으로 자신의 가치를 판단하겠지. 지금 나에게 아주 조금이나마 가능성이 남아 있다면 그건 나의 생각이나 행동을 책을 써내고 거기서 무언가를 얻는 사람이 나타나도록 노력하는 것이겠지. 그것이 스스로를 구하기 위해 지금 나에게 남겨진 희미한 가능성이 아닐까?

비평가의 말에 화가 난 작가들은 "남의 작품에 불평만 하지 말고 네가 직접 써 봐."라면서 말을 내뱉곤 한다. 비평가에 대한 작가의 우월의식을 엿볼 수 있다. 교원과 사상가의 관계도 이와 닮아 있지 않은가? 프랑스의 한 철학자가 말했다(A. Renaut, L'ère de l'individu, Gallimard, 1989).

철학사 연구는 중요한 학문분야긴 해도 창조적 가치가 없는 것으로 취급되어 왔다. 철학사에 종사하는 자는 철학교사 위치로 폄하되고 또 때때로 그들 자신이 비하하는 태도를 취해왔다. 그 반대편에는 사상가로 떠받들어지는 철학자가 있다고 생각해왔다.

그리고 그렇게 '철학'자와 철'학자'를 나누는 것의 잘못을 설명한다. 분명 평론은 의미가 있는 행위다. 예술작품을 만들어내지 못하는 사람이 괴로워서 마지못해 하는 일이 아니다. 사상가와 학자를 간단하게 나누는 것도 불가능하다. 그런데 이러한 변명을 꺼내드는 것을 뒤집어 보면 "학자는 진정한 사상가가 아니다."라는 생각이 대학인 사이에 퍼져 있다는 증거라고 할 수 있다. 철학자 나카지마 요시미치도 말한다(『**철학 교과서**』, 고단샤 학술문고, 2001년).

… 적게 잡아서 그 90퍼센트가 다른 사람의 철학 해설 내지는 해석입니다. 칸트의 ○○○에 대해, 후설의 ○○○에 대

해, 하는 식의 '대해 논문'이 대부분입니다. … 모든 견해를 솜씨 좋게 정리해 논쟁 지점을 밝히고 "이 글에서는 이러한 문제를 지적했다, 끝." 같은 식의 논문이 많은 것입니다.

… 예를 들어 모차르트의 창작활동과 모차르트 연구는 하늘과 땅 차이입니다. 피카소가 만들어낸 작품과 피카소 연구는 확연히 다른 것입니다. … 그리고 문학에서조차 창작과 문학연구는 명확하게 다른 것으로 간주하고 있습니다. … 서행(12세기의 일본의 승려·무사·시인 – 옮긴이) 연구자가 넘쳐나지만 그중에 출가한 학자를 여태껏 한 번도 들어보지 못했습니다. 랭보를 동경한다면 착실한 랭보 연구가만은 되지 말아야 합니다. 랭보가 살아온 삶과 파리대학의 세계적인 랭보 학자의 삶은 공통점이라곤 전혀 없는 것입니다.

… 당신이 일본철학회의 대회에 출석해 임의의 참가자에게 "자아란?", "시간이란?"이라고 질문해보십시오. 기다렸다는 듯 답하는 사람은 거의 없을 것입니다. 하지만 "칸트의 시간론이란?"이라거나 "피히테의 자아론이란 무엇인가?"라고 물으면 금세 홍수처럼 답변이 밀려들어올 것입니다. 예를 들어 시간에 대해 자기 고유의 해답 같은 것이 바로 나오는 것은 아니죠. 20년 정도를 정말 진지하게 이러한 질문과 씨름하고 있다면 자연스레 자신 고유의 견해가 당연히 생겨날 테지만, 맹렬히 칸트나 베르그송, 하이데거와 씨름하면서도 시간이라는 문제와는 씨름하지 않는 사람이 실은 많다는 것입니다.

나는 교원이라는 것을 부끄러워해왔다. 정해진 시간 동안 자기의 몫을 실력으로 증명하는 복서·야구선수·축구선수·클래식 음악 연주가·화가·소설가·만담가·마술사, 그리고 장기·바둑·마작이나 파칭코 프로 등등은 매일 치열한 싸움으로 보낸다. 그에 비해 나는 안정된 생활을 누리는 국가공무원에 불과하다. "선생이라는 인종, 말하자면 학생보다 먼저 교과서를 읽었을 뿐인 거잖아."라고 비웃는 사람도 만났다. 어린 시절의 경험에 비추어 보면, 교원에게는 소시민의 나쁜 이미지가 붙어 다닌다. 나에게는 평범하고 지루한 인간의 대표로 인식되었다.

이론상으로는 이해하고 있지만 학생시절에는 자신이 가는 길에 기다리고 있는 것이 교직이라는 명확한 사실을 보지 않았었다. 박사과정에 들어간 뒤에 모스코비치는 신입생들을 모아 입문하는 마음가짐에 대해 말해주었다. "이제부터 5년 정도 후에 너희들은 학위를 따고 대학에 취직한다. 하지만 프로의 세계로 들어가는 것은 간단치 않아. 확실히 쥐어짜낼 테니 각오들 해두게." 이런 말을 들어도 외국인인 내가 프랑스 교원이 될 거라고는 상상도 못했고, 되고 싶다고도 생각하지 않았다. 그래서 실제로 대학에 취직하고 교단에 섰을 때, "이럴 생각이 아니었는데."하고 어리둥절했던 것이리라.

"무엇을 하고 싶은가, 무엇을 할 수 있는가, 무엇을 해야 하는가?" 이 세 가지 질문은 서로 관련되어 있다. 한 질문에 대한 답이 빠지면 살아가는 의미를 찾아낼 수 없다. 정말로 하고 싶은 것을 찾으면 그것을 위해 노력하고 성장한다. 또 노력하는 사이에 정당화하는 논리가 생겨난다. 반대로 잘 되지 않으면 선택지에서 제외된다. 처음에는 흥미가 없어도 성공해서 주변으로부터 칭찬받으면 자신의 천직인 것 같은 기분이 든다. 그리고 이내 자기가 하고 있는 일이 좋아진다.

내 경우에는 자신의 생각이 활자가 되는 것을 보니 연구자로서 해나갈 수 있을 것 같다는 느낌에 힘을 얻어 사색이 즐거워지고 또 다시 노력하는 순환의 연결고리를 만들어갔다. 그렇게 되면 자연스레 자신의 일에 대한 정당화가 일어난다. "시간이나 때우는 세금도둑이어도 좋다. 루소도 파스칼도 세상에 도움이 되는 사람들은 아니었어."

하지만 애초에 교원이 천직이라는 확신이 없기에 장애에 부딪치면 바로 불안해졌다. 확신이 없고 계속해서 고민하는 이유는 학교를 싫어하는 데다 이방인으로서 대학과 관련되어온 사정과도 무관하지 않다. 어린 시절부터 공부를 좋아해서 학자가 되는 길을 자연스럽게 선택하는 사람이라면 "왜 연구하는가, 어떻게 학생들과 마주해야 하는가?"라며 괴로워하지는 않을 것이다. 학문과 교육을 외부인으로서 접해온 나는 대학인의 자세에 대해 비판적인 시각을 계속해서 가지고 있었다.

교원을 눈엣가시로 여기면서 교직에 있는 것은 모순된다. 교원과 사상가를 서로 다른 존재로 인식하고 있던 나는 교원이 아닌 무언가를 생각하는 사람이라고 논리화해온 덕에 양쪽의 갈등을 일시적으로 잊을 수 있었다. 그런데 교원과 연구자는 현실에서 겹쳐지기 때문에 항상 긴장을 품고 있었다. 그러다 모순이 의식으로 분출될 때마다 "왜 쓰는 것인가? 정말로 연구를 하고 싶은 것인가? 교원을 계속해야 하는가?"라고 되물어보고 스스로의 자세를 정해왔다.

마술에 빠진 날들

어느 날, 스스로도 예상치 못한 방향에서 나의 갈등을 해결할 수 있었다. "무엇이든 좋으니 1등이 되고 싶어."라는 단순한 발상의 싹은 어릴 적부터 갖고 있었다. 그런데 이런 생각이 돌이킬 수 없는 상태가 된 것은 하키 때문이었던 것 같다. 경쟁 세계의 이미지에 끌려 다니며 이상과 현실의 간극에 괴로워하고 스스로를 이류라고 비하해왔다. 그런 면에서 스포츠는 잔혹하다. 누가 봐도 확실하게 우열을 판단할 수 있다. 아무리 노력해도 위에는 또 위가 있다. 그렇게 모든 것을 상하관계로만 파악하는 세계에서는 아무리 시간이 지나도 마음의 평안을 얻을 수 없다. 게다가 그런 마음가짐으로 교원보다 사상가를 상위에 두는 생각 자체가 유치한 것이다.

야구를 좋아하는 아이는 투수가 되고 싶어 한다. 하지만 대부분의 아이들은 경쟁률이 높은 에이스 자리를 포기하고 다른 포지션으로 간다. 어깨가 튼튼하고 발이 빠른 아이는 중견수, 눈치가 빠른 아이는 유격수나 2루수, 머리가 좋고 어깨가 건강한 아이는 포수가 되는 것처럼 말이다. 그리고 연습하면서 달라진 포지션의 매력을 발견하고 야구는 투수 혼자서 하는 것이 아님을 자각한다. 피아니스트라면 콘체르토를 연주하는 독주자를 선망한다. 그러나 자신에게 월등히 뛰어난 기량의 재능이 없음을 깨닫고 반주자가 되기 위한 훈련을 시작한다. 하지만 반주자는 이류 피아니스트가 아니다. 독주자와는 다른 기술이나 지식을 필요로 하는 별개의 일이다. 화려한 바이올린 세계에서 성공하는 꿈을 꾸어도 재능이 보이지 않아 비올라로 전향하는 젊은이가 있다. 처음에는 열등감을 가질지도 모른다. 하지만 은은한 매력을 가진 비올라에 어느새 빠져들어 결국 비올라가 자신에게 맞았다는 사실을 나중에서야 알게 된다. 배우라면 주연이 되고 싶을 것이다. 하지만 주연은 여러 명이나 필요하지 않다. 게다가 타고난 얼굴은 어떻게 해볼 수도 없다. 그렇게 꿈이 이루어지지 못한 덕에 조연의 진정한 매력을 발견하기도 한다. 비행기를 좋아하지만 시력이 나빠 파일럿이 될 수 없는 사람도 있다. 결국 정비사가 되어 하늘을 나는 세계에서 일하는 꿈을 계속 이어나가기도 한다. 작가 지망생이 국어교사가 되거나 편집 일을 하는 경우도 있다. 그리고 거기서 자신의 천직을 발견한다.

어느 분야에든 필요한 재능이나 적성이라는 것이 있으며 누구나 같은 직업을 선택하지는 않는다. 누구나 투수가 되고 싶을 것이다. 등번호 10번을 달고 최고의 득점왕이 되고 싶을 것이다. 오케스트라를 거느리고 콘체르토를 연주하는 솔리스트가 되고 싶을 것이다. 조연이 아닌 스타로서 스포트라이트를 받고 싶을 것이다. 프리마돈나로서 〈백조의 호수〉에서 춤추고 싶을 것이다. 하지만 그것은 타고난 재능이 있는, 아주 소수의 사람들에게만 허락되는 길이다.

세상은 불평등하다. 재능도 불공평하게 주어진다. 그렇기 때문에 한정된 가능성 속에서 자신의 길을 찾을 수밖에 없다. 대학인도 마찬가지다. 학술연구에 뛰어난 사람이 있다면 학생 교육에 열성을 쏟는 사람이 있는 것도 좋다. 사변적인 책을 쓰는 사람도 있다. 물리학은 분업으로 움직인다. 이론을 만들어내는 사람, 실험을 하는 사람, 그리고 실험장치를 개발하는 사람. 모두가 반드시 필요한 일들이다. 세상의 다양성을 인정하고 각자의 개성을 살릴 수 있는 곳을 찾아야 한다. 그걸로 충분하지 않을까? 이런 간단한 일이 나에게는 왜 이해되지 않았던 것인지 모르겠다.

상하관계의 일원적인 사고방식에서 벗어날 수 있었던 것은 어린 시절에 새겨진 또 하나의 이미지 덕분이다. 이 책의 전작인 『이방인의 시선』을 쓰면서 스스로의 과거와 의식적으로 대치하기 시작했을 무렵, 마술에 다시 흥미를 가지게 되었다. 마술에 빠진 것은 초등학교 때로 중학교 중반 무렵이 되어서는 흥미를 잃었다. 그 후 10년 정도 지나 프랑스로 이주했고 마술로부터 멀어져 있었다.

이야기를 조금 되돌려 보겠다. 후에 미스터 마릭으로 활약한 마쓰오 씨의 연기를 나고야의 백화점의 마술 코너에서 보고 있을 때, 닥터 사와로 알려져 있는 세계적인 마술사 사와 히로시 씨가 잠시 들렀다. 그는 마릭 씨의 스승이었다. 닥터 사와는 개성 넘치는 기술을 많이 고안해냈다 (미야나카 게이칸 편저, 『사와 히로시의 마술』, 도쿄도출판, 2013년, 제2부 '메소드(사와 히로시 마술의 방식)' 고자카이 집필을 참조). 그만큼 시적이고 다채로운 작품을 고안해내 세계적으로 인정받는 일본인은 또 없었다. 그는 내게 "꼬마야, 그렇게나 마술이 좋니?"라고 말을 걸어주고 식사에도 초대해주었다. 이 만남을 계기로 그의 집에 놀러 가게 되었다. 마술의 기술이나 연기뿐만 아니라 관객의 시선을 뺏는 방법이나 무대에서 걷는 법 등도 알려주었다. 그 이후로 매주 일요일에는 백화점에 가는 대신 사와 씨 집에서 신세를 졌다. 한번도 본 적 없는 신기한 마술들뿐이라 마치 동화 속 나라를 헤매는 것 같았다. '프로페서'로 불린 마술계의 신 다이 버논이 일본을 방문했을 때, 닥터 사와의 대표작 '진주 이야기'를 보고 "사와는 천재다."라고 무심코 중얼거린 에피소드는 마술사들 사이에서 유명하다(YouTube에서 'The best of magic Hiroshi sawa'로 검색하면 젊은 시절에 영국 BBC 방송국에서 보여준 연기를 볼 수 있다).

사와 히로시라는 치과의사를 오사카에서 처음 만났을 때, 나 버논은 정말 놀랐다. 그는 겨우 스물여섯 살이나 스물일곱 살 정도의 젊은이였다. '조개 껍질 마술', '피아노 마술', '연기 마술', '투명인간 마술', '연 마술'…, 그는 매우 독특한 마술을 한다고 통역이 알려주었다 (Genii, 34권 1호, 1969년 9월).

일본의 사와는 가장 독창적인 마술사 중 한 명이다. 최근에 그는 로스앤젤레스의 매직 캐슬에서 우리들에게 마술을 보여주었다. 새로운 연출을 생각하라고 나는 이야기하고 다닌다. 그 의미를 그의 작품은 제대로 구현하고 있었다.

이파리가 몇 장 붙어 있는 작은 가지를 사와가 꺼냈다. 앞과 뒤를 보여준 후, "바람이 불어와 무당벌레가 나무에 앉습니다."라고 말한다. 놀라지 마시라. 귀여운 무당벌레가 몇 마리 갑자기 나타난 것이 아닌가. 그는 한 마리씩 조심스레 들어서 손바닥 위에 올리고 천천히 손을 닫는다. 다시금 손을 펴자 또 다시 놀랍게도 방금 전의 작은 무당벌레들은 사라져버리고 대신에 커다란 무당벌레 한 마리가 나타났다 (Genii, 39권 12호, 1975년 12월).

귀국할 때마다 어머니는 미스터 마릭의 활약에 대해 이야기한다. 나는 사와 씨가 귀여워해줬던 날들이 그리워져 다시 만나고 싶다고 생각하면서도 현주소를 모른다는 것을 핑계로 연락을 미루고 있었다. 지금으로부터 20년쯤 전, 재회할 기회가 드디어 찾아왔다. 파리에서 전화하니 사와 씨는 나를 분명히 기억하고 있었다. 사와 씨의 마술 중에 '댄싱 케인(춤추는 지팡이)'이라는 무대 마술 공연이 있었다. 손에서 지팡이가 떨어져 공중에서 자유자재로 화려하게 춤추는 마술이다. 대학 마술 클럽의 발표회에서 꼭 나오는 것 중 하나다. 나는 열 살 무렵, 사와 씨가 생각한 작품에서 힌트를 얻어 어둑한 무대에서 연기해도 부자연스럽지 않도록 불이 나오는 장치를 장착한 지팡이를 고안해냈었다. 그 이야기를 사와 씨가 꺼내며 "좋은 아이디어였어."라며 그리워해주었다. 나의 어설픈 연습작품은 아직도 사와 씨 댁 창고에 보관되어 있다. 그에 대한 사정을 사와 씨가 적어주었다 (미야나카 게이칸 편저, 『사와 히로시의 마술』, 도쿄도출판, 2013년, 제2부 '메소드(사와 히로시 마술의 방식)' 고자카이 집필을 참조).

프랑스의 사회심리학자인 고자카이 도시아키 군을 소개합니다. 그는 갑자기 우리 집에 찾아왔습니다. 2002년의 일이네요. 정확히 말하자면 그는 32년 만에 어른이 되어 나타난 것입니다.

그와 처음으로 만난 것은 내가 나고야에 살고 있었던 1969년 무렵이었습니다. 당시 초등학생이었던 그는 나와 친분이 있었던 마쓰오 아키라 군(현재 미스터 마릭)의 가르침을 받았던 적도 있다고 기억하고 있습니다. 그때는 나도 마쓰오 군도 병적이라고 해도 좋을 정도로 마술에 푹 빠져 있었기 때문에 고자카이 군도 그 영향을 많이 받았으리라 생각합니다. 당시 우리들은 '댄싱 케인'이라는 마술을 연구하고 있었습니다. 나는 지팡이를 매다는 실의 존재를 관객이 모르도록 하는 방법으로 지팡이 양 끝에 라이트를 부착하는 것을 고안했습니다. 이것은 공중에서 끌어당긴 두 개의 '빛'이 하나씩 지팡이 양끝으로 옮겨가 그 후에 '지팡이가 떠올라 춤추기 시작하는' 현상을 연출합니다. 조명을 조금 어둡게 해도 자연스럽게 보입니다. 지팡이를 회전시키거나 춤추게 하면 아름다운 빛의 궤적이 그려집니다. 당시에는 획기적이었는지 제자였던 마쓰오 군(미스터 마릭)이나 곤도 군(현 ㈜텐요 부사장)도 마음에 들어 하며 칭찬해주었던 일을 기억하고 있습니다.

그것을 지켜본 고자카이 군은 굉장히 재미있는 것을 떠올렸습니다. 그는 지팡이 윗부분에 작은 토치를 붙인 것입니다. 이것을 천천히 움직이면 환상적이고 운치 있는 그림이 되었습니다. 나는 그의 아이디어가 마음에 들어 후에 불이 붙은 채로 3개로 분열하는 댄싱 케인에 응용했습니다. 이는 하와이에서 개최된 PCAM 스테이지 콘테스트에서 우승한 사카모토 가즈마가 연기한 '불새'의 구성에 들어가 있습니다.

마술의 기술 고안은 연구와 많이 닮아 있다. 양립할 수 없는 두 가지 현상·데이터의 모순을 놀랄 만한 수완으로 풀어내는 모스코비치와 마찬가지로 닥터 사와는 자연에서는 있을 수 없는 현상을 유연한 수평적 사고로 만들어내는 명인이다. 그리고 30년 이상이나 연락도 없었던 불초한 제자를 따뜻하게 맞아주며 놀랍도록 신비한 마술들을 많이 가르쳐주었다.

과학과 마술의 공통점

마술에 대해 이야기하고 있을 때, 문득 깨달았다. 나는 왜 아인슈타인의 상대성이론이나 다윈의 진화론에 끌리는 것인가. 그건 이들의 이론이 옳아서가 아니다. 나를 사로잡아온 것은 해결의 아름다움과 의외성이었다. 이론의 옳음 같은 것에는 처음부터 관심 없었던 것이다.

그 연구자에게는 새로운 발견이더라도 혹은 일반 사람들은 모르는 사실이라도, 학계에서 이미 알려진 것이라면 가치를 지니지 못한다. 그렇기 때문에 논문으로 발표할 수 없다. 그런데 과거에 누구도 생각하지 못했던 지식을 인문·사회과학이나 철학 세계에서 만들어내는 것은 일단 불가능하다. 어쩌면 나는 학계의 관습에 세뇌되어 있었던 것일지도 모른다. 심리학은 자연과학에 접근하려고 노력 중이다. 이런 환경에서 공부해왔기 때문인지 머리로는 무리라는 것을 알면서도 지금까지 누구도 발표하지 않은 이론이 아니면 무의미하다고 생각하게 된다. "나는 아마추어를 상대로 허세를 부리고 있는 것일까?" 나는 책을 쓸 때마다 그런 불안에 휩싸인다. 그리고 "역시 그냥 시답잖은 것을 물고 늘어지는 논문을 쓸까?" 하고 고민하게 된다.

일본사회에 대해 프랑스어로 쓰거나 프랑스사회에 대해 일본어로 쓰는 지식전달자의 일은 해오지 않았다. 하지만 결국, 내가 쓰는 것은 이 영역을 넘어서지 못하는 것이 아닐까? 일본과 프랑스 간의 수평적인 지식전달이 아니라도 전문지식을 일반 독자에게 떼어 파는 수직적인 지식전달이 아니었을까? "이래서는 남의 지식을 암기해서 반복하는 교사와 다르지 않다."는 목소리가 몇 번이나 나를 덮쳤다. 하지만 이로써 알게 되었다. "그래, 나는 과학에 흥미가 없었던 건가." 물리학이나 생물학 책을 열중해서 읽는 것은 마술을 보는 것과 다르지 않았던 것이다. 내가 추구하는 것은 새로운 학설도 아니고 현실을 보다 정확하게 파악하는 이론도 아니다. 해법의 아름다움이나 의외성에 끌리고 있는 것이다. 내가 쓰는 책이나 논문은 모두 이 접근 방식을 닮아 있었다.

일본의 서양화를 다룬 『이문화 수용의 패러독스』에서는 외국인이 많지 않은 '닫힌 사회'가 이문화 요소를 탐욕스레 받아들이는 '열린 문화'를 가지는 수수께끼에 주목했다. 사회가 닫혀 있는데도 불구하고 문화가 열려 있는 것이 아니다. 반대로, "사회가 닫혀 있기 때문에 그로 인해 문화가 열려 있다." 그리고 서양의 식민지가 되지 않았음에도 일본이 서양화한 것이 아니다. 반대로, "유럽과 미국의 식민지 지배를 받지 않았기 때문에 현저한 서양화가 일어났다."

『민족이라는 허구』에서는 현실과 허구, 변화와 동일성, 기억과 망각이라는, 일반적으로는 반대 개념으로 파악하는 조합의 상보적인 관계를 이야기했다. 허구로 지탱되지 않는 현실은 있을 수 없고 "허구가 있는 덕분에 견고한 현실이 성립한다."고 논의를 세웠다. "색즉시공 공즉시색." 세상은 무수한 관계망으로 이루어져 있고 궁극적인 본질은 어디를 가도 찾을 수 없다. 하지만 그 관계야말로 견고한 현실을 만들어낸다. 반야심경에 나오는 이 말이나 "무용지용"으로 유명한 노장사상에 강하게 끌린 것도 같은 이유에서다. "변화하지 않기 때문에 변화할 수 있다."는 선문답 같은 논리구조가 옳다는 것도 나타냈다. 문제에 내포된 모순을 선명하게 드러낸 후에 이를 의외의 각도에서 풀어낸다. 언제나 같은 수법이다. 전체주의와 개인주의가 반의어가 되기는커녕 자유를 중시하는 근대 개인주의를 극한까지 몰아붙였을 때, 반대항에 위치해야 하는 전체주의에 다다르는 역설을 루소의 사회계약론을 예로 검토한 것도 그렇다. "소외나 지배 없이는 애초에 인간의 자유가 성립하지 않는다."와 같은 해석도 같은 패턴이다.

『책임이라는 허구』도 그렇다. 인간이 주체적인 존재며 자신의 행위에 대해 책임을 진다는 생각은 근대 시민사회의 근본을 지탱한다. 한편, 사회과학은 인간이 자율적인 존재가 아니라 항상 타인이나 사회환경에 영향을 받는다는 사실을 실증한다. 또한 뇌과학이나 인지심리학이 확실히 밝히고 있듯이 행위는 의사나 의식이 일으키는 것이 아니다. 의사결정이 있은 후 행위가 뒤이어 일어난다는 상식은 오류며 의사나 의식은 다른 무의식적인 인지과정에 의해 생성된다.

자율적인 인간상에 의문을 던지는 과학의 인과론적 접근과 자유의사에 의해 정립되는 책임개념 사이에 가로막힌 모순을 어떻게 풀 것인가. 해결책 중 하나는 자유나 책임을 유지하기 위해 실증과학의 결정론적 접근이나 연구결과를 부정하는 것이다. 또 한 가지 방법은 반대로 실증과학의 성과를 완전하게 인정하고 도리어 자유나 책임의 개념을 부정한다. 그런데 인간사회에서 불가결한 자유나 책임이라는 개념의 포기는 실천적 관점에서도 도저히 불가능하다. 그렇다고 해서 실증과학의 연구결과를 아예 모르는 척하는 것도 건설적이지 않다. 어떻게 하면 모순을 풀 수 있을까? 프랑스의 사회과학자 폴 포코네가 답을 알려주었다(P.Fauconnet, La responsabilité, Étude de sociologie, Alcan, 1928 [1ère edition:1920]).

일반적으로 믿고 있는 것처럼 자유는 책임이 성립되기 위한 필요조건이 아니라, 반대로 그 결과다. 인간이 자유롭기 때문에, 그리고 인간의 의사가 결정론에 얽매이지 않기 때문에 책임이 발생하는 것이 아니다. 인간은 책임을 질 필요가 있기 때문에 그 결과 자신을 자유롭다고 굳게 믿는 것이다.

자유와 책임의 관계에 관해 논리가 거꾸로 되어 있다. 자유롭기 때문에 책임이 발생하는 것이 아니다. 반대로 우리는 책임자를 찾아야 하기 때문에, 즉 사건의 마무리를 지어야 하기 때문에 행위자를 자유롭다고 사회가 선언하는 것이다.

『사람이 사람을 심판한다는 것』의 문제 설정도 같은 형식을 답습하고 있다. 재판원 제도 도입을 둘러싸고 일반시민과 직업재판관 중 어느 쪽이 정확하게 판단할 것인가가 논의되었다. 그런데 이 질문은 본질을 간과하고 있다. 피고인이 진범인지 여부는 대부분의 경우 본인밖에 모른다. 경찰에게는 그들의 범행가설이 있고 검찰에게는 사실추정, 피고인에게는 나름의 할 말이 있고 변호사에게는 변호사의 주장, 재판관에게는 재판관의 판단이 있다. 이것들 외에도 언론의 해설이나 세상의 소문도 있다. 이러한 다양한 견해 속에서 가장 사실에 가깝다고 정의되는 것이 재판 판결이다. 사실 그 자체는 어디에도 없다. 판결이 옳은지 아닌지를 판단할 방법은 존재하지 않는다.

범죄를 심판하는 주체는 누구인가, 정의를 판단하는 권리는 누구에게 있는가. 이것이 재판의 근본적인 문제다. 누가 가장 올바른 판결을 내릴 수 있을까를 묻는 것이 아니다. 논리가 거꾸로 되어 있다. 누구의 판단을 올바르다고 결정할 것인지 묻는 것이다. 주권자인 시민이 내리는 판단을 진실한 정의로 한다는 것이 프랑스혁명의 이념이며 신의 권위를 부정한 근대가 필연적으로 도달한 원리였다.

아마추어인 시민이 재판관보다도 오판이 많은가 적은가 하는 물음은 의미를 가지지 못한다. 사실을 알지 못하는 이상, 판정할 수가 없기 때문이다. 답은 제도의 내재적 성질로부터는 나오지 않는다. 어떠한 재판 형식이어야 국민의 신뢰를 얻을 수 있을지, 사회질서가 안정되는지가 중요한 것이다. 우리가 보는 사실은 어떤 특정 시점으로 잘라낸 부분적인 것에 지나지 않는다. 관찰된 현상이 세상의 진실된 모습인지 어떤지를 아는 기술은 우리 인간에게는 허락되지 않았다. 과학에서 이론이나 사실이 승인되는 것은 그것들을 도출하는 절차를 신뢰하기 때문이다.

이러한 역설들은 모두 마술과 닮아 있다. 새로운 발견보다도 당연하다고 생각해 누구도 의심하지 않은 상식을 뒤집어엎는 재미. 무의식 중에 그러한 형식을 배운 것이리라. 다수파가 소수파에게 영향을 준다는 상식에 도전해, "사회를 변혁하는 진정한 중심인물은 소수파다."라고 설파하는 모스코비치의 소수파 영향 이론에 흥미를 가진 것도, 내게 그러한 감성이 있었기 때문이다.

마술과 연구활동은 공통점이 많다. 스페인 최고의 마술사 알트로 데 아스카니오는 일찍이 이렇게 말했다(J. Etcheverry, The Magic of Ascanio, Páginas, 2005).

> 마술은 관찰과 데이터 분석을 통해 날카로운 감성을 기른다. 그리고 의심의 중요성을 가르친다. 마술은 어떤 현상에도 원인이 있다는 것을 의식하게 하고, 아이디어를 논리적으로 구성한다. 의심할 여지없이 마술은 상상력을 풍부하게 하는 독창적인 정신활동의 한 분야다. 단적으로 말하자면 분석·조정·연역·창조성 등의 지적인 작용이 마술의 특징이다.

나는 과학자가 아니다. 과학자가 아니라고 부끄러워할 필요는 없다. 내가 존경하는 아인슈타인은 나에게 있어 과학자가 아니었다. 아름다움을 사랑하는 예술가며 기상천외한 해결을 만들어내는 마술사였다. 닥터 사와는 내게 "이왕 심리학을 공부했으니까 그걸 마술에 살려 봐."라고 조언해주었다. 하지만 나는 반대로 스스로의 사색에 마술을 살려보았다.

물리학자 갈릴레오 갈릴레이는 "우리들의 사명은 성서와 대자연이라는 두 권의 책을 독해하는 것이다."라고 이야기했다. 종교의 경전과 마찬가지로 우주의 메커니즘을 해독하는 것도 어렵다. 대자연이 일으키는 불가사의한 것들을 밝혀내는 것이 과학이라면 불가사의한 현상을 만들어내는 것이 마술이다. 세련된 센스와 미의식을 타고난 모스코비치와 닥터 사와. 이 두 명을 만나지 않았다면 학도로서 나의 사고법은 있을 수 없었다. 둘과의 신비한 만남이야말로 내 인생에 일어난 가장 큰 마술인지도 모른다.

학계에서 받아들여지지 않아도 나는 틀리지 않았다. 수업에 대해서도 궁리를 하다 보면 놀라움과 아름다움을 연출할 수 있다. 눈이 번쩍 뜨이는 감각을 학생들에게 제공해줄 수 있다면 교사인 것이 부끄럽지 않다. "교사를 괜히 싫어하는 것도 교사인 것을 자랑스레 생각하는 것도 똑같은 일이야. 너는 반대되는 일을 하고 있다고 생각하겠지. 하지만 결국은 교사에 집착하고 있을 뿐이야." 언젠가 함께 술을 마시며 모스코비치가 해준 말을 떠올렸다.

교수가 되지 않은 이유

나는 1993년에 릴 제3대학의 임시교원이 되었고 다음 해 준교수로 채용되었다. 그 후 2002년, 파리 제8대학으로 이동했다. 67세의 정년퇴직까지 나는 준교수인 채로 있을 것이다. 왜 교수가 되지 않는가.

오랜 세월 나는 교수가 될 생각이 없었다. 관리직으로서 회의나 서류 작성에 쫓길 뿐이고 좋은 점을 찾을 수 없었기 때문이다. 현재 교토의 대학에서 근무하는 고등학교 동창생 SK에게 "일본 대학은 회의나 잡무가 많아서 나는 견딜 수 없을 거야."라고 이야기했더니, "일본대학이야말로 너를 못 견딜걸?"이라며 웃었다. 그 정도로 나는 대학운영에 공헌하지 않는다. 하지만 위원을 거절하고 회의를 빼먹는 나는 수업 배분의 우선순위에서 뒷전이 되거나 강의내용에 대해 간섭 받게 되었다. 또 10년쯤 전에 연구소를 이적해 나의 입장이 더욱 악화되었다. 나의 이적에 반대한 당시 파리 제8대학 사회심리학연구소장 JP가 획책해 총장으로부터 "이적을 허가하지 않는다."라는 협박성 서신을 받기도 했다. 교육부 앞으로 비방 문서도 보내었다.

내가 이적하려던 곳인 파리 제5대학 사회심리학연구소에서 소장을 맡고 있는 MR 교수는 이전에 제8대학에서 동료였다. 모스코비치와 비슷한 학제적 접근을 연구하고 있었기에 마음이 잘 맞았다. 그가 제5대학으로 옮겨간 후, 이야기가 통하는 동료가 주변에 없었기 때문에 MR의 연구소로 소속을 바꾸었다. 일본의 관습과는 달라서 이해하기 어렵겠지만 교원으로서는 제8대학에 소속한 채로 연구소만 제5대학에 이적한 것이다.

MR은 번번이 나에게 "교수가 되어라. 이점은 세 가지 있어."

라고 권유했다. 첫 번째로 급료가 늘어난다. 50세까지 교수로 승진하면 정년퇴직 시점에 50퍼센트 가까이 급여가 오른다. 국가공무원은 최종 연봉을 토대로 연금 수급액이 정해지기 때문에 퇴직 시 급여가 50퍼센트 많으면 연금도 50퍼센트 늘어나게 된다. 박봉인 사람에게는 무시할 수 없는 유혹이다. 단, 파리에 살면서 지방대학에 부임하면 오히려 적자가 된다. 국가공무원은 근무지 거주가 원칙이며 교통비가 나오지 않기 때문이다. 파리에서는 제5·제8·제10대학에서만 사회심리학을 가르치기 때문에 갈 수 있는 자리가 많지 않고 들어가기도 힘들다. 그에 더해 회의에 참가하지 않고 위원도 거절한 나의 악평이 파리에 널리 퍼져 있었다. 그래서 지방 대학으로 이동할 가능성이 크고 교수가 되더라도 금전적 이익은 없었다.

다음으로 "교수가 되면 책을 출판하기 쉬워지고 강연에 자주 불리게 돼."라고 MR은 말했다. 그런데 출판이라고 해봤자 사회심리학 교과서다. 출판사에서는 준교수보다 교수의 직함을 인정해준다. 게다가 교과서는 집필 분담이 많아서 교수가 편자를 담당하는 것이 일반적이다. 하지만 나는 교과서 같은 건 내고 싶지 않았다. 제안을 받아도 예외를 제외하고 지금까지 거절해왔다. 편자가 되면 원고 마감 날짜나 글자 수를 지키지 않는 저자에 대한 대응만으로 지쳐버린다. 되도록 관리직 일은 피하고 싶었다. 강연도 사회심리학의 학회나 연구회에 불려나갈 뿐이다. 그런 곳에는 가고 싶지 않다. 사회심리학자 앞에서 몇 번인가 이야기를 했었는데 청중은 대부분 멍하니 있었다. 그들이 생각하는 사회심리학과 나의 접근 방식이 어긋나 있기 때문이었다. 교과서를 쓰거나 강연에 초청받아도 그것은 나에게 의미 없는 숙제가 늘어날 뿐인 것이다.

그럼에도 내가 교수가 되려고 했던 것은 MR이 이야기한 세 번째 이유, 연구와 교육에서 자유를 확보하고 싶었기 때문이다. 야마자키 도요코의 『하얀 거탑』이 그려내는, 일본의 국립대학 의학부와 같은 엄격한 서열제도까지는 아니지만 강좌제를 실시하는 프랑스에서는 많은 사항의 결정권이 교수에게 위임되어 있다. 이전 저서인 『사회심리학 강의』의 토대가 된 석사과정 수업도 없어졌다. 새로 부임한 교수에게 할당되어 "당신은 저학년 수업을 담당하시오."라는 말을 들었기 때문이다. 파리 제8대학의 연구소에 소속되지 않은 교원은 원칙상 석사·박사 과정을 지도할 수 없다. 그렇기 때문에 연구소 구성원이 된 신임 교수에게 우선권이 주어진다. 그때까지 교수 자리가 한 곳 공석이었기에 대신 내가 담당하고 있었을 뿐이다. 교수로 승진하면 이러한 간섭도 없어진다.

나는 직업을 잘못 선택한 것일까? 대학에 근무하는 덕에 여유는 생겼다. 좋아하는 책을 읽거나 마음 가는 대로 문장을 적을 시간도 충분했다. 그런 의미에서는 좋았다. 장학금을 받으면서 평생 학생으로 지내는 것과 같다고 할까? 일본의 대학교원은 나와 비교할 수 없을 정도로 바쁘다. 회의나 보고서 작성 등의 사무도 봐야 한다. 학생과 술을 마시거나 세미나 합숙을 하거나 동료와의 교류도 많다. 하지만 바쁜 대신에 정년 퇴직을 할 때 여러 추억들이 남을 것이다. 그런데 수업에 나가고 끝나면 곧장 귀가하는 나에게는 아무 것도 없다. "내가 대학을 싫어하는 것은 내 자신의 탓인 건 아닐까? 대학운영에 적극적으로 관여한다면 오히려 자유로워지고 대학인으로서의 보람을 가질 수 있지 않을까?" 그러다 야구인 호시노 센이치의 말을 떠올렸다. "망설여질 때는 한발 앞으로 나가라."

우선 파리 제5대학에서 박사논문 지도를 시도해보았다. 그런데 실패했다. 나는 모스코비치에게 가르침을 받은 경험밖에 없었다. 그래서 그의 방식을 염두에 두고 학생들을 대했는데 이것이 좋지 못했다. 무엇보다 시대가 이미 바뀌어 있었다. 내가 사회과학고등연구원에서 공부했을 무렵에는 시간을 충분히 들여 논문을 완성할 여유가 있었다. 나는 박사논문을 4년 반에 걸쳐 완성했다. 모스코비치의 제자 중에서는 빠른 편이었다. 10년이 걸린 학생도 있었다. 완성도가 나빠서가 아니다. 그는 프랑스인이면서 현재 런던 스쿨 오브 이코노믹스라는 영국의 명문대학에서 교수를 하고 있다.

지금은 박사과정을 3년으로 끝내는 제도로 바뀌었다. 몇 년에 걸쳐 주제와 방법론을 공들여 만들어내는 사치는 이제 허락되지 않고 지도교수가 오랜 기간 해온 연구의 하청 작업으로 전락하고 말았다. 연구과제도 실험변수도 교수가 대부분 결정한다. 학생은 지시 받은 대로 어시스턴트로서 수행하면 무난하고 신속하게 논문을 완성하게 된다. 문장을 제대로 쓰지 못하는 학생들이 많은데 이것도 교수가 도와준다. 박사과정에서 하는 연구는 연명으로 발표하기 때문에 교수로서는 자신의 업적이 늘어나고 학생도 고민할 필요가 없다. 양쪽 모두에게 득이 되는 전술이다.

그런데 모스코비치의 문하생은 이러한 대량생산방식의 값싼 지도를 받지 않았다. 내가 릴 제3대학에서 근무했을 때, 통계계산·데이터 해석부터 문헌 수집·집필에 이르기까지 매주 2시간 이상 학생과 얼굴을 맞대고 친절하고 정중하게 지도하는 동료의 모습에 놀랐다. 그에 비해 모스코비치는 더 큰 도끼를 휘둘렀다. 본질적인 비판, 놀랄 정도의 제안, 그리고 때로는 바로 의미를 알기 어려운 지도가 뒤따랐는데, 충분한 시간이 있었던 우리들에게는 그걸로 괜찮았다. 생각하는 훈련을 쌓아갔고 이 방식이 옳다고 지금도 생각하고 있다. 하지만 박사논문의 위상이 바뀌고 생각하는 훈련은 소홀하게 되었다. 박사 과정은 기초적인 기술을 몸에 익히기만 하는 단계가 되어버렸다.

모스코비치라는 세계적인 권위자와 범인인 나와의 차이를 어리석게도 잊고 있었다. 이것이 논문지도에 실패한 두 번째 원인이다. 박사논문을 완성하기까지 학생은 몇 번이고 고민한다. "어째서 가설대로 데이터를 얻을 수 없을까? 문제 설정에 미비한 것이 있었나? 이 접근 방식으로 괜찮을까?" 이러한 불안을 불식하는 것도 지도교사의 역할이다. 하지만 이런 종류의 걱정은 다분히 심리적인 원인으로 생겨나는 것이라 기술적인 조언만으로는 해결되지 않는다. 통계해석의 오류를 지적하고, 다른 해석의 가능성을 시사하고, 보다 진척시키기 위한 문헌을 추천하고 … 이러한 것이라면 나도 가능하다. 논문지도라는 것은 그러한 합리적인 행위라고 생각했었다. 그런데 암중모색 중인 학생에게 필요한 것은 "이 사람을 따라가면 괜찮다."하는 안심감이다. 말하자면 종교와 같은 것이다. 모스코비치라면 "너라면 할 수 있어."라는 한마디로 족하다. 하지만 교수도 아닌 내가 무엇을 말한들 한계가 있다. 준교수와 교수 사이에 연구능력의 차이는 없다. 하지만 젊은 학생은 직함이나 권력에 속기 쉽다. 이러한 것을 깨닫게 된 것도 꽤 최근의 일이다.

교육은 단순히 지식을 전달하는 과정이 아니다. 초보자도 알 수 있도록 쉽게 설명하는 것이 아니다. 학생의 오류를 고치는 것은 간단하다. 그러나 학생이 스스로 질문에 부딪쳐가며 자기 자신만의 해답을 찾도록 인도하는 일은 어렵다.

MR교수의 권유에 나는 교수 직위 응모에 필요한 박사과정 지도자격HDR을 취득하고 대학위원회의 자격인증 등을 거쳐 파리에서 동쪽으로 150킬로미터 정도 떨어진 곳에 위치한 라임스 대학의 교수 선정에 지원했다. 샴페인의 산지인 샹파뉴 지방의 대학이다. 서류심사에서 상위 3명이 올라 면접에 임하게 됐다. 그런데 연구소 이동을 강행한 나에게 당시, "어디 두고 보자. 네가 원하는 대로는 안 될 거다."라고 막말을 내뱉은 파리 제8대학의 사회심리학연구소장 JP를 열차에서 발견하고 놀랐다. 그는 몇 년 전에 남프랑스의 대학으로 전근했다. 이 날 우연히 라임스 대학에서 그가 강연에 초청받았을 가능성은 낮았다. 교수 선정 심사관으로 왔다는 것을 눈치채고 나의 채용은 어렵겠다는 것을 깨달았다. 아니나 다를까 나는 실격되었다. 연구소 이동으로 대립한 것은 10년쯤 전의 일인데도 일부러 비행기와 열차를 갈아타면서까지 멀리서 방해하러 온 것이다. 몇 개의 학회에서 회장을 역임하던 정도니까 그 정보망으로 나의 응모 사실을 알았을 것이다. 다음 해, 나는 남프랑스의 님 대학과 노르망디 지방의 캉 대학에도 응모했지만 두 곳 모두 이미 내정자가 있어서 떨어지고 말았다.

어지간한 천재가 아닌 한 프랑스에서는 제도권 내에서만 힘을 발휘할 수 있다. 메를로 퐁티·푸코·데리다·부르디외 등 역사에 이름을 남긴 지식인은 고등사범학교 졸업생이며 프랑스 학문계의 정점에 선 콜레주 드 프랑스 등 제도의 틀 안에서 지위를 확보하면서 활약했다. 앞서 설명했듯이 프랑스의 교육 시스템은 극단적인 엘리트주의다. 도쿄대 졸업생이 각계에서 군림하는 일본에 비할 바가 아니다. 정부가 바뀌어 장관을 그만두거나 국회의원이 낙선한 후에 국영 대기업의 사장으로 취임하기도 하고, 중간에 대학교수나 고급관료를 거쳐 다시 정계로 복귀하는 등 돌아가며 자리를 차지하는 일도 자주 있다. 낙하산 인사도 일상적이다. 그랑제콜 졸업자를 마피아에 비유하는 사람도 있을 정도다. 이는 학문 세계에서도 다르지 않다.

교육부의 임원이 추진하는 개혁이나 불합리한 파벌 경쟁에 적극적으로 싸우는 친구도 있다. 하지만 모두 지배세력과의 권력투쟁에 패배했다. 무리를 이루는 방식을 나는 처음부터 믿지 않았다. 연구소 내의 인간관계를 눈앞에서 생생히 보고 집단심리에 넌더리가 났기 때문이다. 권력에 다가가려는 학생이나 동료의 비굴함, 세력을 지키려는 배타성에 질려버렸다. 이것은 각자의 자질이 원인이라기보다 집단에서 생겨나는 필연적인 메커니즘이다. 조직의 운영은 나에게 도무지 무리라는 것을 깨달았다. 그렇다면 나는 조직과 싸우지 않고 도망친 비겁자인 걸까?

나의 사변적 접근은 심리학부에서는 받아들여지지 않았다. 타개책으로 사회학부로 이동을 시도했다. 그러기 위해서는 눈에 보이는 업적으로 어필해야만 했다. 동료평가가 들어간 논문밖에 인정하지 않는 심리학부와 달리, 사회학부에서는 저서를 평가한다. 2008년에 출판한 『책임이라는 허구』가 운 좋게 일본에서 호평을 얻어 프랑스어판 『도덕책임과 사회허구 Responsabilité morale et fiction sociale』를 출판할 수 있었다. 『민족이라는 허구』의 토대가 된 프랑스어판 『L'étranger, l'identité. Essai sur l'intégration culturelle』(Payot, 2000)가 잘 팔려서 문고본이 된 후에도 증쇄되었기 때문에 담당 편집자에게 우선 타진해 보았는데 대강 읽어보기만 하고 그 후로는 말도 꺼내지 않았다. 첫 장에서 제시한 홀로코스트 해석에 화를 냈기 때문이다. 독일 출신 철학자 한나 아렌트의 『예루살렘의 아이히만 – 악의 진부함에 대한 보고』(H. Arendt, Eichmann in Jerusalem. A Report on the Banality of Evil, Penguin Books, 1994 [first edition:1963])가 오해 받아 비난당한 것과 같은 이유였다. 내 자체적인 해석은커녕 그녀의 시대와 다르게 이미 역사학계의 상식이 되어 있는 테제를 깊이 파고들었을 뿐이다. 그런데 사정에 통달하지 않은 편집자의 눈에는 수정주의자의 변으로 비춰졌던 것이리라. 그 후, 대형 출판사 몇 곳에 원고를 보냈지만, 매번 "내용이나 문체의 가치가 높은 것은 인정하지만 당신의 원고를 받아들일 만한 매체가 아쉽게도 저희 회사에는 없습니다."라는 식의 취직 불합격 통지와 같은 거절의 말이 되돌아왔을 뿐이다. 소개해주는 사람도 없이, 무명의 저자가 가져오는 원고 따위는 천천히 읽어볼 여유가 없는 것일까? 아니면 비 유대인이 홀로코스트에 대해 제대로 된 책임을 논하는 것 자체가 프랑스에서는 어려운 일인 걸까? 이러한 실망감도 더해져 이제 프랑스어로는 책을 집필하지 않게 되었다. 아주 예외적인 경우를 제외하면 논문도 쓰지 않는다.

 MR은 말한다. "산기슭에서 보이는 풍경과 정상에서 바라보는 풍경은 다르다. 위로 올라가면 시야가 넓어지고 다른 세계가 보인다." 하지만 나는 산 정상을 목표로 하지 않고 주변인이 되었다. 제도개혁으로 인해 교수는 관리직으로 변질됐다. 권력이 보강된 대신, 회의나 보고서 숫자가 늘어나고 연구시간을 가질 수 없게 되었다. 대부분의 교원은 50대 중반이 되면 연구에 대한 열정을 잃어버린다. 그래서 교수를 목표로 하는 동료가 많은 것이리라. 나는 힘이 다할 때까지 사상의 전사로 남고 싶다. 자신의 문제만을 계속해서 좇고 싶다.

나는 왜 쓰는가

타이틀에 '허구'를 포함하는 책을 두 권 출간했다. 『민족이라는 허구』(2002년)와 『책임이라는 허구』(2008년). 허구 시리즈의 세 번째 작품은 『정의라는 허구』가 되리라 생각한다. 앞 두 작품에서는 답을 찾기 전에 선명한 질문이 있었다. 동일성과 변화의 모순을 어떻게 풀 것인가. 이것이 『민족이라는 허구』의 질문이다. 자유와 결정론의 모순을 어떻게 풀 것인가, 주체의 정체는 무엇인가. 이것이 『책임이라는 허구』의 문제 설정이었다. 정의는 일반적으로 응보정의와 분배정의로 구별된다. 전자는 악이 주제며 후자의 과제는 평등이다. 『책임이라는 허구』는 처벌의 논리를 분석했다. 『정의라는 허구』는 평등과 공정을 둘러싸고 고찰한다. 그런데 명확한 모순에 고민했던 두 전작들과 다르게 『정의라는 허구』는 어렴풋하게나마 답이 앞에 있다. 하지만 질문이 확실하지 않다. 이것은 나쁜 징조다.

내가 책을 쓸 때, 밑바닥에는 조용한 분노가 항상 깔려 있다. 논리뿐만 아니라 쓰는 동기가 감정의 차원에서 지탱되지 않으면 혼이 담긴 분석은 불가능하다. 두 전작들은 모두 좋은 아이디어를 발견했기 때문에 쓴 것이 아니다. 나는 프로가 아니다. 책 같은 것을 쓰지 않아도 된다면 안 쓰는 편이 좋을 것이다. 하지만 나 자신이 모순으로 괴로워하고 싸우는 사이에 답을 찾을 수 있었다. 그게 아니라면 문제 설정 자체가 허공에 떠 있는 인텔리의 유희가 되어버린다. 『사회심리학 강의』를 쓰기 시작했을 때,

이런 메일을 편집자에게 보냈다.

> 변화에 대해 좋은 아이디어를 찾았기에 그걸 중심으로 쓸 생각이었습니다. 그런데 이러한 연구자적 발상이 실패의 원인이었습니다. 연구서나 해설서는 프로가 쓰면 됩니다. 사회심리학의 참고서라면 다른 사람도 쓸 수 있고, 나보다도 유능한 사람이 많이 있습니다. 나 같은 아마추어가 맡을 임무가 아닙니다. 죽을 때까지 쓸 수 있는 책의 숫자는 정해져 있습니다. 그러니 쓸데없는 일은 할 수 없습니다. 나는 독자를 위해 쓰는 것이 아닙니다. 이것은 아마추어의 특권입니다. 내가 아니면 할 수 없는 일이 있을 것입니다. 그것을 찾으려는 시행착오 중입니다. 어떤 통로로 저의 개성을 살릴 수 있을 것인지.

내가 허구를 고집하는 이유를 적은 메일도 소개해 보겠다.

> 『민족이라는 허구』, 『책임이라는 허구』로 이어져 허구 시리즈처럼 되었기 때문에 "허구 3부작이라 한다면, 다음은 무엇인가?"라고 물어오는 사람도 있습니다. 그래서 조금 생각해보았습니다. '정의라는 허구', '지배라는 허구', '과거라는 허구', '국가라는 허구', '죽음이라는 허구'… 등을 써보고 싶은 마음이 듭니다. 그런데 '신뢰라는 허구', '의미라는 허구', '행복이라는 허구', '사랑이라는 허구'는 쓰고 싶지 않

습니다. 이유를 생각해봤습니다. 허구의 구조를 단순히 파헤치는 것만으로는 시시하기 때문입니다.

지금까지 눈치채지 못했지만, 제가 주제로 하는 허구는 말하자면 저의 적인 셈입니다. 책임이나 정의를 적이라 형용하는 것은 이상해 보이지만 그 말의 배후에 있는 수상쩍음을 싫어하기 때문일 것입니다. 적이라고 해도 죽음이 특히 그런 것처럼 절대로 이길 가망이 없는 적이라고 할까, 사라지지 않는 상대지만 말입니다.

그에 반해 신뢰·의미·행복·사랑이 허구인 것은 일목요연하지만 그래도 그들 구조에는 흥미가 생기지 않습니다. 해체는 가능합니다만, 그런 것을 해서 뭐가 남을까요? 후에는 허무밖에 남지 않습니다. 이렇게 생각하는 것은 그것들이 나의 적이 아니기 때문일 것입니다. 과거는 적이 아니지만, 그럼에도 그 구조가 신경 쓰이는 것은 나이를 더할수록 인생의 덧없음을 느끼게 되었기 때문일까요?

답을 찾으려고 하기 때문에 이런 것을 써서 의미가 있는 걸까? 하고 자문하는 것이라고 생각합니다. 사문출유四門出遊(석가모니가 출가 전, 태자일 때 동서남북 네 개의 문으로 나가 인생의 네 가지 고통을 보고 출가를 결심한 일 - 옮긴이)처럼 해결할 수 없는 문제는 많이 있습니다. 본질적인 문제일수록 답은 없습니다. 질문만 명확히 할 수 있다면 나의 일은 그것으로 충분합니다. 나머지는 다른 사람이, 혹은 다음 세대가 풀어줄 테니까요.

뒤르켐의 사회학을 끌어와, "성범죄는 성의 금기를 지닌 사회에 필연적으로 일어나는 정상적인 현상이다."라고 『사회심리학 강의』에 적었더니(보다 자세한 것은 『사람이 사람을 심판한다는 것』에서 먼저 전개했다), "그런 건 연구자라면 다 알고 있는 얘기지. 그래서 그걸 어떻게 줄일 것인가를 생각하는 게 연구자다."라는 비판이 인터넷에 등장했다. 한마디로 나를 패배주의자라고 말하는 것이다. 마르크스의 유명한 말을 생각해내는 사람도 있을 것이다.

> 철학자들은 세상을 다양하게 해석해온 것에 지나지 않는다. 중요한 것은 세상을 변혁하는 것이다 (포이에르바흐에 관한 테제11).

그런데 그것은 착각이다. 나의 의도는 다른 데 있다. 『사람이 사람을 심판한다는 것』의 후기에 이렇게 적었다.

> 어떻게 해도 풀 수 없는 문제는 세상에 많이 있다. 왜 빈곤가정에서 태어난 것인지, 왜 신체에 장애를 가지고 태어난 것인지, 왜 미인으로 태어나지 않은 것인지, 왜 이렇게 젊은데 죽지 않으면 안 되는 것인지, 왜 다른 사람이 아닌 내 아이가 살해당해야 하는 것인지.
> 누구에게나 일어날 수 있는 불행들뿐이다. 이들 질문에 어떻게 답할 수 있을까? 빈부 격차를 줄이는 정책을 고안하고,

신체장애인을 차별하지 않는 문화를 퍼뜨리고, 배리어 프리barrier free 환경을 정비하고, 인간의 가치는 아름다움과 추함으로 결정되지 않는다고 교육하고, 난치병을 극복하기 위해 의학을 발전시키고, 방범교육을 충실히 시키는 것과 동시에 법제도 엄벌화를 통해 범죄방지에 더욱 힘쓰고… 하지만 그러한 답으로는 문제의 본질에는 도무지 닿을 수 없다.

억압이 없는 세상은 가능한 것일까? 어쩌면 인간의 미래에 기다리고 있는 것은 막다른 길이 아닐까? 어딘가에 올바른 세상이 존재할 것이라는 생각이 애초에 잘못된 것일까? 시스템을 구성하는 각 요소가 변화하더라도 시스템 자체의 변용으로는 이어지지 않는다. 출구를 찾아 발버둥치며 우리들은 계속해서 같은 자리를 맴돌고 있을 뿐인 걸까?

마르크스의 분석을 인용해보자. 노예제·농노제·봉건제·자본제로 경제 형태가 변천함에 따라 잉여가치의 착취 방법은 변화했다. 노예의 생산물은 노예 소유자가 모두 가져간다. 농노는 노동의 일부를 영주의 소유지에 나눈다. 소작농은 스스로 생산한 농작·축산물 일부를 봉건영주에게 바친다. 이들 지배 형태에서는 착취의 구조가 명확하다.

인간의 노동력이 상품의 형태를 취하는 자본주의 사회에서는 사정이 바뀌었다. 노동력 이상의 가치가 노동(즉, 노동력의 소비)에 의해 생겨난다. 하지만 노동력의 가치와 노동의 가치 차이는 노동자에게 환원되지 않고 자본가에 의해 흡수된다. 결국 착취 자체는 없어지지 않는다. 잉여가치 전이의 구조가 보다 교묘하게 은폐될 뿐이다.

마르크스 경제학에 대한 시비는 잠시 접어두자. 여기서 시사하고 싶은 것은 경제와 정치 차원에서의 유사성이다. 격차가 없는 사회는 실현 불가능하다. 근대에 성립한 의회제 민주주의는 인간에게 자유와 평등을 부여했는가? 불평등을 은폐해 정당화하는 것으로 형태가 바뀌었을 뿐이지 않은가? 근대가 되어 노예제가 폐지되고 인간의 평등을 인정하게 된 바로 그 시기에 인종차별 이데올로기가 대두했다. 프랑스의 문화인류학자 루이스 듀몬트는 경고한다(L. Dumont, Homo aequalis. Genèse et épanouissement de l'idéologie économique, Gallimard, 1977).

> 이것이야말로 평등주의가 의도하지 않은 결과의 아마도 가장 극적인 예일 것이다. … 이데올로기가 세상을 변혁할 가능성에는 반드시 한계가 있으며 그리고 그 한계에 무지한 까닭에 우리가 추구하는 것과 정반대의 결과가 만들어져 버릴 위험을 이 사실은 시사하고 있다.

『서유기』를 떠올려보자. 아무리 발버둥쳐도 석가의 손바닥에서 벗어날 수 없는 손오공. 이것이 인간의 모습이며 내 질문의 출발점이다. 답이 있을 것이라고 모두가 착각하고 있다. 그래서 사회문제를 다루는 책의 마지막에는 처방전이 꼭 나온다. 그래서 방법론 책이 인기를 끈다. 그런데, "진짜 답은 어디에도 없다." 병에 걸리면 치료를 받고 싶어진다. 하지만 인간은 누구나 언젠가 반드시 죽는다. 이 현실과 어떻게 대치할 것인가. 선악·정의·평등에 관한 질문도 마찬가지다. 원리적으로 답은 존재하지 않는다. 이것을 보여주기 위해 나는 계속해서 쓰고 있는 것이라고 생각한다.

집단현상은 인간의 의사로부터 동떨어져 자율 운동한다. 이런 장면을 상상해보자. 불이 났다는 외침에 공황이 일어나고 모두 도망갈 길을 찾는다. 잠시 후 위험은 이미 사라졌다고 알게 되어도 공황은 쉽게 가라앉지 않는다. 도망갈 필요가 없다고 생각하더라도 주위 사람들이 계속해서 도망가니까 나도 도망가지 않으면 안 될 것 같다는 생각에 휩싸인다. 하지만 내가 도망가면 옆 사람도 도망간다. 오보라는 것을 모두가 알게 되어도 공황은 가라앉지 않는다. 위험하지 않다는 것을 옆 사람도 나도 알았다. 그러나 그 사실을 상대가 알고 있는지 어떤지 불확실하다. 결국 도망갈 필요가 없다고 생각하면서도 어쩔 수 없이 모두 계속해서 도망간다. 도덕·종교·언어·경제·소문·유행·전쟁 등의 집단현상은 이렇게 생성된다. 인간 세상은 인간 자신도 제어하지 못한다.

역사는 분명 인간의 상호작용으로 만들어진다. 나사렛의 예수가 설파한 크리스트교가 세계에 전파된 것처럼 단 한 명의 이단자가 사회에 변혁을 가져오는 일도 있다. 하지만 수세기를 거쳐 마녀사냥이나 종교재판를 불러일으켰듯이 누구도 그 파급력을 제어할 수 없다.

세상에는 "이렇게 해야만 한다."라는 논리들이 범람하고 있다. 그런데 그것들은 인간의 현실에서 눈을 돌리고 기도만 하게 만들 뿐이다. 집단현상을 태동시키는 진짜 원인은 그것을 만들어내는 인간 자신에 의해 은폐되고, 그 대신에 허구가 날조된다. "이렇게 해야만 한다."는 논리는 기우제에 불과하다. 하지만 그럼에도 우리는 "이렇게 해야만 한다."는 것을 계속해서 이야기하고 있다. 그것은 푸념을 늘어놓으며 스트레스를 발산하는 것과 다르지 않다.

　"사회를 조금이라도 좋게 만들고 싶고, 사람들의 행복에 공헌하고 싶기 때문에 철학을 배우고 사회학을 배운다."는 소박한 선의의 배경에는 무지나 방만 혹은 위선이 숨겨져 있다. 이것을 우선 자각하지 않으면 아무것도 시작되지 않는다.

　미남미녀가 있는가 하면 그렇지 않은 사람도 있다. 재능을 타고난 사람과 그렇지 못한 사람. 유복한 가정에서 태어난 사람과 빈곤하게 태어나는 사람. 평화로운 사회·시대에서 자라난 사람과 전란의 한가운데서 태어난 사람. 성차별이나 인종차별이 위협을 가하는 세상에서 여성, 성동일성 장애인 혹은 피차별 소수민족으로 생을 살아간다. 어째서 세상은 이렇게도 불공평한 것일까? 소질이나 능력 또는 노력에 따라서 부를 얻는다는 논리는 기만에 지나지 않는다. 미추·재능·행복에는 원인이 있다. 그런데 그 원인에는 반드시 또 원인이 있고 인과관계의 연쇄는 계속된다. 인간은 처음부터 불공평한 경쟁에 던져져 있다.

　인간사회는 두 종류의 최종 원인을 날조했다. 하나는 '외부'

로 투영되는 신이나 하늘이다. 인간의 생은 섭리에 따른다. 신이 주체며 그의 뜻이 인간의 운명을 결정한다. 그리고 근대가 창출한 또 하나의 원인이 자유의지다. 신을 죽이고 '외부'에 있던 최종 원인을 잃게 된 근대는 자유의지라 칭하는 다른 주체를 '내부'로 날조하기 시작했다. 이것이 자기책임이라는 주문의 정체다(자세한 내용은 근간 『신의 망령』, 도쿄대학출판회를 참조).

내가 일본을 떠난 지 이제 곧 40년이 된다. 외국인과 함께 살면서 인종차별·민족분쟁·이민문제·이문화 수용에 대해 생각해왔다. 명예백인 증후군을 연구과제로 선정한 배경에는 프랑스에서 이방인으로 살아가는 나 자신의 고민이 있었다. 일본인으로서의 나와 서양 및 제3세계와의 관계를 이해하고 싶었다. 나는 일본인일까? 일본인이란 무엇을 의미하는 것일까?

미흡하나마 문장을 쓰고, 말하자면 자가정신분석 같은 작업을 통해 정체성 문제가 조금씩 해결된 것이라 생각한다. 그러자 이번에는 일본인으로서의 나와 서양이나 제3세계와의 관계가 아닌, 단순히 나와 타인과의 관계라는, 보다 일반적인 문제로 관심이 옮겨갔다. 이는 『민족이라는 허구』를 출판했을 무렵이다. 정말로 관심이 있었던 것은 민족보다도 허구였다고 탈고하며 처음으로 깨달았다. 집단에 농락당하면서도 집단으로부터 떨어지면 존재 자체가 위험해지는 인간의 모습을 그리면서 인간의 신비한 유대감에 대해 이제 와서 새삼스레 놀랐던 것일까? 그 후 『책임이라는 허구』나 『인간이 인간을 심판한다는 것』을 집필한 동기는 이 부근에 있다고 생각한다.

신뢰·약속·희생·속죄·용서에 대한 검토에 언젠가 도전해 보고 싶다. 그런데 그러기 위해서는 지식부족을 보충하는 것만이 아니라 스스로의 마음과 대치해 내장을 도려내는 것과 같은 작업이 필요하다. 죽을 때까지 쓸 수 있을지 모르겠다. 나처럼 약한 인간이 할 수 있을까?

『민족이라는 허구』에도, 『책임이라는 허구』에도, 『인간이 인간을 재판한다는 것』에도, 『사회심리학 강의』에도 새로운 것은 아무것도 쓰여 있지 않다. 내가 부딪쳤던 문제에 선인들이 이미 답을 내놓았다. 내가 무지했을 뿐이고 나의 질문에 대한 답을 인간은 이미 알고 있었다. 그런데 그걸로 괜찮지 않을까? 시간이 허락하는 한, 힘이 남아 있는 한 자신이 가진 의문과 함께 걸어 나가면 된다. 플라톤이 혹은 불교가 이미 답한 것이라고 인생을 끝낼 때 깨닫게 된들 상관없다. 그렇게 해서 자신의 질문에 답을 발견할 수 있다면 만족한다.

7장

이방인의 시선으로 세상을 바라보기

마지막 장에서는 일반적인 견지에서 이방인의 의의에 대해 생각해보겠다. 글로벌 인재나 국제인을 높이 평가하는 배경에는 무엇이 있는 것일까? 메이지 시대 이후 일본인은 서양을 본보기로 근대화를 추진해왔다. 거기에 함정은 없었을까? 1장에서 설명한 모순의 역할처럼 이방인은 상식을 파괴하기 위한 기폭제다. 그런데 이는 안이한 입지가 아니라 자신의 정체성 붕괴로 이어질 위험이 따른다. 이방인의 이중성에 빛을 비추어 우리의 고찰을 매듭지어보자.

다수파의 폭력

일본에는 '불륜'이라는 말이 있다. 혼인 중인 남녀가 애인을 가져서는 안 되며, 그러한 관계는 윤리적으로 용서받지 못한다고 사회적으로 판단하는 것이다. 하지만 프랑스인의 생각은 다르다.

1980년대 초반, 프랑수아 미테랑 대통령이 취임하고 얼마 후 그의 숨겨둔 자식에 대해 질문하는 저널리스트에게 미테랑은 "아, 사생아가 있어. 그런데 그게 뭐 어떻다고?Et alors?"라고 되받아쳤다. 프랑스에서는 정치가의 사생활이 공무와 분리되어 있어 애인관계에 대한 폭로는 금기다. 그런데 이 스캔들이 보도됐을 때, 일본에서는 미테랑이 "애인이 있거나 숨겨둔 자식이 있어도 나쁜 일이 아니다."라며 뻔뻔하게 나왔다고 이해한 사람이 많았다. 하지만 이는 오해다. "올바른 사랑의 형태를 정하는 것은 사회가 아니다. 사생활의 시비는 당사자의 판단에 맡겨라." 이것이 미테랑의 진의였다.

1994년, 오르세 미술관의 조각부문 학예사인 애인 안 팽조와 미테랑 대통령 사이에서 태어난 딸 마자린의 사진을 주간지 『파리 매치』가 게재하면서 스무 살이 된 혼외자식의 존재를 공개했다. 대통령과 딸이 레스토랑에서 나오고 있는 모습을 몰래 촬영한 사진이었다. 정치 성향의 좌우를 막론하고 프랑스 언론은 한목소리로 폭로 기사를 비난했다. 몇 가지 예를 들어보겠다.

이것을 진보라 부를 수 있겠는가. 프랑스는 순식간에 라틴 사회 그리고 가톨릭적인 용인의 전통에서 앵글로색슨의 청교도주의로 변해버렸다. 청교도주의라 해도 실체는 열쇠 구멍으로 훔쳐보는 취미에 지나지 않는다. 이대로 간다면 세상 신문들이 발버둥치고 있는 흙탕물에 더럽혀져 우리도 곧 함께 시궁창 속을 기어다니고 머리 위로 쓰레기통을 뒤집어쓰는 상태에 빠지게 될 것이다(『르 피가로』, 보수 성향 일간지).

나쁜 것은 [원고를 쓴] 저널리스트와 잡지의 책임자뿐이다. 공인의 사생활 정보를 지금까지도 그들은 알고 있었다. 하지만 사생활에는 절대로 손을 대지 않는 것이 지금까지의 관습이며 규율이었다. 어째서 오늘날에 와서 이를 바꾸려는 것인지 우리들은 이해할 수 없다(『라 크로와』, 가톨릭계 일간지).

정치가의 사생활을 폭로해야 하는지 여부는 두 가지 질문에 대한 답으로 정해진다. 당사자의 공언과 모순되는 거짓말인지 아닌지, 그로 인해 그의 공적인 기능에 지장이 생기는지 아닌지 말이다. 미테랑 씨는 사생아의 아버지지만 이는 다른 많은 프랑스인도 누리고 있는 행복에 불과하다. 그래서 그의 일이 저해 받는 것은 아니다. 선거에 이길 목적으로 도덕을 내보이는 일 따위 한 번도 없었다. 미테랑 씨에게는 마자린이라는 한 명의 딸이 있다. 아름답고, 행복해 보이는 딸이 있다. 그게 뭐 문제인가 Et alors?(『르 몽드』, 혁신 성향의 일간지)

참고로 마자린 팡조는 고등사범학교를 수료하고 철학 아그레가시옹을 취득한 재원이다. 현재 마흔을 넘긴 그녀는 10권 이상의 소설을 집필하는 한편, 파리 제8대학에서 철학을 가르치고 있으며 데카르트에 대한 박사논문을 준비하고 있다.

'불륜'에 대한 프랑스 사회의 반응을 한 가지 더 이야기해보겠다. 벽돌 장인이었던 모로코인 아버지와 알제리인 어머니 사이에서 태어난 라시다 다티는 법무부 장관이라는 요직에 있었다. 한 번 이혼한 후에 독신으로 지내온 그녀는 2009년, 재임 중에 조라라는 이름의 여아를 낳았다. 아버지의 이름을 공표하지 않았기 때문에 언론은 아빠 찾기를 시작했다. 당시, 다티에게는 애인이 여덟 명 있었다는 소문이 돌았고 TV 사회자, 프랑스의 장관, 패션업계의 거물, 카지노와 레스토랑을 경영하는 그룹 총재, 프랑스 전력EDF사장, 스페인 전 수상, 당시 현직이었던 사르코지 전 대통령의 동생, 카타르 주석 검사의 이름이 거명되었다. 하지만 법무부 장관의 애인 생활이나 사생아의 출생을 비난한 것은 아니다. 인기를 얻기 위한 수단으로 다티 자신이 언론을 이용하기 시작했다. 그 일환으로 언론 측도 이 화제에 달려들었을 뿐이다. 그는 장관의 직을 물러나지도 않았으며 사생아 출산을 이유로 사임하라고 강요하는 사람도 없었다. 미혼인 피거 스케이트 여자 선수가 아버지의 이름을 공표하지 않고 출산했을 때, 비난의 폭풍이 일어난 일본과는 커다란 차이가 있다.

사랑과 성에 관한 일들은 당사자의 문제며 시비를 판단하는 것은 사회가 아니다. 이성 간이든 동성 간이든, 세 명 이상이 육체 관계를 가지든 말든 당사자의 문제라는 개인주의적 주장과, 불륜은 사회적 악이며 동성애는 성도착이라는 재단은 두 가지 다른 유형의 가치관을 지닌다.

질서가 깨지면 사회의 감정적인 반응이 나타난다. 이를 처리해 질서 회복을 꾀하는 장치가 국가가 주재하는 재판이며 언론이나 여론이 가하는 마녀사냥이다. 수직 방향으로 작동하는 법적 제재와 수평 방향의 벡터를 지니는 마을 공동체적인 차별, 이탈 행위에 대한 두 가지 반작용은 어느 나라에나 공존한다. 하지만 이들 두 종류의 징벌 반응이 나타나는 비중은 각 사회의 인간관계 방식에 따라 다르다.

유럽 중세에서는 길드·교회·촌락 공동체 등 중간 조직이 이탈자를 징벌해왔다. 그런데 근대는 중간 조직을 해체하고 국가에 권력을 집중시킨 한편, 집단으로부터 해방된 개인의 무리를 만들어냈다. 서양 개인주의는 이 양극화에 호응하고 있다. 이 움직임에 따라 징벌 권한의 국가 독점도 진행된다. 이에 반해 일본에서는 개인주의를 만들어내는 방향으로 근대화가 진행되지 않았다. 그 때문에 국가가 관할하는 법률에 준거한 처벌 이외에도 중간 조직이나 여론이 행사하는 사적인 제재는 여전히 힘을 가지고 있다. 일본인은 유럽과 미국하고만 비교하는데, 사회의 성립이나 인간관계는 다른 아시아 국가들이나 아프리카 쪽을 더 닮아 있다.

일본은 TV의 토크쇼나 주간지를 통해 타인의 사생활에 간섭하는 경향이 강하다. 이탈자에게 엄격한 사회다. 체포에 이르지 않거나 불기소가 되면 범죄가 아니다. 그런데 그럼에도 치한·성폭력·불륜 등의 이탈 행위를 조직이나 여론은 자기들의 입맛에 맞게 처벌한다.

미국의 진보 성향의 인터넷 신문 『허핑턴 포스트The Huffington Post』의 일본어판에서 "목사, 불륜 현장이 발각되어 총으로 위협 받고 알몸으로 도주"라는 표제의 기사를 발견했다(2017년 2월 11일. 영어판은 2월 1일 자). 첫 머리에 이렇게 쓰여 있었다. "미국 플로리다 주에 사는 기혼자인 목사가 자녀가 있는 기혼 여성과 성행위를 하고 있는 것이 발각되어 체포되었다." 나는 "체포"라는 두 글자에 놀랐다. 도무지 이해할 수 없어서 어느 나라 이야기인지 다시 한 번 확인했을 정도다. 원문을 읽고 수수께끼가 풀렸다. 'Caught(catch의 과거분사)'라는 단어를 잘못 번역한 것에 지나지 않았다. "기혼인 아이 엄마와 섹스하고 있는 것을 들켰다."라고 써야 하는 것을 "체포"라고 오역한 것이다. 해당 기사를 쓴 글쓴이가 "경찰 보고에 따르면according to a police report"라는 단서에 넘어간 것일까? 하지만 의미를 생각해보면 이상하다고 바로 눈치챌 수 있었을 것이다. 불륜은 나쁜 행동이라는 일본의 상식에 현혹된 것이리라.

일본국 헌법 제31조는 "누구든지 법률이 정하는 절차에 의하지 아니하고는 그 생명 혹은 자유를 빼앗기거나 그 외 형벌을 받지 아니한다."고 규정하고 있다. 재판소 이외의 조직이 벌을 내린다면 그것은 마녀사냥이다. 민주주의의 규정에 따라 선출·임명되는 재판관에게는 처벌에 대한 정통성이 부여된다. 하지만 민간기업이나 학교에 그러한 권한은 없다.

프랑스에서는 징벌 권한이 국가에 집중되어 있고 성폭력 등의 처벌도 경찰 그리고 사법부에 위임하는 것이 보통이다. 또한 사생활에서 죄를 저질렀을 때 그것만이 원인이 되어 실직하는 일은 드물다. 음주운전·탈세·절도·성범죄 등으로 체포되어도 시민으로서 법의 심판을 받고 벌을 받는 것에 그친다. 사생활의 규율과 직업상의 적성은 별개다. 교사가 초등학생에게 성범죄를 일으킨다면 직장에서 추방된다. 하지만 학교 밖에서 절도를 하거나 음주운전, 탈세로 체포되더라도 연구자나 교원으로서 실격이라고는 할 수 없는 것이다.

처벌의 정통성은 국가에게만 인정된다. 법치국가인 이상, 일본도 이러한 원칙을 따라야 한다.

"이미 사회적 제재를 받고 있는 사정을 고려해 관대한 처벌을 한다."는 식의 판결이 내려지는 것은 원리적으로 있을 수 없다. 징벌 권한의 사적 행사를 재판관 스스로가 인정하는 것은 법조계의 자살행위다. 공식적인 형벌과 마녀사냥의 괴리가 성범죄에서는 특히 크다. 치한의 벌칙이 관대하다면 법률을 엄격하게 만들면 된다. 불기소가 되거나 무죄 판결이 나오면 범죄행위를 하지 않았다는 것을 의미한다. 그런데 현실에서는 어떠한가. 치한이나 강간 사건에서 범행을 부인하면 최장 23일간 구류되고 기소에 이르기까지 언론이 실명을 공표한다. 회사에서 해고당하거나 가정이 붕괴되는 경우도 있다. 재판에서 무죄를 얻어내도 이미 늦은 경우도 많다. 언론이나 여론의 마녀사냥을 법률

가는 어떻게 생각하고 있을까?

일본에서는 교원이나 사원이 강간, 몰카로 체포되거나 마약 사용으로 학생이 잡히면 교장·학부장·상사들이 기자회견을 열어 머리를 숙인다. 성범죄도 마약 사용도 당사자의 사생활에서 일어난 일이며 학교 조직이나 기업이 관리할 문제가 아니다. 이들의 행위를 제어할 수단은 학교에도 회사에도 없다. 그럼에도 사죄를 표명하지 않으면 여론이 용서하지 않는다.

마녀사냥은 당사자로만 그치지 않는다. 흉악범죄가 일어나면 부모·형제 자매·자녀에게까지 여론의 규탄이 이어진다. 부모는 자식의 죄를 스스로 떠맡아 평생에 걸쳐 속죄할 각오를 해야 한다. 자신의 아이를 범죄자로 키우려는 부모는 없다. 피해자의 유족 이상으로 괴로운 시련일지도 모른다. 그런데 여론은 그들을 따돌리고 사회로부터 말살한다. 더군다나 부모의 범죄에 대한 책임은 자녀에게 없다. 부모가 사람을 죽여도 자식에게 죄는 없다. 법에서는 행위 당사자 이외의 책임을 따지지 않는다. 그럼에도 여론은 아이를 괴롭힌다.

2008년에 일어난 아키하바라 무차별 살상사건의 부모는 아들의 행위에 대해 TV카메라 앞에서 사죄했다. 범인은 성인이다. 그럼에도 죄의 일부분은 부모가 떠안는다. 1972년의 연합적군사건(일본의 신 좌파 테러 조직이 일으킨 엽기적 살인 사건) 후, 여론이나 언론으로부터 비난 받은 범인의 부모는 직장을 잃고 어쩔 수 없이 이사할 수밖에 없었다. 자살한 친족도 있었다.

1988년부터 1989년에 걸쳐 관동지방에서 일어난 여아연

속살인사건의 범인(사형판결이 내려져 이미 처형됨)의 경우도 가족은 이혼·사직하고 결혼 직전이던 여동생은 파혼을 강요받았다. 성을 바꾼 친족도 있다. 정든 마을을 떠나 행방을 감춘 사람도 있다. 피해자 유족에 대한 위자료를 지불하기 위해 부친은 소유하고 있던 토지를 전부 팔았다. 그리고 사건으로부터 5년 후에 자살했다(『주니치 신문』, 2008년 1월 18일 석간).

프랑스인의 결혼관

외국에 살면서 가장 필요한 것은 열정도 아니고, 노력도 아니다. 노동허가증이다. 이것이 없으면 돈을 벌 수 없고 생활이 불가능하다. "어떻게 살 것인가?" 그런 고상한 고민도 현실 앞에서는 멀리 날아가 버린다. 프랑스에 사는 일본인 대다수는 이 벽에 부딪혀 고생한다. 기업이 힘을 써주는 경우도 있지만 내무성 허가가 떨어지리라고는 보장할 수 없다. 손쉬운 방법은 프랑스인과의 결혼이다. 10년간 유효한 체재허가증이 외국인 배우자에게 발행되어 취직도 가능하다. 범죄를 일으키지 않는 한, 허가는 10년마다 자동 갱신되기 때문에 미국의 그린카드와 실질적으로 비슷하다. 갱신할 필요가 없는 무기한 체제허가증도 최근 도입되었다.

"연애와 결혼은 다르다." "결혼은 결국 돈 문제다."라고 말하면 낡은 생각이라던가 보수적인 태도라고 오해 받을 것 같지만,

대부분의 프랑스인에게 연애와 결혼은 별개다. 단, 그 의미가 일본과 프랑스에서는 다르다.

일본에서는 "결혼해서 오랜 기간 함께 지내고 아이를 만들어 가정을 이루기 위한 상대는 일시적 감정에 휩쓸리지 말고 미래를 잘 내다보고 냉정하게 결정해야 한다."고 생각한다. 즉 연애와 결혼 각각에 알맞은 상대가 따로 있다는 식으로 이해한다. 반면 프랑스에서는 다르게 생각한다. 생활을 함께 나누고 아이를 낳고 가정을 키워가는 상대로 사랑하는 사람을 고르는 것은 당연하다. 그런데 어째서 결혼하는 것인가? 결혼으로 고민하는 일본인 대학원생에게 쓴 편지를 잠시 소개한다.

> 지금 가장 좋아하는 남성과 프러포즈 받은 의사 사이에서 마음이 흔들리고 있는 것. 애초에 결혼이라는 말의 의미가 문제입니다.
> 알고 지내는 프랑스인 교원이 최근 결혼했습니다. 두 명 모두 60세 가까운 나이로 그들 사이에는 20~30세 정도의 아이가 3명 있습니다. 함께 생활하기 시작한 지 40년 가까운 날들이 흘렀지만 지금까지 두 명은 독신인 상태였습니다. 일본과 마찬가지로 프랑스에서도 결혼할 때, 신랑과 신부 양쪽에 증인이 필요합니다. 그래서 아이들이 증인이 되었다고 합니다. 멋진 일이죠. 어째서 지금에서야 결혼한 것인지를 물어보니, "고령이 되어서 어느 쪽인가가 죽으면 유산상속이 문제가 될 테니까."라는 답이 돌아왔습니다.

"결혼한다"고 일본에서 말하면 함께 산다거나 여성의 경우라면 퇴직한다, 아이를 낳는다, 식사를 만든다 등의 모든 일들을 함의하고 있지요. 프랑스에서는 이러한 것들은 결혼과 무관합니다. 함께 살게 되면 가사나 수입의 분담을 생각할 것입니다. 헌데, 그것은 결혼과는 별개의 일입니다. 어떻게 공동생활을 이끌어갈 것인가 하는 것과, 어떤 법 계약을 맺을 것인가는 다른 이야기입니다. 반려자가 병에 걸려 신장이나 폐 이식이 필요하다면 자신의 장기를 떼어줄 만큼 사랑해도 결혼은 별개의 문제인 것입니다.

프랑스에서의 남녀 혹은 동성의 공동생활에는 혼인marriage, 민사연대계약Pacs, Pacte civile de solidarité, 동거union libre(직역하면 '자유로운 연결')의 3종류가 있다. 혼인의 경우, 부부 중 한 명의 사망 시, 남겨진 배우자에게 상속세가 요구되지 않으며 사망자가 생전에 받고 있던 연금의 반액이 배우자에게 계속 지급된다. 민사연대계약의 경우, 파트너가 상속인으로서 유언장에 명기되어 있으면 혼인과 마찬가지로 상속세가 면제된다. 그런데 파트너에 대한 유족연금은 지급되지 않는다. 동거의 경우는 유언장이 있어도 파트너에게 증여세가 부과된다. 사망자의 연금도 지급되지 않는다.

이들 공동생활의 체결과 해소 절차도 다르다. 혼인은 관청에 나가 선서할 필요가 있고, 이혼은 가정재판소에 출두하지 않으면 안 된다. 합의이혼이어도 쌍방이 변호사를 세워서 재판소의 재정을 따른다. 재산 분할, 자녀의 양육비 등을 공평하게 규정하기 위해서다. 재판관의 업무경감을 도모하기 위해 최근에는 법이 개정되었다. 미성년인 자녀가 없으면 일정 재산 범위 이내의 합의이혼에 한해 재판소에 나오지 않고 공정 증서 작성만으로 이혼이 가능해졌다. 그런데 변호사를 두는 원칙은 변하지 않았다. 다만 변호사의 능력에 따라서 부부 중 한 사람에게 불이익이 생겨날 우려를 고려해 재판소의 개입폐지가 타당한지 아닌지 법조계에서도 논의가 계속되고 있다.

민사연대계약 체결은 당사자들이 작성한 계약 체결 신청서를 재판소에 제출한다. 변호사의 중개도 재판소 판결도 필요하지 않다. 혼인 신고·이혼 신고를 관청에 제출하는 것만으로 끝나는 일본의 절차와 닮아 있다. 혹은 어느 쪽인가가 일방적으로 법정집행관huissier을 통해 상대에게 보고하면 그 시점에서 연대계약이 종료한다. 상대의 동의는 필요하지 않다. 단, 재산에 관한 분쟁이 일어나는 경우는 가정재판소의 판단을 따른다.

동거 관계의 해소에는 어떤 절차도 필요 없다. 둘 사이에 생겨난 미성년 자녀가 있는 경우는 민법의 규정에 따라 협의해 양육권과 양육비를 정한다. 조건을 둘러싸고 분쟁이 일어날 때는 가정재판소의 재량을 따른다.

소득과세의 방법도 다르다. 혼인과 민사연대계약은 둘의 소득을 합계해 신고하는데 동거의 경우는 각자 따로 계산한다. 일반적으로는 전자 쪽이 소득세를 절약할 수 있다. 사생아라는 단어는 이제 프랑스에는 없어서 부모가 혼인관계에 있는지, 민사연대계약 체결자인지, 혹은 동거인지는 큰 의미를 갖지 않는다. 2014년에 프랑스에서 탄생한 신생아의 75.4퍼센트가 혼외출산이다. 사생아라거나 부모의 이혼이라는 이유로 아이가 차별받을 걱정은 없다. 상속 등의 법적 권리도 1972년 이후 혼외자식과 사생아 사이에 차이가 없어졌다.

프랑스 국적 소유자와 결혼하면 외국인 배우자에게 체재와 노동 허가가 주어지지만, 민사연대계약이나 동거는 커플인 외국인에게 체재·노동권이 부여되지 않는다. 장기체재허가증을 이미 가지고 있는 경우는 괜찮은데 그렇지 않다면 다른 수단을 강구하지 않으면 안 된다.

이상의 조건을 고려해서 유리한 방법을 선택하면 된다.

"연애와 결혼은 다르다. 결혼은 결국 돈 문제다."라는 것은 이런 의미다. 일본에서는 연애 상대와 결혼 상대가 다르다는 것을 의미하지만 프랑스에서는 동일 인물일 수도 있다. 사랑하는 사람과 생활을 함께 나누기 위해, 혼인이나 민사연대계약이라는 형태 혹은 계약을 체결하지 않는 동거 중 한 가지를 선택하는 것이다.

어떤 형태를 취할지에 따라 금전상의 이점은 다르다. 그런데 그것은 국가로부터 지급되는 연금 또는 징수되는 세금의 차이며 커플 사이에서의 금전 수수가 아니다. 백색신고와 청색신고(일본의 세금 신고 제도) 중 어느 것이 유리한가 하는 문제와 비슷하다. 중요한 것은 서로 사랑하는 것이며 결혼할지 말지는 돈 문제에 지나지 않는다는 프랑스인과, 결혼이야말로 사랑의 증거며 진지하게 상대를 생각한다면 결혼해야 한다고 생각하는 일본인. 진정한 사랑을 알고 있는 것은 어느 쪽일까?

프랑스에서는 "이제 일하기 싫어졌어. 누군가 결혼해줄 사람 없나?" 같은 대화의 의미가 통하지 않는다. 결혼과 퇴직은 무관한 일이다.

2014년의 통계에 의하면 프랑스 전체에서 24만 2,000쌍이 혼인을 하고 12만 4,000쌍이 이혼했다. 절반이 이혼한다. 민사연대계약 체결 수는 혼인 수와 가까워져 2008년에는 결혼의 반, 2009년에는 결혼 3쌍에 대해 민사연대계약 2쌍, 그리고 2010년에는 결혼 4쌍에 대해 민사연대계약 3쌍까지 늘어났다.

동성 커플에게 결혼과 거의 똑같은 수준의 법적 보호를 부여할 목적으로 1990년에 도입된 민사연대계약이지만 그 후 이성 커플의 민사연대계약 체결이 대다수를 차지하게 되었다. 국립통계경제연구소INSEE에 의하면 2000년에는 이성간의 민사연대계약이 1만 6,859쌍, 동성 민사연대계약은 5,412쌍(전체의 24.3퍼센트)였는데 2014년에는 이성 민사연대계약이 16만 7,391쌍으로 10배 늘어난 한편, 동성 민사연대계약은 6,337쌍(전체의 3.6퍼센트)으로 거의 비슷한 수준이었다.

2013년에는 "이성 간과 동성 간 커플을 동등하게 다루지 않는 제도는 차별이다."라는 비판이 일기 시작하면서 동성혼 법제화에 이르렀다. 2017년 봄 현재, 남아프리카·아르헨티나·브라질·멕시코·우루과이·콜롬비아·코스타리카·미국·캐나다·핀란드·스웨덴·노르웨이·아일랜드·아이슬란드·덴마크·

영국·벨기에·네덜란드·룩셈부르크·프랑스·포르투갈·스페인·뉴질랜드의 23개국이 동성혼을 제도화하고 있다.

일본에서는 저출산이 심각하다. 여성의 취직과 노동 곤란, 긴 노동시간과 단신부임을 용인하는 풍토, 탁아소 부족, 베이비시터를 이용하는 습관 결여 등, 출산을 저해하는 원인은 다양하다. 그런데 혼기가 늦어진 것과 연결 지어 저출산 문제가 논의된다. 이에 반해 프랑스에서는 결혼하는 사람이 감소하는 것과 동시에 인구는 계속해서 늘어나고 있다. 젊은이들의 결혼을 촉구하는 정책을 짜낼 것이 아니라, 반대로 결혼제도를 무너뜨림으로써 보다 많은 가정이 만들어지고 아이가 태어나고 자라날 수 있다. 이런 수평사고는 어떠한가.

자유와 다양성

파리의 슈퍼마켓에서 다른 나라의 신용카드를 내밀자 사용방법을 몰라 점원이 시간을 지체한다. "이렇게 하면 돼요."하면서 고객이 끼어들려고 하면, 점원이 "고객한테 지시 받을 일은 아닌 것 같은데요."라고 불같이 화를 낸다. 또는 은행에서 "싫으면 다른 은행으로 가세요"라고 맞받아치는 은행원도 있다. 이를 본 상사는 본체만체한다. "그런 태도면 다른 은행에 고객을 빼앗기게 될 거요. 자기 은행이 망해도 좋나요?"라고 반론하면 "자기 은행이라뇨. 그러면 얼마나 기쁜 일이에요. 아쉽게도 나는 여기에서 일하고 있을 뿐이에요."라고 푸념한다. 또는 "당신이 그런 것까지 걱정해주지 않아도 됩니다. 망하면 다른 은행에 취직할 테니 문제없어요."라는 답이 돌아온다. 이것들은 실제로 내가 보거나 경험한 광경이다. 일본에서는 상상도 못할 일이다.

노동자들이 이렇게 행동할 수 있는 데는 몇 가지 이유가 있다. 우선은 노동조합이 강하다. 일본처럼 기업별 조합과 다르게 산업별로 조직되어 있기 때문에 회사가 망하는 것도 개의치 않고 같은 산업에 속하는 노동자 전체의 이익을 도모한다. 이에 따라 조합으로부터 보호받는다는 생각에 노동자는 직제에 저항하기 쉬워진다. 20년쯤 전 이야기인데 파리의 한 백화점이 크리스마스에 개점하려고 했다. 12월 25일은 휴일이며 일요일·공휴일 영업은 법률에 의해 기본적으로 금지되어 있었다. 그래서 백화점은 벌금을 내고 할증 임금을 지불하겠다는 약속으로 휴일 출근을 희망하는 직원들을 모집해 개점을 시도했다. 그런데 다른 지방에서 온 많은 조합원들이 백화점을 포위하고 고객의 입장을 저지해 결국 영업을 할 수 없었다.

이러한 조합구조는 노동자가 고용주를 빈번하게 바꾸는 습관과도 관련이 있다. 일본에서는 최근까지 동일 기업 내에서 부서를 바꾸는 일은 있어도, 같은 직종을 유지하면서 다른 회사로 이동하는 경우가 많지 않았다. 아사히신문 기자가 요미우리신문 기자가 되거나 미쓰비시도쿄UFJ은행의 행원이 미쓰이스미토모은행으로 재취직하는 경우는 거의 없다. 닛산에서 도요타로 바꾸는 엔지니어도 없을 것이다. 프랑스에서는 보다 좋은 조건을 찾아서 소시에테 제네랄은행을 그만두고 크레디 아그리콜은행에 취직하거나 자동차제조업 내부에서 회사를 바꾸는 것은 일반적인 커리어 패스(career+pass, 일본식 조어로 기업 내에서 출세의 조건이 되는 직무 경력 이동)다. 반대로 동일 기업 내에서 엔지니어를 영업으로 보내는 것 같은 이동은 드물다.

그리고 앞서 이야기한 노동자들의 주장은 어떤 의미에서 합당한 이치다. 그들의 고용주는 기업이지 고객이 아니다. 따라서 고객의 요구를 들을 의무는 없다. 물론, 그래서는 고객을 잃어버리기 때문에 경영자는 곤란하겠지만, 점원이 고객의 지시를 받는 것이 아니라 어디까지나 직제에만 따르면 된다고 하는 생각에서 비롯된다. 물론 이런 대응을 받으면 프랑스인도 화를 낸다. 그러나 불평을 말하는 고객 자신이 본인의 입장에서도 같은 태도로 대할 것이기 때문에 큰 문제가 되지 않는다.

경영진도 다르지 않다. 고속열차TGV의 선로에 돌이 놓여 있어 운행 시간표가 엉망이 된 일이 있었다. 지연에 대한 환불을 요구하는 승객들에게 국철총재가 답했다. "전차가 늦어진 것은 국철의 탓이 아니다. 그러니 환불은 없다. 불만이 있다면 돌을 놓아둔 범인을 고소해 달라." 일본인들의 눈에는 정말 제멋대로인 국민으로 비춰졌을 것이다.

노동조합의 통역을 했을 때의 일이다. 일본의 노동자 대표가 질문했다. "시간단축의 취지는 정당하다고 생각하지만, 서비스 산업에서는 어렵지 않습니까? 일요일이나 휴일에 상점이 닫혀 있으면 노동자는 장을 보지 못할 텐데요." 그러자 프랑스 노동총동맹Conféderation Générale du Travail, GCT의 전담 직원이 답했다. "아뇨, 그런 일은 노동조합의 문제가 아닙니다. 우리들은 노동자의 이해利害만 생각하면 되는 것입니다." 이 답변에 일본 조합원은 고개를 갸웃했다. "노동자도 일이 끝나면 소비자인데요…."

이런 에피소드도 있다. 통화가 유로로 통합된 후에는 위조지폐가 줄었지만 프랑을 사용하던 시대에는 종종 위조지폐가 섞여 있었다. 한번은 거스름돈으로 변색된 50프랑 지폐를 받아 은행에 가져가 위조지폐인지 조사를 받아봤다. 위조지폐라고 판명되어 진짜 돈으로 바꿔주도록 부탁했다. 그런데 "원래는 몰수해야만 하는 건데, 눈 감아줄 테니 택시에서라도 사용하세요. 밤이라면 어두워서 안 들킬 거예요."라며 위조지폐를 돌려주는 것이었다. 일본이라면 큰 소동이 났을 만한 일이다. 이것들이 단순히 제멋대로 굴어서 생기는 일들인 것일까?

프랑스에서는 파업이 빈번히 일어난다. 민주주의적으로 선출된 국회의원이 정당한 절차를 거쳐 제정한 법률이어도 마음에 들지 않으면 프랑스인은 이를 무시하고 데모나 파업을 실시한다. 경찰관·기동대원·군인·소방관·재판관·교도관에게는 파업권이 없다. 하지만 단결권과 단체교섭권은 있기 때문에 비번일 때 데모를 하고 조합을 통해 정부에 압력을 가할 수 있다. 그 이외의 국가공무원에게는 단체행동권도 있어서 교원이나 임원 등이 정책에 반대해 종종 파업을 한다. 내가 근무하는 파리 제8대학도 파업으로 인해 자주 대학이 폐쇄된다. 사르코지 정권이 대학개혁을 강행한 2007년에는 전국의 교원과 학생이 분노해 반년 이상 수업이 파행됐다. 정부와 가까운 입장을 지지하는 총장의 승용차에 불이 붙은 대학도 있었다.

2008년, 석유가격 급등에 몰린 어민의 파업도 일본에서는 조업 정지에 그쳤지만 프랑스에서는 어선 단체가 석유비축기지를 봉쇄했다. 장거리 트럭 운전수가 파업을 했던 경우, 고속도로에 대형차를 옆으로 세워두어 교통을 마비시킨 적도 있다. 혹은 석유비축기지의 입구를 봉쇄해서 국가의 경제를 마비시키기도 했다. 항만노동자가 페리를 해상 납치한 일도 있다. 프랑스인들에게 있어서는 의회제 절차의 준수만이 민주주의를 지탱하는 것이 아니다. 최종적인 정통성은 의회 대리인이 아닌 국민에게 있기 때문이다.

파업으로 인한 경제손실은 막대하다. 전국적인 파업의 경우, 하루당 3억에서 4억 유로의 손실이 나온다는 조사결과가 있다. 2007년 가을에 9일간 이어진 총파업의 손실은 국철만 3억 유로(당시의 환율로 약 4백억 엔. 연간수익의 30퍼센트 이상)에 이르고 전 업종에서의 손실총액은 40억 유로(5천억 엔 이상)에 달했다. 에어프랑스 한 회사에서만 1997년에 일어난 10일간의 파업으로 약 250억 엔의 손실을 냈다. 그런데 이를 쓸데없다고만 생각해도 되는 것일까?

분쟁이 빈번하게 일어나는 상황은 사회에 있어서 무엇을 의미하는 것일까? 이러한 일들의 배경에는 가치의 다양성이 있다. 앞서 이야기한 '불륜'에 대한 일본 내 언론의 마녀사냥, 결혼관에 대한 고정관념, 자녀의 범죄를 부모가 사죄하는 습관은 동질성에 기인하는 사회현상이다.

아사히신문의 보도에 의하면, 학생의 머리색이나 곱슬머리가 타고난 것임을 확인할 수 있는 '자연 머리 증명서'를 약 60퍼센트의 도립고등학교에서 요구하고 있다고 한다. 고등학교의 교감은 "사립은 도립보다 생활지도를 엄격하게 한다는 인식이 퍼져 있다. 학교가 흐트러지면 입시 경쟁률이 떨어진다."고 설명한다. 증명서에 대한 시비 이전에 애초에 두발을 염색하거나 파마를 하거나 피어스를 하는 것이 왜 안 되는 일일까? 미성년의 흡연도 단순히 건강보호를 위한 것에 불과하다. 모두 본인의 문제다. 부모가 주의를 주고 끝날 이야기다. 그럼에도 왜 법률로 규제하고 담배를 피우는 학생을 지도하는 것일까.

문신금지도 그렇다. 폭력단원이 자신의 매장에 방문하는 것이 거슬린다면, '폭력단 관계자 거절'이라고 명시해두면 된다. 폭력단원이 문신을 하고 있을 확률은 높다. 그런데 문신이 있으면 폭력단원이라는 반대의 논리는 성립하지 않는다. 언젠가 작은 타투를 어깨에 새긴 청년에게 "문신을 가려주세요."라며 해안 자율방범단원이 지적하자 청년이 멋쩍은 듯 그에 따르는 장면이 TV뉴스에 나왔다. 문신 자체가 나쁜 것도 아닐 것이다. 그런데 세상이 사생활에 간섭하는 것은 어째서일까?

3장에서 범죄의 본질에 대해 생각해보았다. 사회규범으로부터의 이탈이 분노나 슬픔의 감정적 반응을 일으키는 것이 범죄라 불리는 현상의 정체다. 각 사회의 구조에 따라 이탈의 허용도는 다르다. 그러나 이탈은 반드시 생겨나고 또 이탈에 대한 억제력도 동시에 기능한다. 균일한 사회일수록 아주 작은 차이에 대해 강한 구속력을 발휘한다. 이에 따라 이탈이 경미해져도 사람들의 주관적 차원에서는 그 작은 이탈이 사회 질서에 대한 커다란 위반으로 비춰진다. 뒤르켐은 말한다(Les règles de la method sociologique, op.cit.).

… 집단규범으로부터 이탈하는 개인을 포함하지 않는 사회는 있을 수 없다. 거기서 생겨나는 다양한 행위 중에는 범죄행위도 당연히 포함되어 있다. 왜냐하면 행위에서 범죄성을 알아차릴 수 있는 것은 그 내재적 성질 때문이 아니라 공동의식에 의해 각 행위에 의미가 부여되기 때문이다. 그렇기 때문에 집단의식이 더 강할수록, 즉 이탈 정도를 감소시키기 위한 충분한 힘이 집단의식에 있을수록 동시에 집단의식은 보다 민감하고 보다 까다로워진다. 다른 사회에서라면 훨씬 큰 이탈에 의해 나타날 법한 반응이 아주 작은 이탈에 대해서조차 일어난다. 작은 이탈에도 같은 심각함을 감지해 범죄의 낙인을 찍는다.

프랑스인이 바라본 일본인

캉에 살기 시작한 1980년대 초반, 시골 마을에서 우연히 알게 된 젊은 프랑스인 여성에게 독특한 이야기를 들었다. "그런데 어느 나라에서 왔어?"라고 묻기에 일본인이라고 답했더니, "어? 하지만 당신 아시아인이잖아. 아, 동양계(황색 인종)구나." 라는 반응이 돌아왔다. 그녀가 말하려는 의미를 바로 알지 못했다. 그리고 그녀가 일본인은 백인이라고 믿고 있다고 판명됐을 때는 순간 기가 막혀 말이 나오지 않았다. "일본인은 누구나 이런 얼굴을 하고 있어."라고 가르쳐주자 그녀는 깜짝 놀랐는데 오히려 내가 더 놀라웠다. 며칠 후, 중학교에서 사회과를 가르치는 프랑스인에게 이 이야기를 했더니 납득할 만한 설명을 해주었다. 지리 수업에서 세계지도를 주고 "일본을 찾아보세요."라고 지시하면, 학생 두세 명이 스칸디나비아 반도 주변을 짚는다고 한다. 컴퓨터나 자동차를 수출하고 프랑스 경제를 어렵게 만드는 대국이 극동의 벽지에 있을 리가 없다고 생각하는 것이다. 그래서 '문명권 유럽'의 한 구석을 가리키는 것이리라. 또 러일전쟁에서 일본이 승리한 것이 백인이 우위에 있다는 세계관과 어긋나는 탓에 '이상 사태'를 설명하는 '이론'이 당시 신문에 실렸었다고 한다. 이렇게 말하며 낡은 신문 기사를 보여주었다.

> 일본은 황색인종의 나라라고 알고 있다. 하지만 그것은 틀렸다. 사실 일본에는 소수의 백인과 다수의 황색인종이 함께 살고 있다. 물론 사회의 중추를 쥐고 있는 것은 백인이다. 그렇기 때문에 일본이 러시아에 승리했다고 해서 황색인종이 백인을 이겼다고 생각하는 것은 성급한 생각이다.

같은 시기에 비슷한 설이 일본에서도 나왔었다. 자유주의 경제학을 소개한 다구치 우키치는 『파황화론破黃禍論』(1904년)에서 서양에서 유행하는 황화론(황색인종 억압론)을 비판했다. 그런데 인종차별 그 자체에 반대하는 것이 아니다. 일본인을 다른 비 백인들과 분리해 '아리아인종'이라고 주장한다 (하시카와 분조, 『황화론 이야기』, 지쿠마쇼보, 1976년에서 인용).

> 나는 기존 연구에서 야마토大和(일본의 다른 이름)민족은 지나인支那人(중국인)과는 종이 다르고 인도, 페르시아, 그리스, 라틴 등과는 종이 같다는 것을 확신하는 사람이다. 그런 까닭에 내가 보기에는 황화론은 그 근본부터 잘못된 것이다. 일본인을 두고 지나인과 같은 황색인종이라고 하는 잘못을 저지른다면 황화론은 전혀 근거 없는 낭설이라 할 수 있다.
> …
> 그러므로 나는 일본인종의 본체인 천손天孫인종은 일종의 우등 인종인 것을 의심치 않는다. 이 인종은 하늘 같은 어떤 곳으로부터 내려왔다. 실로 역사상 의문이지만 그러나 그 언어문법으로 추단해보면 산스크리트, 페르시아 등과 동인종으로 칭해 아리안어족이라 할 수 있다고 생각한다.

『파황화론』의 다음 해에 다구치가 저술한 『일본인종 연구』에서도 일본인이 백인이기 때문에 러시아와의 전쟁에서 일본이 승리한 것이라 이야기한다. 캉 근교에 사는 여성도 경제력으로 유럽이나 미국인과 어깨를 나란히 하는 국민이 프랑스 식민지인 베트남인과 같은 찢어진 눈을 하고 아시아의 변방에 살고 있다고는 믿을 수 없었던 것일까? 그녀는 대학생이라고 했으니 아주 무지하다고도 할 수 없을 것이다. 게다가 1980년대 초반에는 일본이 주목 받고 있었기 때문에 이런 오해가 놀라웠다. 실제 일본인과 처음 만나서 나온 반응인 것일까? 혹은 시골 마을이었기 때문일까? 페르시아 융단은 알고 있어도 페르시아인(이란인)이 어떤 얼굴을 하고 있는지 모르는 것과 같은 일인 것일까?

1970년대 중반까지 프랑스인들은 일본인도 베트남인도 중국인도 모두 같은 사람으로 인식했다. 초등학교에서 아시아 출신의 학생을 "중국인Chinois!"이라고 부르며 가늘고 찢어진 눈을 놀렸다고 파리에서 자란 일본인에게 들었다. "모택동이 죽어서 일본은 큰일인 것 같네요."라고 말하는 영문과 대학원생의 말에 쓴 웃음을 지은 적도 있다.

일본이 서독의 국민총생산을 따라잡은 것이 1960년대 말. 미국과 소련에 이어 세계 제3위의 경제대국으로 뛰어오른 이 시기부터 일본의 이미지와 그 이외의 아시아 국가들의 이미지에 괴리가 생기기 시작했다. 하지만 경제적 측면은 강조되어도 일본인 자체에 대한 관심을 가지지 않았다. 자동차나 컴퓨터를 수출하는 선진기술국이라는 이미지만이 독보적이고, 일본인이 어떤 얼굴을 하고 있는지 신경 쓰지 않았었다.

프랑스의 서민에게는 지금도 일본인과 다른 아시아인은 그리 다르지 않은 것이 아닐까? 심지어 대통령이 중국과 일본을 혼동할 정도다. 2013년 7월에 프랑수아 올랑드 전 대통령이 일본을 방문했을 때의 일이다. 같은 해 1월에 알제리에서 일본인 10명이 테러에 희생당했다. 아베 신조 총리와 함께한 기자회견에서 대통령은 사건을 언급하며 실언을 했다. "이러한 참극이 있었을 때, 중국 국민에게 저 역시 유감의 말씀을 드렸습니다." 통역원이 기지를 발휘해 "일본 국민"으로 정정해 당사자는 실수를 눈치채지 못했고 아베 신조도 모르는 상태였다(http://www.lemonde.fr/politique/video/2013/06/07/hollande-confond-peuple-japonais-et-peuple-chinois_3426345_823448.html).

다른 아시아인들과 자신을 분리해 서양과 동일시하는 일본인의 경향은 잘 알려져 있다. 이 현상을 나는 '명예백인 증후군'이라 표현했다(『이문화 수용의 패러독스』). 이 용어는 아파르트헤이트(인종격리) 정책을 취한 남아프리카 공화국에서 일본인을 준백인으로 위치시키고 또 일본인 자신이 솔선해 그렇게 굴어 온 역사 사정에서 유래한다. 경제력을 인정받아 1930년대부터 일본인은 남아프리카 나라들로부터 다른 아시아인을 포함한 비 백인과는 다른 대우를 누렸다. 그리고 1961년에 당시 내무대신이었던 얀 데 클라크가 "거주 지역에 관한 한 일본인을 백인과 동등하게 간주한다."라고 국회에서 선언한 이래, 명예백인이라는 불명예스러운 직함을 정식으로 얻었다. 일본인의 명예백인병을 나타내는 상징적인 에피소드를 와가쓰마 히로시/요네야마 도시나오의 『편견의 구조』(1967년)에서 인용해보겠다.

앞서 언급한 일본의 저명한 사회학자가 미국 남부를 여행하다 어느 마을의 레스토랑에 들어갔더니 안에 있던 백인이 일제히 그를 쳐다보았다고 한다. "그래서 나는 '뭐야 진짜'라고 생각하며 백인들 사이에 앉았지요. 다들 쳐다보고 있는 거예요. '주눅들 것 같냐?'라고 생각했어요." 이 이야기를 들으며 우리는 솔직히 그가 '뭐야 진짜'라고 생각하며 흑인들 사이에 앉았을 것이라 생각했다. … "그 흑인들 사이에 앉아보려는 마음은 들지 않으셨습니까?" 하는 우리 질문의 의미를 이 사회학자는 이해하지 못했던 것 같다.

인종차별에 분노하는 일본인 학자는 차별을 부인하는 상징적 행위로 흑인 옆에 앉아 부당하게 학대당하는 사람들과 연대를 보여주는 일도 가능했을 것이다. 하지만 그는 자신이 '유색인종'의 범주에 들어가는 것을 거부하고 명예백인으로서의 '당연한 권리'를 주장하며 백인 사이에 앉았던 것이리라. 외국인을 배척하는 태도를 노골적으로 드러내는 스킨헤드 여러 명에게 둘러싸여 "나는 베트남 사람이 아니야. 일본인이야."라고 말했더니 풀어주었다며 득의양양한 얼굴로 말하는 일본의 젊은이들을 만난 적도 있다. 15년 정도 전이었다고 기억한다. 그의 천진함에 기가 막혔지만 본인이 좌익이라 자처하고 있었기에 더 쓴 웃음이 나왔다.

위선

알제리에서 총 2년 반이나 머물렀는데도 나는 아라비아어를 말하지 못한다. 몇 가지 일상표현은 익혔지만 아라비아어를 적극적으로 배워보려고 하지 않았다. 제3세계에 관심을 가진 척을 해도 마음 깊은 곳에서는 서양을 동경하며 "영어와 프랑스어만 할 수 있으면 벽지에 있는 이류 국가의 말 따위 알 필요 없지."라는 식의 오만이 당시 나에게 있었기 때문이 아닐까?

아테네·프랑세에 다니며 알제리 행을 꿈꾸던 시절, 구 종주국의 언어로 일을 하고 높은 임금을 받는다는 죄악감에 아시아·아프리카 외국어학원을 찾아가 아라비아어를 조금은 공부했다. 사상가인 오다 마코토에게 상담한 적도 있다. "알제리에서 근무하는 일은 일본의 경제침략에 한몫하는 것은 아닐까요? 정말 나는 가도 되는 것일까요?" 그런데 알제리 체류 중에는 프랑스어 공부에는 열심이었지만 아라비아어는 배우지 않았다. 해고당할 것 같아 프랑스어만 열심이었다던가, 정식으로 아라비아어를 배워도 일반적인 알제리인에게는 통하지 않는다는 변명거리도 한몫했다. 하지만 속마음을 말하자면 역시 서양에 눈이 향했기 때문이 틀림없다.

프랑스인이 명예백인으로 대해주는 것에 익숙한 나 자신에게 짜증이 나서 인종차별 반대집회에 종종 참가하기도 했다. 동시에 제3세계에 동일화하려는 스스로에게 위선도 느꼈다. 아시아·아프리카를 착취하는 선진국에 속해 있는 죄악감과 서양에 대한 동경이나 열등감을 부정하는 동기들이 복잡하게 얽혀 있었다. 신 식민지주의를 공부하려고 알제리 대학이나 세네갈·다카르 대학에 입학하려고 계획했던 것도 이 시기였다. 그런데 현지의 말을 배우려고도 하지 않는 인간이 뭘 알 수 있겠는가. 모스코비치의 세미나는 아니었지만 이문화 수용을 주제로 그룹 발표를 진행할 때 내가 도입부를 담당하기도 했다. 문화지배를 키워드로 서양 식민지주의에 침식당한 민족들이 백인에게 열등감을 가지는 현상을 다뤘다. 연구발표라기보다 정치집회에서 선동하는 듯한 발언이었다. 20분 정도의 짧은 발표였지만 청강생 수가 차츰 줄어들어 이야기가 끝날 무렵에는 출석자 수가 반으로 줄어 있었다. 다른 발표자도 좌익 성향의 아프리카인이나 마그레브(모로코·알제리·튀니지 등 북아프리카 국가) 출신자가 많아 우리의 발표는 서양을 규탄하는 장이 되었다. 교실에 남은 학생들로부터 비난이 터져 나왔다. 자리에서 일어나 부정하는 세네갈인도 있었다. 또 "아프리카인이 프랑스인에게 왜, 열등감을 가져야 하는 거죠? 나는 그에 대해 절대 인정하지 못합니다."라고 미국인이 고함을 질렀다.

세미나가 종료되고 다른 학생이 빠져나간 후, 주최한 선생님은 "그런 마르크스주의에 따른 해석은 무의미해."라고 나에게 일갈했다. "자네에게 실망했어."라는 말이 서양세계 전체가 내민 절교 선언처럼 귀에서 떨어지지 않았고 그 후 1주일은 거의 잠을 잘 수 없었다. 이 세미나를 녹음한 테이프를 보관하고 있지만 지금도 무서워서 들을 용기가 생기지 않는다.

프랑스에서 살기 시작하고 얼마 지나지 않았을 무렵, 아프리카인 학생들과 함께 남북문제를 토론했던 기억도 있다. 열기를 내뿜던 논의가 끝나고 방을 나오려던 때, 말리에서 온 친구가 한마디 툭 던졌다. "그래도 너는 좋겠다. 나도 부자 나라에서 태어났음 좋았을 텐데." 그가 던진 말은 나의 위선을 비난한 것이 아니다. 그런데 이 한마디는 강렬하게 다가왔다. 한방에 상대를 다운시키는 호쾌한 펀치라기보다 시간이 지나면서 효과가 증대되는 무거운 보디블로였다.

교직에 몸 담기 전, 나는 통역으로 입에 풀칠을 했다. 프랑스어를 할 수 있어서가 아니다. 일본어를 하는 일본인이기 때문이었다. 프랑스어에 훨씬 더 능숙한 베트남인이나 모로코인에게는 나와 같은 행운이 주어지지 않는다. 내가 수트를 입고 높은 임금을 버는 동안, 그들은 레스토랑의 주방이나 슈퍼마켓의 계산대에서 최저임금을 받는다. 좋든 싫든 나의 생존은 일본인으로서 누릴 수 있는 생활로 규정되어 있었다. "나는 자유로운 개인으로서 살아간다. 일본인인 것에 특별한 의미는 없다."라고 강한 척해봐도 나의 존재는 일본에 관한 다양한 인식들에 어쩔 수 없이 결박당해 있다. 일본이라 불리는 정치경제문화공동체에 귀속된 역사조건에 나는 잠겨 있는 것이었다. 그 조건에서 이탈할 수 없다면 "나는 일본과 관계없다."라고 아무리 말해봤자 소용이 없었다.

이런 일도 있었다. 아프리카의 동쪽 나라 르완다에서 온 유학생이 "일본은 영어권입니까, 프랑스어권입니까?"라고 물었지만 그 의미를 알아듣지 못했다. 다시 되물어도 같은 질문이 반복됐다. "일본인은 일본어를 말해요."라고 답했더니 "아니, 일상에서 하는 대화가 아니라, 대학교육에서 사용하는 언어를 알고 싶어요."라고 물었다. 그때 처음으로 깨달았다. 제3세계 대부분의 나라에서 고등교육은 구 종주국의 언어로 이뤄지고 있었다. 아랍화를 강력하게 추진하는 알제리 역시도 내가 통역을 하며 머물렀던 1980년대에는 대학 강의를 프랑스어로 진행했다. 아프리카 나라들의 공용어는 대부분 영어·프랑스어·포르투갈어이며 대학교육뿐만 아니라 일상생활의 깊은 곳까지 식민지 지배의 상흔이 남아 있다. 르완다에는 키냐르완다어·프랑스어·영어 세 가지가 공용어로 지정되어 있지만, 학교교육에서는 2010년까지 프랑스어가 사용되었고 그 이후에는 영어를 쓰고 있다.

내가 "일본에서는 일상생활뿐만 아니라 고등교육에 이르기까지 모두 일본어를 사용하고 있습니다."라고 대답하자 르완다 학생은 놀라워했다. 백인 이외의 국민이 자신들의 언어만으로 살아갈 가능성이 있다고는 전혀 생각해본 적이 없었던 것이다. 미국인이나 프랑스인, 그리고 일본인들은 이따금 "우리들은 외국어를 못해서 안 돼."라는 자조적인 말을 내뱉는다. 하지만 자신들의 언어를 가지고 외국어에 의존하지 않아도 생활 가능한 배경에는 식민지가 되지 않았다는 행운이 숨어 있다.

일본에서는 강의를 영어로 진행하려는 대학이 늘어나고 있다. 메이지 시대에는 일본어를 폐지하고 영어를 일본의 국어로 하자는 움직임도 있었다. 초대 문부 대신이었던 모리 아리노리가 추진했었지만 빛을 보지 못했다(『영어 국어화론』, 1872년). 그러다 2차 세계대전에서 패했을 때, 일본어 폐지론의 망령이 다시 되살아났다. 작가인 시가 나오야는 "국어문제"(『개조』, 1946년)에서 "일본의 국어만큼 불완전하고 불편한 것이 없다."고 말했다. 그러고는 일본어를 폐지하고 프랑스어를 채용하자고 제안했다. 간결하고 훌륭한 일본어 문체를 구사하는 작가의 말이라고는 생각할 수 없다. 스스로 식민지가 될 셈이었던 것일까?

서양에 대한 열등감

카리브 해에 있는 프랑스의 구 식민지 마르티니크 섬. 그곳 출신인 프란츠 파농이라는 사상가가 있다. 흑인이 백인에게 가지는 열등감을 날카롭게 비판한 『검은 피부·하얀 가면』(F. Fanon, Peau noire, masques blancs, Seuil, 1952)이라는 책을 썼다. 거기서 그 자신의 굴절된 감정을 읽을 수 있다.

> 내 영혼의 가장 검은 부분부터 차츰차츰 음영이 진 곳을 밝혀나가 완전한 백인이 되고 싶다는 욕망이 끓어올라왔다. 나는 흑인으로서 인정받고 싶지는 않다. 백인으로서 인정받고 싶은 것이다.
> … 그것을 가능하게 하는 것은 백인 여자 말고는 누가 있겠

는가? 백인 여자가 나를 사랑한다면 그녀는 내가 백인의 사랑을 받을 가치가 있다고 증명해주는 셈이 된다. 나는 백인처럼 사랑 받는 존재가 된다.

나는 백인이 된다.

… 나는 백인의 문화, 백인의 미, 백인의 순백과 결혼하는 것이다.

나의 손이 닿는 곳, 애무하는 백인의 가슴 속에서, 내가 나의 것으로 만드는 것은 백인의 문화이며 백인의 존엄이다(에비사카 다케시/가토 하루히사 옮김, 『검은 피부·하얀 가면』, 미스즈쇼보, 1970년).

1950년대, 마르티니크 섬과 과들루프 섬(모두 현재는 프랑스 영토의 '해외 지역'으로 병합)에서 프랑스 북부의 르아브르 항구에 도착한 흑인 남성이 처음으로 취한 행동, 그것은 유곽에 가서 백인 매춘부를 사는 일이었다. 그는 백인 여성의 '사랑'을 쟁취해 스스로의 가치를 확인한다. 검은 피부를 표백하고 곱슬거리는 머리를 펴서 백인과 비슷해지려고 한다. '하얀 세계'에 들어가기 위한 상징적 행위다. '서양 = 백인 = 진품' 세계에 속하려는 환상을 좇는 슬프고도 허망한 일들. 파농이 그려내는 정경은 우리와 별개의 일인 것일까?

"혼혈 얼굴처럼 되고 싶어."라면서 성형수술을 하는 일본인이 있다. 혼혈이라는 것도 흑인과 닮고 싶다는 게 아니다. 일본의 TV광고에 백인의 등장 비율을 조사했더니 5개 중 1개꼴로 백인이 나온다(21.4퍼센트). 또 상품명의 약 3분의 2는 서양 언어 혹은 서양풍 표현을 포함한다(66.7퍼센트). 이는 1986년 데이터지만(상세 내용은 『이문화 수용의 패러독스』), 비디오리서치가 실시한 조사(『TV CM백서 TV광고 동향』, 1985년)에서도 2,179편 중 445편에 백인이 나온다(20.4퍼센트). 그리고 후에 실시된 조사에서도 결과는 크게 변하지 않는다(하기와라 시게루, '일본의 TV광고에 나오는 외국 이미지 동향', 『미디어 커뮤니케이션』 54 수록, 2004년).

이 숫자의 진상을 알아보기 위해 일본에 살고 있는 유럽인과 미국인의 비율과 TV광고 속 서양요소 등장 비율을 비교해보겠다. 1986년 조사 당시, 유럽인과 미국인 거주자 비율은 일본 총인구의 약 0.05퍼센트였다. 따라서 실제 거주율과 비교해 유럽인과 미국인은 TV광고에 400배 이상 높은 빈도로 나오고, 상품에는 약 1,300배의 비율로 서양 명칭이 사용되고 있다. 기업이나 상품의 이름에 영어나 유럽어가 범람하고 책의 장식에도 무의미한 서양 언어 표현이 사용된다. 일본어로 쓰여진 책에도 영어를 사용하고 저자의 이름도 로마자로 표기한다. 성과 이름의 순서도 반대로 해 서양 흉내를 낸다. 한국인·중국인·베트남인은 이런 일을 하지 않는다. 김지하, 김일성, 모택동, 호치민… 서양에서도 그대로 성과 이름의 순서로 쓴다. 총리 이름이 반대로 되어 신조 아베Shinzo Abe라고 불려도 위화감을 느끼지 않는 국민이 일본인 말고 있을까? 최근 사망한 배우 다카쿠라 켄의 추모특별전이 마이니치신문사 주최로 열려 근사한 도록이 만들어졌다. 새까만 표지에 켄 씨의 얼굴이 투각처럼 새겨져 있었다. 그런데 그 타이틀을 보고 기겁을 했다. "켄 다카쿠라 회고

전Retrospective KEN TAKAKURA"이 정도로 어울리지 않는 타이틀도 보기 드물 것이다. 1984년에 방송된 다카쿠라 켄의 다큐멘터리는 "예스러운 남자"였다. 이렇게 표현하는 것이 훨씬 세련되지 않은가? 물론, 이렇게 서양을 흉내내는 것은 제작자나 디자이너만의 책임은 아니다. 소비자가 바라기 때문이다. 아무리 그래도 명예백인 현상의 우스꽝스러움과 이상함을 눈치채지 못하는 것은 문제다.

"일본 TV광고에 왜 외국인이 등장하는 것인가요?"라는 질문에 "백인이 아름다우니까"라는 답이 50퍼센트 이상을 차지했다. 그리고 젊을수록, 고학력일수록, 외국경험을 지닌 사람일수록 이 답을 선택했다. 미국유학 경험이 있고 영어를 가르치는 40대 여성은 말한다.

> 어떤 문화의 사람이어도 공통된 미의식이라는 게 있다고 생각해요. 누가 봐도 기분 좋은 모습, 예를 들어 황금비율 같은 것들이요. 외국인이 아름다운 건 특별히 그 사람들이 백인이어서가 아니라 모든 인류가 공통되게 생각하는 보편적인 아름다움이 있는 것 같아요. 커다란 것, 예를 들어 커다란 머리를 위쪽에 갖다 놓으면 밸런스가 무너져버리는 것 같은 느낌이 들어요. 어쨌든 굴곡이 확실한 얼굴과 하얀 피부, 그리고 비율이 좋은 신체가 어우러지면 정말로 아름답죠.

대다수의 사람들이 서양의 영향을 받아 일본인의 미의식이 변했다는 인식을 하지 않는 것이다. 그러고는 인류 모두에게 공통되는 미의 모델이 있다고 착각하고 있다. 이처럼 많은 일본인들에게 미의식의 보편성은 자명한 것 같다. "왜 백인이 아름다울까요?"라고 물어도 그 의미조차 알지 못한다. "당연한 거잖아요. 누구나 피부가 흰 편이 좋고 비율도 좋은 게 당연히 예쁘잖아요?"(20대 여성) 어째서 다리가 긴 것이 멋있다는 걸까? 코가 높고 얼굴의 이목구비가 뚜렷하면 어째서 아름다운 걸까, 정돈된 얼굴인 걸까? 왜 "이목구비가 뚜렷한 얼굴"이라고 표현하면서 "울퉁불퉁한 얼굴"이라고는 하지 않는 것일까? 머리가 작고 팔등신이 어떻게 균형이 잡혔다는 뜻이 될까? 20대 중반의 생물학 교수로부터 이런 설명을 들었다.

> 우리의 얼굴은 꽤나 변했습니다. 다리는 길어지고 키도 커졌습니다. 이 변화는 점점 강해져 점차 백인과 비슷해지고 있습니다. 자연도태와 획득형질의 유전에 의해 조금씩 변해가는 것입니다. 특별히 백인과 비슷한 생활을 하고 있기 때문에 백인과 닮는 것이 아닙니다. 근대문명 속에 살아가는 인간은 누구나 백인을 닮아갑니다. 일본인뿐만 아니라 흑인도 결국에는 백인의 신체적 형질을 획득하게 될 겁니다. 물론 수 천 년의 세월이 필요하겠지만요.

그의 답변을 듣고 놀라움에 벌어진 입이 다물어지지 않는다.

명예백인

명예백인 현상의 시작은 메이지 시대로 거슬러 올라간다. 개국 후 지식인들 사이에서 "일본인은 서양인보다 뒤처진다."는 인식이 퍼져갔다. 열등감은 정치경제, 군사나 문화에 그치지 않고 신체에까지 영향을 끼쳤다. 일본인의 외모에 대해 앞서 언급한 다구치 우키치는 이야기했다.

> 그렇지만 우리 일본 남자들의 얼굴색은 결코 황색이 아니다. 유럽이나 미국 인종에 비해 밝지는 않지만 그 부족한 것이 도움이 된다 … 그러나 여기에 만약 꾸밈을 더했을 때는 앵글로색슨의 상등 인종에는 못 미치더라도 그보다 하등에는 이길 것이다. 라틴인종은 나란히 두어도 크게 뒤떨어지지 않는다고 본다. 잠깐 부인에 관해서는 논하지 말고 특별히 남자만 관찰한 것에 한한다면 미국시장에서 일본 남자는 포르투갈, 스페인 등보다 부인들의 사랑을 받는다고 한다 (앞서 언급한 하시카와 책에서 인용).

우월한 민족인 앵글로색슨에게는 이길 수 없지만 유럽이나 미국보다 하층인 라틴민족과 비교하면 일본인이 낫다고 한다. 백인이 우월하다는 것을 비판하면서도 인종차별 논리를 그대로 답습하고 있는 것이다. 그리고 일본인을 백인의 위치에 올려놓고 열등감을 보상받으려 한다.

백인과의 혼혈을 권하는 사람들도 메이지 시대 초기부터 등장했다. 후쿠자와 유키치의 제자 중 한 명인 다카하시 요시오는 『일본인종 개량론』(1884년. 미나미 히로시, 『일본인론-메이지에서 오늘날까지』, 이와나미쇼텐, 1994년에 의거)에서 "백인과의 혼혈을 통해 일본인의 열등형질을 개량해야 한다."고 권했다. 명예백인의 육체적 열등감을 가감 없이 꺼내 보인 엔도 슈사쿠의 소설 『아덴까지』를 살펴보자. 주인공은 일본인이다.

"인종은 모두 똑같아." 여학생은 화를 내며 소리쳤다. "흑인도 황색인도 백인도 모두 같아." 그렇다. 인종은 모두 똑같다. 그동안 여자가 나에게 반하고 내가 그 사랑을 거절하지 않은 것도 이렇게 인종은 모두 같다고 하는 환상이 있었기 때문이다. 여자의 육체가 하얗고 나의 피부가 노랗다는 사실은 그 사랑에 털끝만큼도 계산되지 않았다.
"괜찮겠어? 정말 나로 괜찮아?"
"그만. 안아줘."
인종이 모두 같다면 어째서 그때, 나는 이러한 비참한 신음을 뱉은 것일까? … 숨 죽이고 두 사람은 오래 끌어안고 있었다. 그 순간만큼 금발이 아름답다고 느낀 적이 없었다. 티끌 하나 없이 새하얀 알몸에 금발이 어깨의 움푹한 곳에서부터 부드럽게 흘러내려와 있었다. … 불은 켠 채였기에 두 사람의 몸은 그대로 옷장의 커다란 거울에 비쳤다.
처음에 나는 거울 속 장면이 정말로 나의 몸이라고는 생각지 못했다. … 방의 불빛에 하얗게 빛나는 그녀의 어깨나 유방의 반짝임 옆에서 나의 육체는 생기가 없는 어둡고 누런색을 띠고 가라앉아 있었다. 가슴에서 배까지는 그 정도는 아니었지만 목 부근부터 누렇게 흐려진 색은 점점 더 광택이 탁해졌다. 그리고 그녀와 나의 몸이 뒤엉키는 두 가지 색에는 조금의 아름다움도, 어떠한 조화로움도 없었다. 오히려 그것은 추악했다. 나는 거기서 새하얀 꽃에 들러붙은 누런색의 땅 벌레가 연상됐다. 그 색 자체도 담즙이나 다른 사람의 분비물을 떠오르게 했다. 손으로 얼굴도 몸도 가리고 싶었다. 비겁하게도 나는 그때, 방의 불을 꺼버리고 어둠 속에서 내 육체를 잃어버리려 했다.

…

선박의 화물칸에서 드러누워 있을 때, 나는 눈앞의 뜨거워 보이는, 이 흑갈색의 육체를 응시하고 있었다. 그 육체는 하나의 물체였다. 나는 진심으로 그 피부색이 흉하다고 생각했다. 검은색은 추하다. 그리고 누렇게 뜬 색은 더욱 처량하다. 나도 이 흑인 여자도 그 추한 인종에 영원히 속해 있을 것이다. 어째서 나에게는 백인의 피부만이 미의 표준이 된 것일까, 그 경위는 알 수 없다. 왜 오늘날까지 조각이나 회화에서 그려지는 인간 아름다움의 기본이 모두 그리스인의 하얀 육체에서 생겨나 그것을 계속해서 지켜왔는지도 알 수 없다. 하지만 분명한 것, 그것은 매우 유감스럽게도 육체의 관점에서는 영원히 나나 흑인은 하얀 피부를 가진 인간들

앞에서 비참함, 열등감을 지울 수 없다는 점이다.

엔도 슈사쿠는 1950년부터 1953년까지 프랑스에서 유학했다. 이 작품은 엔도의 첫 소설이며 귀국 직후에 쓰여졌다. 참고로 이어서 발표한 『하얀 사람』은 제33회 아쿠타가와상을 수상했다.

1980년대 초, 캉에서 내가 만난 30대 초반의 일본인 남성은 알레르기 증상으로 고생하다 귀국했다. 프랑스에 살기 시작한 지 3년 정도 지나 발열·두통·후각과민 등의 이상이 나타나기 시작했다. 의사도 원인을 알 수 없었다. 그런데 증상은 계속됐다. 이른바 심신증이었다. 양갓집에서 태어난 그에게는 유명 국립대학을 졸업하고 사회에서 성공한 형이 있다고 했다. 고졸이었던 그는 언제나 형과 비교당해 열등감에 괴로워했다. 그 남성이 귀국하기 며칠 전, 나는 유학의 이유를 솔직하게 들을 수 있었다.

프랑스인을 아내로 두고 싶었습니다. 나를 경멸한 모두에게 나는 바보가 아니라고, 외국인과 결혼할 수 있다고 복수해 주고 싶었어요. 하지만 안됐어요. 결국 무리였습니다. 실패하고 이런 식으로 돌아가는 게 분해서 어찌해야 할지 모르겠네요.

그와 같은 이유로 백인과의 결혼을 바라는 일본인 여성도 만났다. 30대 후반의 여자는 일본에서 결혼하지 못했다. 캉 대학의 학생식당에서 동석했을 때, 그녀가 단언한 말을 기억하고 있다.

꼭 외국인과 결혼해서 사람들이 나를 다시 보게 만들겠어.

프랑스에 살고 있는 30대 중반의 한 여성은 국제결혼을 하는 동기에 대해 분석했다.

내 친구 중에 미국인이나 프랑스인과 결혼한 사람이 있어요. 이 사람들은 엄청난 부잣집 딸인데 결혼한 상대는 꽤 가난해요. 만약 남편이 일본인이었다면 그 사람들은 절대 결혼하지 않았을 거예요. 왜 그런가 하면, 남편의 출신계층이 그 여자들 집의 수준과 비교되지 않기 때문입니다. 서양인 그리고 백인이기만 하면 충분해요. 또 한 명의 친구는 프랑스인 남성과 결혼했는데 만약 남편이 일본인이었다면 그녀뿐만 아니라 부모님들도 절대로 결혼에 반대했을 거예요. 우리들은 콤플렉스를 가지고 있는 거죠. 사람들에게 들은 얘기인데 그녀는 프랑스인과 결혼한 게 자랑인가 봐요. 말하자면 그녀에게 프랑스인 남편을 가지는 일은 세속적인 간판이 되는 것이니까요.

1968년, 한 재일조선인이 라이플총으로 인질을 위협하며 시즈오카현의 여관에서 대치한 "김희로 사건". 일상적인 차별에 괴로워하면서도 그는 일본인이 되고 싶어 했다(스즈키 미치히코, '해설-다리를 우리 것으로 만드는 사상').

> … 전후에도 미군을 적대시하는 감정이 사라지지 않았어요. 나고야의 나카무라 유곽에서 그 자들의 차가 줄지어 있는 것을 보고 일본 여성을 미국 놈들에게 빼앗긴다는 분함에 타이어 공기를 빼내며 그 울분을 삭히기도 했습니다. 또, 도쿄 상공에서 벌어지는 공중전을 보고 일본기가 떨어지면 괘씸하고 속상한 마음에 돌을 주워 하늘에 던질 정도로 격하게 적의를 표현한 것도 나의 감정이 일본화되어 있었다는 것이겠죠.
> 내가 "조선인"으로서 학대당한 사실은 나의 기억 속에도 많이 남아 있지만, 그랬던 만큼 나는 조선인이 싫었고 나 자신이 빨리 일본인이 되어버리고 싶다고 생각해서 쓸데없는 노력을 쓸데없지 않은 것처럼 굳게 믿고 있으려 했습니다.

일본은 유럽과 미국을 본보기로 근대화했다. 그로 인해 지식을 획득하는 데 있어서 서양화의 형식을 취한다. 학자가 쓰는 서적에는 서양 언어가 필요없어도 섞여 들어가 있고 예술가의 경력에는 유럽이나 미국 유학 경험이 반드시 포함된다. 서양물이 든 평론가나 사상가들은 '대문자 문화' 등의 표현을 아무렇지 않게 사용한다. 서양 언어는 대문자와 소문자의 구별을 통해 의미가 다른 경우가 있다. 그런데 일본어에는 대문자도 소문자도 없다. 따라서 일본어 문장에서 이 표현을 처음으로 발견했을 때,

좀처럼 그 의미를 알 수 없었다. 10포인트 문자열 속에서 "문화"라는 두 문자만 15포인트의 큰 글자로 인쇄되어 있는 건가 하는 황당한 생각을 했을 정도다.

긍정적인 자아상을 유지하기 위해 서양인을 따라 하는 명예백인도 나타난다. 그들은 흑인이나 다른 아시아인과 비교하면 낫다고 생각하는 중류의식의 논리를 가지고 서양인에게 뒤처지는 존재로 스스로의 정체성을 부정하고 있다. 하지만 대화에 서양 언어를 뒤섞고 성형수술로 얼굴의 생김새를 바꿔도 명예백인은 진짜 백인이 될 수 없다(자세한 내용은 『이문화 수용의 패러독스』를 참조).

파농의 작품이 힘을 지닌 것은 억압된 상황을 살아가면서도 그것을 이미 극복했기 때문이다. 서양을 동경하기만 해서는 명예백인의 취약한 모습을 깨닫지 못한다. 그래서는 변화가 시스템 내부에서 머물고 오히려 시스템 유지를 강화시킬 뿐이다. 나는 서양에 끌리면서도 제3세계의 안티테제를 항상 의식해왔다. 명예백인 현상에 관심을 가진 이유도 그와 비슷하다고 생각한다.

이방인이란 무엇일까? 이 질문에 만족스러운 답을 내놓기는 어렵다. 독일의 사회학자 게오르그 짐멜이 썼듯(G. Simmel, La mode, in La Tragédie de la culture, Rivages, 1988 [1ère edition, 1895], p.89-127), 이방인은 가깝고도 먼 존재다. 공동체에 속하면서 동시에 이물질로 배제되는 존재. 외부에 있으면서 어떤 형태로든 공동체와 관계를 계속 유지하는 존재. 이것이 이방인이다. 사상가 가라타니 고진은 말한다("교통공간에 대한 노트", 『유머로서의 유물론』, 지쿠마쇼보,

1993년 수록).

 인류학자나 문화기호론자는 공동체의 바깥에 있는 타자(외부인)에 대해 이야기한다. 하지만 그러한 이방인은 공동체의 동일성·자기활성화를 위해 요구되는 존재며 공동체 장치의 내부에 있다. 공동체는 그런 이방인을 희생양 삼아 배제하기도 하고 또 "성스러운" 것으로 맞아들이기도 한다. 공동체의 외부에 존재한다고 여겨지는 이방인은 사실 공동체의 구조에 속해 있는 것이다. 따라서 이런 의미에서 이방인은 어떠한 타자성을 가지고 있지 않다. 이방인은 초월자이며 불쾌한abject 것이기도 하다. 하지만 프로이트가 말했듯 그러한 초월성은 애초에 내재적인 것이다.

 공동체의 상식에 갇혀 있는 사람들에게는 당연한 현상이라도 이방인은 이상성을 예리하게 알아채고 병적일 정도로 민감한 반응을 보인다. 프랑스의 정치경제 구조에 편입되어 문화를 공유하는 구 식민지 사람들. 프랑스인이면서 검은 피부 탓에 이질적인 존재로 계속 배제되는 아프리카 출신자나 앤틸리스 제도 사람들. 뿌리 깊은 차별에 노출되어 있는 유대인들. 서양을 본보기로 삼아 이를 따라잡고 앞질러 가기 위해 근대화를 추진해온 일본인도, 스스로를 서양에 가까운 존재로 규정하면서도 그와는 다른 인간으로서 자아상을 유지한다. 가깝고 먼 상황에서는 굴절된 심리도 나타나고, 현실과의 싸움을 통해 새로운 가치나 사상이 생겨날 가능성도 있다.

  이문화 속에 살고 주변인 같은 존재인 점은 공통이지만 재일 조선인과 나는 같은 상황에서 살고 있지 않다. 그들처럼 무거운 운명을 짊어진 것도 아니다. 외국에서 살면서 중국인이나 폴란드인이라면 문제되지 않을 것들을 나는 고민한다. 유대인이라면 해결이 완료된 일이 나에게는 커다란 의문이 되기도 한다. 하지만 그들과의 차이를 자각하면서 생각해가다 보면 내가 놓여 있는 상황이 점차 명확해지리라. 그리고 이방인의 의미도 조금은 알 수 있게 될지 모른다.

마치며

2014년 가을, 모스코비치가 세상을 떠났다. 89세의 고령이었기에 어쩔 수 없는 일이지만 하나의 시대가 끝난 기분이 든다. 그의 수하에서 공부했던 시절의 사회심리학은 이제 어디에도 없다. 사정거리가 짧고 이론적 생기가 없는, 자잘한 실험연구만 남게 되었다.

학생으로 10년간, 교원으로 20년 이상 사회심리학과 함께 해왔다. 그런데 무슨 말을 해도 이해 받지 못하기에 동료와는 연구에 관한 이야기를 하지 않게 되었다. 가난하다 보니 퇴직도 불가능했다. 하지만 마음은 이미 대학에서 벗어났다. 몇 해 전에 『사회심리학 강의』를 출판하고 내 나름대로 사회심리학과 결판을 지었다. 프랑스어로는 이제 쓰지 않고 있으며 학회에도 가지 않는다. 강연을 부탁 받아도 프랑스에서는 모두 거절하고 있다. 어떤 젊은 연구자에게 보내는 편지에 이렇게 썼다.

> 나는 일단은 대학에서 근무하고 있지만 동료와 관심사가 점점 멀어지는 것을 알고 있습니다. 대화할 주제가 이제 없을 정도입니다. 권력투쟁에 몰두하는 사람도 있고, 학생들에게 참견하기를 좋아하는 사람도 있습니다. 결국 나는 동료들과는 다른 직업에 종사하고 있다고 깨달았습니다. 같은 교원

인데 다른 직업이라는 게 이상한 말이지만 나는 연구자도 교원도 학자도 아닙니다. 재미로 책을 읽고, 내가 신경 쓰이는 문제에 대해 생각하고, 변변찮지만 문장을 적습니다. 학생의 교육에는 관심이 없어졌고 사회심리학 연구를 하려는 생각 따위도 없습니다. 하물며 대학운영, 즉 회의 같은 잡무에는 흥미가 없습니다. 그래서 사회심리학 세계에서는 인정받지 못하고 대학에서는 주변인이며 내 저서를 읽지 않은 동료에게 나는 연구능력이 없는 낙오자입니다. 그래도 좋습니다. 다른 직업이니까요. 이건 재미있는 발견이었습니다.

매년 귀국하면 중학교 동창생 10명 정도와 여행을 가서 술을 마십니다. 모임은 이제 10년 이상 이어지고 있습니다. 은행원도 임원도 의사도 있습니다. 그들은 나보다도 많은 돈을 벌지만 다른 직업이니까 비교도 하지 않고 부럽다고도 생각하지 않습니다. 이건 대학도 마찬가지입니다. 학회에서 인정받는 논문을 쓰는 것도 좋고 나처럼 실증연구를 그만두고 좋아하는 책을 쓰는 것도 좋습니다. 학내정치에 힘을 쏟아 권력을 좌지우지하는 것도 좋습니다. 자신이 원하는 대로 사는 것이 중요합니다. 대학에 있다고 해서 모두가 똑같은 일을 할 필요는 없습니다. 의사와 변호사는 다른 일을 합니다. 그것과 같은 이야기예요. 물론 나 같은 방식으로는 출세하지 못합니다. 하지만 어때요. 출세 코스를 걷는 길도 있고 다른 방식도 있는 것입니다. 음악가든 화가든 다양한 활동 방법이 있어요. 그런 당연한 것을 최근에서야 겨우 깨달었습니다.

인생의 제4코너를 돌아 마지막 직선 코스에 돌입했다. 남은 시간은 유의미하게 쓰고 싶다. 이제부터 내가 하고 싶은 것, 내가 해야 하는 것, 내가 할 수 있는 것은 무엇일까?

나는 고찰대상과 거리를 두고 가치판단을 가능한 한 배제하는 접근을 취해왔다.

"사실로부터 당위는 이끌어낼 수 없다."

이것이 과학의 기본원칙이다. 자연낙하 법칙에 관해, "만유인력이라는 것을 뉴턴이 발견한 탓에 지갑을 떨어뜨려버렸어. 괘씸한 놈이야."라고는 말하지 않는다. "…해야 한다"는 논리에서 벗어나 인간이 실제로 살아가는 모습, 사회가 현실에서 기능하는 원리를 탐구하는 것이 인간이나 사회를 연구하는 학문의 사명이다.

그런데 내가 가치판단을 보류하는 이유는 따로 있다. 애초에 어떻게 살아야 하는가 하는 질문에 답은 있는 것일까? 어떠한 사회가 올바른가 하는 질문에 답은 있을까?

라트비아 출신 철학자 이사야 벌린은 두 가지 자유를 구별했다(I. Berlin, "Two concepts of liberty", in Liberty, Oxford University Press, 2008, p.166-217). 하나는 스스로 원하는 대로 행동하는 가능성을 의미하는 '소극적 자유'. 타자의 자유를 방해하지 않는 한, 각자의 자유는 무제한 인정된다. 인간을 죽일 자유나 강간할 자유도 논리상으로는 생각해볼 수 있다. 하지만 그러한 자유는 타자의 자유에 해를 끼치기 때문에 인정되지 않는다. 이렇게 이해하는 것이다. 국가권력이나 타자의 간섭에서 벗어난다는 의미로 '~로부터의 자유'라고도 불린다. 홉스나 존 스튜어트 밀이 지지한 입장이다.

또 다른 하나인 '적극적 자유'는 감정이나 욕망에 휩쓸리지 않고 이성이 시키는 대로 올바른 행동을 취하는 것, 즉 자율을 의미한다. 사람을 죽일 자유나 강간할 자유라는 개념은 애초에 성립하지 않는다. 자유의 범위를 토대로 규정되는 '~로부터의 자유'와 대조적으로 이상을 정립하는 적극적 자유는 '~에 대한 자유'라 불린다. 이 입장의 논자로는 칸트나 루소가 잘 알려져 있다.

적극적 자유는 소극적 자유보다도 뛰어나다. 그렇게 생각하는 사람이 많다. 그런데 적극적 자유는 전체주의로 이어질 수 있는 위험한 사상이다. 인간의 정신적 완성은 고대에서는 플라톤이 칭송했고 근대에 들어서는 루소나 칸트 외에도 로베스 피에르·히틀러·스탈린·모택동·김일성 등 많은 논자가 이 이념을 내세웠다. 종교재판이나 마녀사냥을 통해 중세 크리스트교도 '올바른 세상'을 지키려고 했다. 보편적 진리가 존재한다는 신념 자체가 문제다. 그렇기 때문에 전체주의로부터 인간을 구할 '이방인의 시선'에 나는 기대하는 것이다.

이 책이 빛을 볼 수 있도록 도움을 주신 두 분께 감사 인사를 드리고 싶다.

"절판이 된 지 이미 수년이 흐른 『이방인의 시선』을 개정해 다시 세상에 내보내고 싶다. 문고판으로도 만들어 보다 많은 독자에게 닿게 하고 싶다."면서 몇 곳의 회사 문을 두드렸다. 그런데 부족한 원고를 믿어준 편집자의 노력에도 불구하고 기획회의를 통과하지 못해 어떤 출판사에서도 받아주지 않았다.

내가 도달한 결론이 틀렸을지도 모른다. 그런데 부딪치는 질문의 의의에 대해서는 의심이 없었다. 마지막 기회라고 생각하고 라이프넷 생명보험 주식회사 창업자인 데구치 하루아키 씨에게 상담해보았다. 엄청난 독서가로 알려져 있고 스스로도 많은 책을 집필한 데구치 씨는 전작 『사회심리학 강의』를 여기저기에 소개해주었다. 한 가닥의 희망을 품고 부탁했더니 쇼덴샤의 편집자 구리하라 가즈코 씨에게 타진해주었다. 초고를 읽고 바로 기획회의를 열어준 구리하라 씨는 개정판으로 출간하기 위해 구성 변경을 제안해주거나 세세한 부분까지 적절한 지적을, 그것도 신속하게 해주었다. 글이 느린 나에게 그녀의 조언이 얼마나 큰 도움이 됐는지 모른다. 데구치 씨의 응원과 구리하라 씨의 헌신이 없었다면 이 책은 독자들 손에 전해지지 않았을 것이다. 나의 메시지를 정면으로 받아들여준 두 분께 진심으로 감사 드린다.

원저를 낳아준 부모는 당시 아사히신문사에 근무했던 곤다이보 미에 씨다. 내가 일본어로 처음 쓴 『이문화 수용의 패러독스』(아사히센쇼)의 편집자였다. 소속부서에서 고립되어 있었던 곤다이보 씨는 『이방인의 시선』을 출판하기 위해 그녀가 신뢰하는 친구를 통해 겐다이쇼칸의 무라이 미쓰오 씨에게 연락을 취해주었다. 첫 회의 때도 곤다이보 씨는 함께 자리해주었다.

귀국할 때마다 만나 술을 마시며 서로의 불평을 나누기도 했다. 나의 성장을 언제나 신경 써주며 질타해주었다. 파리의 우리 집에서 그녀가 일주일 정도 머물며 고흐와 동생 테오가 잠들어 있는 묘지 근처의 들판을 산책한 광경이 되살아난다. 굉장한 날씨였다. 그녀의 쉰 목소리도 아직 들려온다. 그런데 무엇을 얘기했는지는 기억해낼 수 없다.

곤다이보 씨는 파리에서 귀국한 직후, 교통사고를 당해 세상을 떠나버렸다. 정년퇴직을 직전에 둔 불행이었다.

"회사를 그만두면 유럽에 더 자주 놀러 오고 싶다."

그렇게 말하며 기대하던 곤다이보 씨였다. 그녀가 떠난 후 사고 직전에 보낸 선물이 파리에 도착했다. 이상한 기분이 들었다.

이 책이야말로 그녀가 읽어주길 바랐다.

"요만큼도 성장하지를 않았네."라며 웃으려나. 아니면 "이제 조금은 알기 시작한 것 같네."라고 칭찬해줄까? 『이방인의 시선』을 세상에 내보낸 뒤 15년 가까이 흐르고 일곱 살 많았던 곤다이보 씨가 죽은 나이에 이제 나도 도달했다. 그런 편집자를 만날 수 있어 나는 행복했다.

2017년 5월,
새로운 대통령이 뽑혀 희망과 불안이 뒤섞인 파리에서
고자카이 도시아키

현대서관판 후기 (2003년)

 자전 같은 것은 보통 힘든 위업을 달성한 사람이 쓰는 것이며 나같이 평범한 교원생활을 보내는, 더군다나 인생 중반밖에 오지 않은 애송이가 쓰는 것이 아니다. 이것을 충분히 인지하면서도 변변찮은 문장을 출판하는 것은 이문화 속에서 살아가는 의미를 생각하기 위해 나의 보잘것없는 경험이 조금이나마 도움이 되리라 믿기 때문이다. 나 개인의 체험을 넘어, 이방인이 숨겨두고 있는 창조성과 풍성함을 전할 수 있다면 이것만큼 기쁜 일도 없다.

 얼마 되지는 않지만 나는 이문화 수용에 대한 저서나 논문을 발표해왔다. 하지만 그것들은 이른바 학술서나 학회논문이라 이문화에 관한 현상을 객관적인 입장에서 파악한, 말하자면 바깥에서 바라본 분석이다. 나는 고찰대상으로부터 거리를 두고 가치판단을 가능한 한 배제한 고찰을 목표로 하기 때문에, 내가 지금까지 써왔던 것에 인간의 삶이 직접 나오는 일은 없다. 하지만 사회과학으로서 줄곧 바깥에서 분석하는 태도를 이어가다 보면 인간의 고통이나 아픔을 정말 제대로 파악하고 있는가 하는 의문이 덮쳐오기도 한다. 비유하자면 무지개가 형성되는 물리적 메커니즘을 명확히 밝혀도 그걸로 무지개의 아름다움은 결코 붙잡을 수 없다는 안타까움 같은 것이다. 민족·정체성·차별·지배 등의 주제를 다루고 있어도 그러한 의문이나 허무함이 때때로 내 머릿속을 흩트려놓았다.

물론 감정이나 가치관을 노출하는 책은 얼마든지 있으며, 내가 어떠한 도움이 될 수 있다면 감정이 고조되는 주제를 다루면서도 지금까지처럼 냉정한 자세로 일을 계속할 것이다. 자기자신을 둘러싼 문제상황에서 출발하면서도 보다 일반화된 차원에서 수수께끼를 풀어가고 싶다.

지금까지 나는 민족이나 이문화 수용을 주제로 하거나 집단이란 무엇인가, 타자란 무엇인가, 사람과 사람 사이의 유대감은 어디서 유래하는가, 책임 개념에는 논리적 근거가 있는 것인가, 인간에게 자유는 있는가 하는 문제들을 생각해 왔다. 그러한 고찰을 통해 결국 자아 찾기를 하고 있는 것에 지나지 않았다. 객관적인 기술을 하고 있다고 생각해도 나의 속마음이나 소수파에 대한 마음이 어디에선가 나타나고, 때로는 기분이 고조되어 나도 모르게 책상을 탁 칠 때도 있었다.

애초에 나는 학자를 목표로 하지 않았기 때문에 인텔리의 유희처럼 공허한 것은 써오지 않았다고 생각한다. 반드시 내 자신의 고민이나 의문이 문제의 배경에 놓여져 있다.

이는 주제 선택의 방법에도 나타나고, 자신과의 대화를 통해서 나오는 의문과 그에 대한 답을 승화시킨 형태로 쓴 문장의 행간에서도 내가 어설프게나마 고민한 궤적을 읽어낼 수 있을 것이다. 나는 애초에 연구자의 실존과 무관한 주제로 인문·사회과학 연구가 가능하다는 것을 믿을 수 없다.

이 책은 그러한 마음의 움직임 속에서 만들어진, 이문화 문제를 주관적인 각도에서 다룬 나의 첫 시도다. 이런 책을 세상에 내놓게 된 데에는 1999년 나고야의 재수학원 가와이쥬쿠에서 "이문화 속에서 살다"라는 제목의 강연을 한 경험이 큰 영향을 줬다. 또 이문화와 창조성에 대해 이야기한 부분은 가야이쥬쿠에서 2001년 실시한 강연 "창조적 발상을 위한 문"이 토대가 되었다. 나에게 강연을 제안해준 야마다 신고 및 스기야마 슌이치 두 분께 감사를 전한다.

아사히신문 종합연구센터의 곤다이보 미에 씨는 가와이쥬쿠에서의 강연 녹화 영상을 보고 이 책을 만들도록 열심히 권유해주었다. 편집을 담당해준 겐다이쇼칸의 무라이 미쓰오 씨를 만날 수 있었던 것도 그녀 덕분이다. 불황으로 책이 팔리지 않는 시대임에도 불구하고 무명인 저자의 반생의 기록을 출판하는 리스크를 무라이 씨는 흔쾌히 승낙해주었다. 두 사람의 도움이 없었다면 이 책은 태어나지 못했을 것이다. 진심으로 감사의 뜻을 전하고 싶다.

현재의 나를 키우고 이 책을 쓸 수 있게 해준 것은 여기에 등장하는 사람들이다. 이렇게도 많은 사람들에게 도움을 받고 있었는지 원고를 고쳐 읽으며 새삼 깨닫고 놀랐다. 하지만 본문에서 이름을 가려두고 여기에 와서 지명해 감사의 말을 전할 수는 없다. 무엇보다 굳이 말로 적지 않아도 나의 마음을 알아주리라 생각한다.

두 번의 재수 끝에 도쿄의 사립대학에 간 아들이 제대로 공부조차 하지 않고 그만둬버렸다. 와세다 제적이 현실이 되었을 때, 부모님이 얼마나 실망하셨을까? 하지만 아버지도 어머니도 이 일에 관해서는 나에게 한마디도 불만을 말하지 않았다.

  아버지, 어머니, 그리고 친구들, 정말로 고마워.

사회심리학에서 찾은 철학적 사색의 즐거움
나는 빠리의 이방인

1판 1쇄 발행 2018년 11월 30일

지은이 고자카이 도시아키
옮긴이 박은영

펴낸곳 레몬컬처
등록 제300-2016-82호
전화 02-744-5212 **팩스** 02-744-5213
전자우편 lemonculture@hanmail.net

ISBN 979-11-88840-01-4 03180

Copyright ⓒ 2018 by LEMON CULTURE
Printed in Korea

- 잘못된 책은 구입하신 서점에서 바꿔드립니다.
- 책 값은 뒤표지에 있습니다.
- 이 도서의 국립중앙도서관 출판예정도서목록(CIP)은 서지정보유통지원시스템 홈페이지(http://seoji.nl.go.kr)와 국가자료공동목록시스템(http://www.nl.go.kr/kolisnet)에서 이용하실 수 있습니다.(CIP제어번호: CIP2018032310)

L'Étranger